上海大学教材建设专项经费资助

吕康娟 主编

管理技巧开发

Developing Management Skills

上海大学出版社

图书在版编目(CIP)数据

管理技巧开发/吕康娟主编.—上海：上海大学出版社，2011.9

ISBN 978-7-81118-275-0

Ⅰ.①管… Ⅱ.①吕… Ⅲ.①企业管理-教材 Ⅳ.①F270

中国版本图书馆 CIP 数据核字(2011)第 175482 号

责任编辑：陈　强
封面设计：施羲雯
技术编辑：金　鑫　章　斐

管理技巧开发

吕康娟　主编

上海大学出版社出版发行

（上海市上大路 99 号　邮政编码 200444）

（http://www.shangdapress.com　发行热线 66135110）

出版人：郭纯生

*

南京展望文化发展有限公司排版

上海上大印刷有限公司印制　　各地新华书店经销

开本 787×960　1/16　印张 18　字数 322 000

2011 年 9 月第 1 版　2011 年 9 月第 1 次印刷

印数：1～3100

ISBN 978-7-81118-275-0/F・089　定价：35.00 元

目录

绪　论

一、迅速变化的世界的参照点

当今时代的显著特征就是变化来得太快并且无处不在。有人预测，由于“纳米弹”(nanobombs)的发展，20 年内个人计算机和桌面管理系统将会被丢弃在垃圾堆里。新的计算机将会是一种蚀刻在分子的产品，个性化的数据处理器被注入血管、嵌入眼镜或植入手表。几乎没有人有任何程度的把握来预测未来 10 年内世界将会是什么样子，世事可谓瞬息万变。例如，现代技术可以把计算能力与正常尺寸相当的计算机置于手表之中，或者把相当于膝上电脑的装置注射入流动的血液中。新的计算机开始被蚀刻在分子，而不再是硅晶片上面。你所能叫出名字的任何技术(从复杂的计算机到核装置，再到软件)的半衰期都不到 6 个月。在半年内，任何东西都可以被复制出来。1965 年，为一种常规药物生产基因替代品需要 10 年的时间；到 1980 年，时间就缩短了一半；到 1990 年时间又缩短了一半；而到了 2000 年，几乎任何药物制剂的基因替代品的生产都只需要大约一周的时间。1980 年，组合 12 000 对 DNA 碱基对需要一年的时间；到了 1999 年，所需要的时间还不到一分钟；而到了 2000 年，1 000 对碱基对可以在不到一秒钟的时间内组合完毕。谁能够预测这会导致什么样的变革产生呢？因此，变革不仅是无处不在、无时不有的，而且几乎每一个人都可以预言，它将呈指数形式愈演愈烈(Enrique，2000)。

但是，事实证明对将来要发生的变化的预测通常是错误的，如 IBM 公司的创立者查尔斯・华生预测整个世界也许只需要几十台电脑，托马斯・爱迪生预测电灯泡永远不会流行，又如卓越的耶鲁经济学家欧文・费希尔 1992 年预测股票市场已经达到了“永久性的高点”。1969 年，当尼尔・阿姆斯特朗在月球上漫步时，大部分人预测人类将会很快登上火星，在外太空建立殖民地，并且从月球基地发射探测器。1973年当OPEC引领的能源危机导致石油价格飙升时，经济学家预测1980年美国的石油价格将达到每桶100美元。当然，最声名狼藉的是，1896年美国专利权办公室预测他们将很快关门，因为“所有能够被发明的都已经被发明了”。

沃伦·本尼斯(Warren Bnnis)开玩笑地预测未来的工厂将只有两名员工——一个人和一条狗。人负责喂狗，而狗则要防止人触动设备！汤姆·皮特(Tom Perter)告诫管理者，由于变化步骤的无序性，“如果你没有感到任何慌乱，那是因为你没有给予注意”。汤姆·皮特把当前的环境归纳为：“我们处在一个重要的历史时期，这样的时期每200～300年出现一次，身处其中的人无法理解这个世界，过去也无法充分地解释未来。”“永恒的汹涌”是对我们当今的环境的描述。从我们处理商务的技术和手段，到教育的本质和家庭的含义，几乎每一件事情都处在变化中。

尽管我们的环境中有如此多的变化，但仍然有一些事物相对稳定地保持下来，并且还将保持下去。那些在几千年间没有改变的就是处在有效的、令人满意且促进成长的人际关系核心中的基本技能，它们仅有一些微小的变化和形式上的差异。关系中的自由、尊严、信任、爱和诚实总是人类追求的目标之一，并且在11世纪带来这些结果的原则在21世纪同样适用。换句话说，不考虑我们的环境和我们所拥有的技术资源，相同的基本人类技能仍然适用于有效的人类交流。

实际上，当我们进入信息时代，并且技术更加融入我们的日常生活时，人类关系变得更加重要。大部分人每天所接受的信息超出他们的注意范围，而且并不存在能够组织、排序或者解释这些信息的机制，所以什么是重要的和什么是应该忘记的，通常都不确定。因此，我们与那些信息来源之间的关系成为关键的意义产生机制。建立可信赖的关系是应付信息过载的重要因素。

当所有的事情都在变化时，变化就变得无法管理。没有人能够管理持续的、无组织的变化。想象一下，你是一名飞行员。当飞机飞行时，一切都在变化——整架飞机处在不断的运动中。除非你可以确定一些不运动的物体——例如，大地或星空——否则，你无法驾驶飞机。1999年小肯尼迪坠机事件发生后，调查者发现小肯尼迪不知不觉地把飞机开进了大西洋，令他自己、他的妻子和妻妹送了命，因为他看不到陆地并因此失去了视角。他无法管理变化，因为他没有一个稳定不变的参照点来帮助他确定方位。

我们通过确定一个固定、稳定、持久的参照点来形成一个视角。在当前环境中，本书中所讨论的技巧可以充当固定的参照点，它们的有效性和适用性在数千年中几乎没有变化，并且它们与有效的个人和组织绩效之间的关系已经得到了很好的证明。但是，所知道的并不总等同于被证实的。尤其在今天，我们所知的与我们所证实的并不总是匹配的。西雅图 Overlake 基督教堂的鲍勃·穆尔黑德(Bob Moorebead)博士迫于压力辞去职务时是这样描述的：

> 在历史上，我们这个时代的悖论是，我们有更高大的建筑但是更糟糕的脾气，更宽阔的高速公路但是更狭隘的观点。我们花费更多而拥有更少，我们买得更多但从中获得的乐趣更少。我们拥有更大的房屋但是家庭更小，更多的便利但是时间更少。我们有了更高的学历但是见解更少，更多的知识但是判断力更少，更多的专家但是问题更多，更多的药物但是健康更少。我们喝酒过多，抽烟过多，说话过于鲁莽，笑得太少，驾驶得太快，太容易也太快生气，起得太晚，过于疲劳，阅读得更少，电视看得太多，祈祷得太少。我们可以成倍地增加我们的财产，但却降低了我们的价值。我们说得太多，爱得太少，又恨得太多。我们学会如何谋生但不知道如何生活；我们已使寿命得到延长，却不是使生命享受每一刻时光。我们不远万里登上月球，却难以跨越街道去结识新邻居。我们征服了外太空，却没能征服内心世界。我们做了更大的事情却不是更好的事情。我们清洁了空气却污染了灵魂。我们分裂了原子却没有打破我们的偏见。我们写得更多却学得更少。我们计划更多但完成得过少。我们已经学会仓促行事而不是等待。我们制造了更多的计算机来保存更多的信息，制作更多的复制品，却更少地去沟通。这是一个快餐食品和缓慢消化的时代，这是一个世界和平但内战不断的时代，更多闲暇但更少乐趣的时代，更多种食品但更少营养的时代。这是一个有双职工收入但更多离婚，有更多高档精美装饰的房屋但更多破裂家庭的时代。在这样的时代里，更快的旅行、一次性尿布、道德沦丧、一夜情、过胖的身材和令人从兴奋到安静到自杀的各色药丸。这个时代在橱窗中有很多东西，但是在储藏室中空无一物。

本书所依据的假设是，开发管理技能——管理个人生活以及与他人关系所需的技能是永不停歇的努力。本书就是为提高你的个人管理能力而设计的，用以改变你的行为。

有效管理者与无效管理者的区别在哪里？如果开发管理技巧对于组织的成功至关重要，那么哪些技巧应该是关注的重点？

各类研究人员都曾探索作为最有效管理者特征的特定技能是什么。通过大量的涉及各行各业的研究调查,研究者获得了60个有效管理者的特征。表0-1列出了频率最高的10个。这些特点全部是行为技能,它们不是人格特质也不是“运气”或“机遇”。它们也是各个行业、层级和工作责任所共通的。有效管理者的特征并不是秘密。

表0-1　有效管理者的技能

1. 言语沟通(包括倾听)	6. 授权
2. 时间和压力管理	7. 目标设置和阐明愿景
3. 个体决策管理	8. 自我意识
4. 发现、定义和解决问题	9. 团队建设
5. 激励和影响他人	10. 冲突管理

二、管理技能是什么

管理技能与其他管理特征和管理实践的区别是,管理技能具有以下特点:

第一,管理技能是行为方面的,它们不是人格特质或风格倾向。管理技能由一套可被确定的活动组成,个体通过进行这些活动产生某种结果。技能是可以被他人观察到的,这与那些纯粹的智力活动或嵌入人格中的特征不同。虽然不同风格和人格的人在运用这些技能方面可能会有所不同,但是仍然存在一系列核心的、可以观察到的有效技能表现,是跨越个体差异且稳定的。

第二,管理技能是可控的。这些行为的表现在个体的控制之下。与认知活动不同,技能可以被个体自身有意识地表现、实践、改善或者抑制。技能一定会涉及其他人并且需要认知活动,但它们是人们可以自行控制的行为。

第三,管理技能是可发展的。与认知智力(IQ)、特定人格或者气质特征这些一生中相对稳定的东西不同,通过实践和反馈,人们可以改善自己的技能表现即表现可以改进。本书的主要目标就是让人们逐渐获得较多的技能。

第四,这些关键技能是相互联系、相互重合的。把某项技能从其他技能中孤立地区分出来是困难的。技能不是简单的、重复性的行为,它们是复杂反应的整合体。在实践中,有效的管理者必须依靠技能的结合以达到特定目的。举例来说,为了有效地激励他人,管理者必须依靠技能的结合以达到特定目标,例如管理者需要掌握支持性沟通、影响、授权和自我意识等多种技能。因此有效的管理者掌握相互重合和相互支持的技能群，这使他们可以灵活地应对各种情境。

第五，管理技能有时是矛盾的。大量的技能对于大多数有效管理者而言是典型的，但所有技能既不全是团队合作和人际关系导向的，也不全是个体主义和技术创业导向的，在应用过程中有时可能是矛盾的。

三、技能发展的模型

研究以及教学经验表明，有效的技能学习，需要具备以下条件：

第一，行为的原则必须以社会科学理论和可信的研究结果为依据。流行的管理类书籍经常充斥着常识性和万能药类的建议，真正的有效学习过程必须包括介绍这些管理原则的科学知识。

第二，个体必须清楚自己目前的技能水平，并且希望提高现在的水平，从学习中获益。大部分人很少得到关于自己现在的技能水平的反馈。为了帮助个体明确应开发什么技能以及为什么要开发它们，技能学习必须包括评估。改变对大多数人来说是不舒服的，因此他们不愿冒险去开展新的行为模式。学习模型中的评估帮助人们认清自己的长处和不足，从而鼓励人们去改变。通过评估，个体可以知道自己的不足之处以及哪些地方需要改进。评估通常采用自我诊断工具、个案研究或有助于发现个体在特定技能领域的长处和不足等问题的测试。

第三，学习模型应该包括应用。大部分管理技能的培训是在教室中进行的，这种情况下个体可以得到及时的反馈，尝试新行为和犯错误相对来说比较安全。因此，将学习的行为应用于实际的工作中通常是一个问题。应用练习有助于将课堂学习应用于真实世界的管理中。

总之，证据表明一个五步骤的学习模型对于个体开发管理技能最为有效(Cameron and Whetten，1984；Kolb，1984；Vance，1993；Whetten and Cameron，1983)。表 0-2 列出了这个模型：第一步是对现有的技能水平和行为原则知识的评估。第二步是展示生动的、以科学为基础的有效技能表现的原则和方针。第三步是分析、提供模型或案例来分析真实组织环境中的行为原则。这一步也有助于表明行为方针怎样适应于不同的个人风格和环境。第四步是练习，个体可以进行实验，并可以在一个相对安全的环境中得到即时的反馈。第五步是将技能应用于课堂外的真实世界，并且进行后续分析以判断应用是否成功。

表 0-2　管理技能开发模型

成　　分	内　　容	目　　　　标
1. 技能评估	调查工具	评估现有的技能和知识水平，使个体准备改变
2. 技能学习	书面材料 行为指导	教授正确的原则，解释行为指导的原理和知识
3. 技能分析	案例	提供技能表现正反两方面的案例，分析他们的行为原则和工作的原因
4. 技能练习	练习 模拟 角色扮演	练习行为指导；根据个人风格调整原则；接受反馈和帮助
5. 技能应用	课外任务	将课堂所学的知识应用于现实生活的情境中，促进持续的个人开发

第一章 自我意识

本章目标

通过本章学习,掌握以下知识要点:

1. 从敏感阈限和自我表露的角度揭露自我意识之谜。
2. 自我意识包涵四个重要领域:情商,个人价值观,学习风格,变革取向。
3. 文化价值观的维度。
4. 个人价值观成熟度模型。
5. 学习风格的分类和学习特点。
6. 变革取向的维度和内涵。

技能测试

一、自我意识评估

第一步:在阅读本章内容之前,请对下面的陈述做出判断,把正确表述你态度的选项数字填在左栏(学习前)。你的回答应该反映你现在的态度和行为,而不是你希望它们应该如何,请诚实作答。这一调查的目的在于帮助你评估自己的自我意识水平,借此确定你所需要的特定学习方法。完成这项调查后,参考本章末的计分方法,确定本章对你最为重要的、应该掌握的技能领域。

第二步：当你完成本章的阅读和练习，尤其是当你尽可能多地掌握了本章后面的“技能应用”部分后，遮住你先前的答案，对同样的陈述再做一次回答，这一次把答案填在右栏（学习后）。当你完成调查后，采用本章末的评分方法测量你的进步情况。

评估尺度：非常不同意（1 分）、不同意（2 分）、比较不同意（3 分）、比较同意（4 分）、同意（5 分）、非常同意（6 分）。

学习前	学习后	
________	________	1. 我从别人那里征求关于自己优点和缺点的信息，作为自我改进的根据。
________	________	2. 从别人那里得到有关自己的负面反馈时，我并不生气或做出防御。
________	________	3. 为了提高，我愿意向他人分享我的看法和感受。
________	________	4. 我对自己收集信息和进行决策的个人风格非常了解。
________	________	5. 我很清楚情绪成熟的内涵并且能够证明自己在这方面的能力。
________	________	6. 我对自己如何应付模糊的、不确定的情境有很好的认识。
________	________	7. 我有一套成熟完善的个人标准和原则来指导自身行为。
________	________	8. 对于发生在自己身上的事，无论是好是坏，我觉得自己都能很好掌控。
________	________	9. 我极少会感到莫名的愤怒、压抑或焦虑。
________	________	10. 我很了解我在哪个方面最常与其他人发生冲突和摩擦。
________	________	11. 我至少与某个人有亲密的人际关系，我能与他分享私人信息和个人感受。

二、情商评估

请选择最有可能成为你的反应的一个选项来回答下列问题。要考虑在通常的情况下，你对这些情形的实际反应方式，而不是你想要反应的方式，或者你认为你应该反应的方式。对于任何问题，都不存在正确的答案，而且如果你能对你的典型行为提供一种精确的评价，那么你得到的分数将是最有用的。

1. 当我变得心烦意乱的时候，我________
   a. 分析为什么我会这样。
   b. 爆发，并且发脾气。
   c. 隐藏情绪，保持平静。
2. 当一位同事公然把我的工作和我的创意据为己有时，我会________
   a. 让事情这样过去，什么都不会做，以免产生对抗。
   b. 随后（在私下里）表示，如果我能因为自己的工作和创意而得到表扬的话，我会很感激。
   c. 公开感谢这个人，因为他提到了我的工作和创意，然后详细解释我所作的贡献。
3. 当我靠近另一个人，并试图开始一段谈话，而这个人却没反应的时候，我________
   a. 通过分享一个有趣的故事让这个人兴奋起来。
   b. 询问这个人他是否愿意谈论他心里所想的事情。
   c. 离开这个人，去找另外一个人谈话。
4. 当我进入一个社交群体的时候，我通常________
   a. 保持安静，等待人们来跟我说话。
   b. 努力寻找一些我可以称赞别人的事情。
   c. 想办法成为群体的灵魂人物，或者成为能量或乐趣的来源。
5. 对于重要的问题，我通常________
   a. 自己下决心，不管其他人的观点。
   b. 左右衡量，在下决心之前与别人进行讨论。
   c. 听取我朋友或同事的意见，并做出和他们一样的决定。
6. 当我特别不喜欢的某个人被我吸引时，我通常________
   a. 直接告诉这个人我不感兴趣。
   b. 态度友好但做出冷静或冷淡的反应。
   c. 不理睬这个人，并努力避免遇到他。
7. 我所在的学校中，有两个人对某个问题（例如，政治、堕胎、战争等）持有截然相反的观点，并且正在就这个问题展开争论，我________

a. 找到一些他们两个能达成一致意见而且都很重视的事情。

b. 鼓励口头上的斗争。

c. 建议他们停止争论，冷静下来。

8. 我在参加一项运动，当游戏进行到需要我最后一搏的时候，我________

a. 变得非常紧张，并希望自己不会表现失常。

b. 把这看做一次发光的机会。

c. 会集中精力，发挥自己最好的水平。

9. 我有一项重要的事项约好需要早点下班去办，但我的同事要求我加班，以便在最终期限前完成工作，我将会________

a. 取消我预约的事项，留下来加班完成工作。

b. 夸大其词地告诉我同事，我有紧急的事情要办，不能错过。

c. 为错过的事寻求一种补偿。

10. 在另一个人非常生气，并开始朝我大吼大叫时，我________

a. 也变得非常生气，我不会受任何人的气。

b. 会主动走开，就此争论没有一点好处。

c. 先听着，然后试图讨论这个问题。

11. 当我遇到刚刚经历了重大损失或悲惨事件的人时，我________

a. 真的不知道该做些什么或说些什么。

b. 告诉这个人我感到很遗憾，并努力提供帮助。

c. 与他交流我自己遭受的类似损失或悲惨事件的经历。

12. 在一个综合性公司中，当有人开种族主义玩笑或者讲述一个关于异性的粗鲁故事时，我通常________

a. 指出这是不合适的、不能接受的，然后转换主题。

b. 忽略它，这样我就不会引发争吵。

c. 变得很难过，并告诉那个人我对于他所说的话的真实想法。

三、学习风格问卷

进行这个测验时，最好先考虑自己目前进行学习所处的情境。这些情境可能是在家里、工作中、学校中或者其他环境中。花几分钟思考这些情境，并对下列问题做出回答：你在什么地方学习？你在过去几年中学习了什么重要的内容？你如何看待处理新的学习机会？

在下面的问卷中，你要对12个描述学习的句子作出评分。每个句子有4种选项。先考虑你最近的一些学习情境；然后根据每个选项在多大程度上描述了你的学习方式来为每个选项进行评分。在最能描述你的学习方式的选项前写4，其他依此类推，直到在相对最不能描述你的学习方式的选项前写1。每一句的四个选项中，数字不要重复使用（记住，4＝合适；1＝最不合适）。

例如，当我学习时：

a. ___2___ 我很高兴。

b. ___4___ 我很仔细。

c. ___1___ 我很迅速。

d. ___3___ 我很有逻辑。

1. 当我学习时：
   - a. ________ 我喜欢体会自己的感受。
   - b. ________ 我喜欢对想法进行思考。
   - c. ________ 我喜欢自己有事可做。
   - d. ________ 我喜欢看和听。
2. 我采用这种方式学习效果最好：
   - a. ________ 我仔细听和看。
   - b. ________ 我依靠逻辑思考。
   - c. ________ 我信任自己的直觉和感受。
   - d. ________ 我勤奋努力使任务得以完成。
3. 在学习过程中：
   - a. ________我倾向于对事情进行推理。
   - b. ________我会对事情负责。
   - c. ________我安静且有节制。
   - d. ________我产生强烈的情感和反应。
4. 我通过这种方式学习：
   - a. ________感受。
   - b. ________行动。
   - c. ________观察。
   - d. ________思考。
5. 当我学习时：

a. ________我乐于接受新体验。

b. ________我全面地看待问题。

c. ________我喜欢分析事情，使它们分解为许多小的组成部分。

d. ________我喜欢动手尝试。

6. 当我学习时：

a. ________我是一个观察者。

b. ________我是一个主动的人。

c. ________我是一个凭直觉的人。

d. ________我是一个喜欢进行逻辑思考的人。

7. 通过以下方式，我的学习效果最好：

a. ________观察。

b. ________个人关系。

c. ________理性理论。

d. ________尝试和联系的机会。

8. 当我学习时：

a. ________我喜欢从自己的工作中看到结果。

b. ________我喜欢思想和理论。

c. ________我不会急于行动。

d. ________我感到自己投入其中。

9. 我以这种方式学习效果最好：

a. ________我依靠自己的观察。

b. ________我依靠自己的感受。

c. ________我可以自己进行尝试。

d. ________我依靠自己的想法。

10. 当我学习时：

a. ________我是一个保守的人。

b. ________我是一个具有接纳性的人。

c. ________我是一个负责任的人。

d. ________我是一个理性的人。

11. 当我学习时：

a. ________我投入其中。

b. ________我喜欢观察。

c. ________我衡量事情。

d. ________我喜欢积极主动。

12. 我以这种方式学习效果最好：

a. ________我分析思想。

b. ________我具有接纳性并且思想开放。

c. ________我仔细。

d. ________我实际。

四、内外控量表

这个问卷用于评估你对某些问题的看法。每个项目由 a、b 两个选项组成，选择你最同意的一个选项。这只是一个对个人观点的调查，没有明显的正确或者错误之分。当你完成评估后，翻到本章末的评分要点，找到关于如何处理测验结果以及如何将结果与一般群体进行比较的指导说明。

1. a. 领导是天生的，不是后天形成的。

   b. 领导是后天形成的，不是天生的。

2. a. 人们成功经常是因为他们占据天时地利。

   b. 成功绝大程度上取决于努力和能力。

3. a. 在我的生活中，当事情出错时，一般都是因为我犯了错误。

   b. 无论我做什么，不幸都会发生在我的生活中。

4. a. 是否发生战争取决于世界上某些国家领导人的行为。

   b. 世界将一如既往地陷入战争，这是不可避免的。

5. a. 好孩子主要是好父母的成果。

   b. 无论父母的行为如何，一些孩子都要变坏。

6. a. 我未来的成功主要依赖于我不能控制的环境。

   b. 我是自己命运的主宰者。

7. a. 历史证明某些人是有效的领导者，主要是因为环境使他们引人注目和成功。

   b. 有效的领导者是那些做出了产生重大贡献的决定或行动的人。

8. a. 如果不对犯错的孩子进行惩罚，他们将成长为缺乏责任感的人。

   b. 打孩子无论如何都是不对的。

9. a. 我经常感到我对生活的方向几乎没有任何影响。

b. 不应该相信命运或运气会对我的生活产生重要影响。

10. a. 无论怎么做,一些顾客都不会满足。

b. 只要能在顾客需要时达到他们的要求,你就总能令顾客满意。

11. a. 如果足够努力,任何人都能取得好成绩。

b. 一些人无论怎样努力都不会达到优秀。

12. a. 夫妇双方不断呵护夫妻关系,婚姻就有好结果。

b. 一些婚姻失败是因为夫妻双方不般配。

13. a. 我相信我能通过学习和实践来提高我的基本管理技能。

b. 试图在教室里提高管理技能是浪费时间。

14. a. 在商学院应该教授更多的管理技能课程。

b. 在商学院中应该降低对管理技能的强调。

15. a. 当我回想起那些发生在我身上的好事时,我相信它们的发生主要是因为我做了一些事情。

b. 在我生活中发生的坏事主要是在我控制之外的环境的作用结果。

16. a. 我在学校参加的许多测验与我的学习是无关的,因此努力学习根本没有用处。

b. 当我在学校为测验做好了准备时,我一般考得相当好。

17. a. 我有时候被我的星相图的描述所影响。

b. 无论星相如何,我都能决定自己的命运。

18. a. 政府如此庞大而官僚,任何一个个体对所发生的事施加任何影响都是非常困难的。

b. 如果单个的个体可以说出他们的主张,并且使他们的愿望被别人知道,他们就会对政策有真正的影响。

19. a. 人们在工作中寻求责任感。

b. 人们试图尽可能少地工作而逍遥自在。

20. a. 最受欢迎的人似乎有一种特别的、天生的领导气质。

b. 人们因为自身的行为而受到欢迎。

21. a. 我无法控制的事情似乎总是出现在我的生活中。

b. 大多数时间,我感到我对自己的行为结果负有责任。

22. a. 努力提高自身能力的经理,将比那些不致力于提高的人更成功。

b. 管理的成功与某个经理所具有的能力几乎没有关系。

23. a. 在大多数运动中,最后获得冠军的常常是运气最好的队。

b. 赢得冠军的队是那些拥有最有才华的队员和做了最好准备的队。

24. a. 在商业活动中,团队合作是成功的前提。

b. 个人努力是成功的最大希望。

25. a. 一些员工就是懒,无论你做什么,都无法激励他们努力工作。

b. 如果你是有技能的经理,你能激励几乎每一位员工付出更大的努力。

26. a. 从长期来看,人们能通过负责任的行动提高国家的经济实力。

b. 国家的经济实力很大程度上超越于个人控制之外。

27. a. 当我确定我是正确的时候,我是很有说服力的。

b. 即使我不能肯定我是否正确,我也能说服大多数人。

28. a. 我倾向于事先计划并且分步实现我设定的目标。

b. 我很少事先计划,因为无论如何事情最终都不会太糟。

29. a. 一些事情是注定要发生的。

b. 我们能通过努力工作、坚持不懈和能力来改变我们生活中的任何事情。

五、模糊耐受性尺度评估

请对下面的陈述表明你同意或不同意的程度。在空格中填写最能代表你对这个项目的同意程度的数字。评分要点见本章末。

评估尺度:强烈不同意(1 分)、基本不同意(2 分)、较不同意(3 分)、既不同意也不反对(4 分)、较同意(5 分)、一般同意(6 分)、完全同意(7 分)。

________ 1. 一位不能给出明确答案的专家可能知道的并不太多。

________ 2. 我希望在国外住一段时间。

________ 3. 实际上没有什么不能解决的问题。

________ 4. 那些按部就班过日子的人可能失去生活的大部分乐趣。

________ 5. 好的工作在应该做什么和如何去做这两方面总是很明确的。

________ 6. 解决一个错综复杂的问题比解决一个简单的问题要有趣得多。

________ 7. 从长期来看,解决小而简单的问题可能比解决大而复杂的问题获得更多的成果。

________ 8. 最有意义和最使人兴奋的人,是那些不在乎自己是否与众不同,并且富有独创性的人。

________ 9. 我们往往更偏好熟悉的事而非陌生的事。

________10. 坚持"是/否"型答案的人不知道事物实际上是多么错综复杂。

________11. 过着平常而有规律的生活,几乎没有意外或惊奇发生的人,实际上是有很多乐趣的。

________12. 许多重要决定是基于不充分的信息做出的。

________13. 我喜欢参加那些大多数人我都认识的聚会,而不喜欢参加那些大多数人或所有人都是陌生人的聚会。

________14. 做出模糊安排的教师和上司,给人以机会去展示开创性和独创性。

________15. 我们接受相似价值观和思想的速度越快越好。

________16. 一个好老师是使你质疑自己看待事物的方式的人。

技能学习

300 多年以来,关于自我的知识被认为是人类行为的真正核心。"了解你自己"这句古老的格言可能出自柏拉图、毕达哥拉斯、泰勒斯或苏格拉底之口。这些格言被刻在德尔斐神殿上,这是古希腊国王和将军对重大事务征求建议的地方。早在公元前 42 年,罗马作家普布利柳斯·西鲁斯就指出:"你被认为是怎样的并不重要,重要的是你是怎样的。"英国著名诗人阿尔弗雷德·洛德·坦尼森也曾说过:"自我尊敬、自我了解、自我控制,单这三个方面就能产生至高无上的权力。"关于自我的最经常引用的段落可能是波洛尼厄斯在《哈姆雷特》中的忠告,"保持你自我的真实,并且它必须像日夜更替一样,你不能对任何人弄虚作假"。

自我意识(Self-awareness)是掌握自己的核心能力,但这还不够。自我管理首先依赖于自我意识。其次,其他技能也与自我意识有着密切联系并建立在自我意识的基础之上。例如,发展自控、明确优先级和目标,以及帮助个体确定自己的生活方向,有效地管理时间和压力使个体可以适应和构建他们的环境。

一、自我意识

埃里克·弗罗姆(Erich Fromm,1929)是首批观察个体的自我概念与对他人的感受之间密切关系的行为科学家之一。他说:"对自己的憎恨与对他人的憎恨是不可分离的。”卡尔·罗杰斯(Carl Rogers,1961)后来指出,自我意识和自我接纳是心理健康、个人成长以及了解并接受他人的前提。实际上,罗杰斯指出基本的人类需要是自尊,他在自己的临床案例中发现这比生理需要更重要。布劳尔(Brouwer,1964)断言:

> “自我审视的功能是为顿悟建立基础,没有自我审视,就不会有成长。顿悟是‘哦,我知道了’的感觉,它必须有意识或无意识地先于行为的改变。实现顿悟对自己现实的、坦诚的审视,了解自己真实的样子是很困难的,并且有时你会体验到精神上的痛苦,但它们是成长的基石。因此,自我审视是对顿悟的准备,是自我理解的种子破土而出,逐渐发展成为行为的改变。”

毫无疑问,我们具有的关于自己的知识共同构成了自我概念,即提高管理技能的核心。只有在我们了解自己现在所具有的能力水平的前提下,我们才能提高自我或开发新的能力。大量数据表明,那些具有更强的自我意识的人更健康,在管理和领导角色方面更出色,并且在工作中的生产力更高。

然而,自我知识也可能阻碍个人提高而不是促进它,原因在于个人会频繁地逃避个人成长和新的自我知识。为了保护他们的自负或自尊,人们抵制获取额外的信息。如果他们获得了关于自己的新认识,这个信息总有可能是负面的或将导致卑微、虚弱、邪恶或羞耻的感觉。由于害怕发现我们完全不是自己想成为的那种人,我们回避个人成长,如果存在使自己更完美的方式,那么我们当前的状态必定是不完善的或卑微的。自己并非完美或知识渊博的,这个现实对许多人来说是难以接受的。这种抵制是“否认我们最好的一面,否认我们的才能、我们最微妙的冲动,否认我们最高的潜能,否认我们的创造性。简而言之,这是抵制我们自己变得卓越的斗争”。弗洛伊德(Freud,1956)宣称,对自己完全的诚实是一个人能够付出的最好努力,因为完全的诚实要求持续寻求关于自我的更多信息和具有自我提高的欲望。

因此寻求自我了解看起来是一个谜。它是成长和提高的前提条件和激励因子,但它也可能阻碍成长和提高。它可能会导致停滞,这是因为我们害怕自己知道得更多。如果管理技能开发所必要的自我了解受到抵制,如何实现不断的提高?管理技能又如何能得到发展?

对于自我意识之谜的第一个答案是**敏感阈限**(sensitive line),这个概念是指当一个人遇到与自我概念不一致的关于自己的信息,或面对改变自己行为的压力时,就变得有防御性或保护性的限度值。大多数人经常体验到关于自己的不一致信息。例如,一个朋友会说:"你今天看起来很累。你觉得好吗?"如果你感觉很好,信息便是与你的自我意识不一致的。但因为这个矛盾相对很小,很可能不会冒犯你或激起一种强烈的抵触情绪,也就是说,你很可能不会因此而重新检验和改变你的自我概念。

然而,信息越矛盾或者对你的自我概念来说意义越重大,就越接近你的敏感阈限,并且你将感到需要为此保护自己。例如,如果你认为自己作为一名经理工作得还不错,而有位同事断定你作为经理并不称职,这极有可能会超过你的敏感阈限。如果这位同事是一个有影响力的人,就更会如此。你的反应可能是防御这些信息,以此来保护你自己的形象。

这种反应被称为**对威胁的强硬反应**(threat-rigidity response)。当个体遇到令其不舒服的信息时,或者当不确定性产生时,人们倾向于强硬。他们变得保守,以保护自己,回避风险。考虑一下,当你被某件事所惊吓时会发生什么。你的身体会在生理上产生变化以保护自己:身体变得紧张来保持你自己的稳定。同样,个体在遇到对自我概念具有威胁性的信息时,也会在心理上和情绪上变得十分强硬。人们往往会加倍努力来保护自己所熟悉和让自己感到舒适的东西,人们依赖于最初学习的或被强化程度最高的行为和情绪模式。当体验到自我形象的明显矛盾时,他们会否定信息的有效性或其来源,或者用其他防御机制来确保自我概念的稳定。因此,超越敏感阈限将导致强硬和自我保护。

既然存在这种防御性,那么如何能促成自我了解的提升和个人变化呢?答案至少有两种。一种是可检验、可预测和可控制的信息,与没有这些特征的信息相比,它们超过敏感阈限的可能较小,换句话说,如果个体能够检验矛盾信息的效度(例如,如果存在一些评价信息准确性的客观标准),如果信息并非不可预测或"突然的"(例如,如果它在规则的间隔时间内获得),并且如果获得信息的内容、时间、方式有一定的控制(例如,如果信息是要求必得的),这种反馈就更有可能被倾听和接受。在本章中你接受的关于自己的信息就具有这三个特征。

这个问题的第二种答案是**自我表露**(self-disclosure)。除非我们与其他人互动并向他人表露自我,去讨论自我中看似模糊或未知的方面,否则自我意识方面几乎难以获得进步。几项研究表明,与高自我表露者相比,低自我表露者不那么健康,并且自我依赖感更强。大学生对高自我表露的人际能力给予了最高评价。高自我表露的个体最受喜欢和被人接受,但过分的或不充分的自我表露则不太受他人喜欢和接受。因此,自我表露是提高自我意识的关键。

二、自我意识的重要领域

情商(emotional intelligence),即管理自己以及管理与他人关系的能力。这一概念已经被认为是解释领导人和管理人员成功的最重要的因素之一。尤其是自我意识,被认为是情商的至关重要的方面,而且,在预示生活的成功方面,它比智商更有效。例如,戈尔曼(Goleman,1995)所开展的一项研究试图在40家公司中找出明星管理者和普通管理者之间的差距,他发现包括自我意识在内的情商能力对于优异绩效的重要性是智商(IQ)和专门知识的重要性的两倍。在一项针对跨国咨询公司的调查中,把表现优异的合伙人与表现一般的合伙人进行了对比,结果显示,表现优异的合伙人(他们拥有非常高的情商和自我意识分数)对公司收入的贡献是那些具有较低的自我意识和情商分数的合伙人的两倍,而且前者进一步提升的可能性是后者的四倍(Boyatzis,1998)。

个人价值观(personal value)是行为动力的核心,并且在统一的人格中占了很大一部分。也就是说,其他全部的态度、倾向和行为都源自个体的价值观。罗克奇提出了两种主要的价值观类型(Rokeach,1973):工具型的和目的型的。许多研究成果表明个体在两种类型价值观上的发展与成功的管理绩效有关。并且,价值观和道德是有关联的,在本书中,将就个人价值观与道德的关系进行一些探讨。

学习风格(learning style)是指个体收集和加工信息的方式。在基于评估学习风格的评估工具下,我们将讨论学习风格的关键维度。我们要探讨那些把学习风格同管理行为相联系的实证研究,你的分数将与各种类型组织中成功管理者的分数进行比较。

变革取向(orientation toward change)关注了人们用来应付环境变化的方法。21世纪,我们每个人都将面临日益增多的割裂的、迅速变化的、混乱的环境。你意识到自己适应这些环境的倾向是很重要的。两个重要的维度——内外控和模糊耐受性已由两种测试工具做了评估,把这两个维度同有效管理相联系的研究将在随后的章节中讨论。

自我意识的这四个维度组成了自我概念的核心(见图1-1)。

(一) 情商

1995年,美国时代周刊记者、哈佛大学心理学博士学位获得者丹尼尔·戈尔

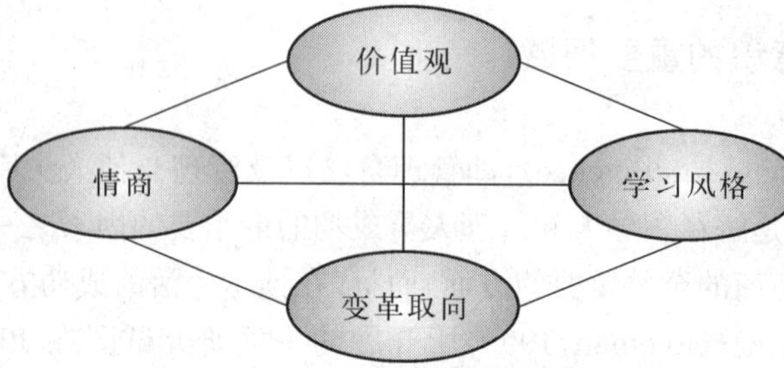

图 1-1　自我意识的维度

曼出版了一本名为《情感智力》的书，书中指出："一个人的事业能否成功，20%取决于他的智商，80%取决于他的情商。"在美国企业界，也流传着这样一句话，"智商使人得以录用，而情商使人得以提升"。在中国文化背景下，这句话也同样适用。同时，智商和情商要互相补充，相得益彰。智商高、情商低的人往往是"高分低能型"的怪才，人际交往能力很差；而情商高、智商低的人又只会拉关系，在工作上却难以深入，也是不能适应工作要求的。因此，若想成为优秀的企业家、经理人，最好是情商、智商都十分出色。那么，情商的定义又是什么呢？

情商指的是：① 诊断和认知你自己的情感的能力；② 控制你自己情感的能力；③ 认识和诊断其他人所表现出来的情感的能力；④ 适当回应这些情感暗示的能力。这些能力不是天生的，而是可以开发和提高的。因此，情商与智商是不同的，智商在人的一生中基本保持不变，而情商是可以通过实践增强的。

同时，作为一个高情商的人，具有以下五个显著的标志：

(1) 有自知之明：具有高情商的人都有自知之明，他了解自己的使命感，知道自己适合做什么，知道自己需要追求什么。一个人如果没有自知之明，就永远谈不上高情商。

(2) 会自我管理：具有高情商的人能够有效地控制和调整自己的情绪。也就是说，在工作特别顺利、情绪特别高涨的时候，应该有效地使自己的情绪理智、冷静下来；反之，当自己的工作遇到困难、挫折或处于逆境的时候，应该很快地把自己的情绪调动、振奋起来。因此，高情商的人一定具有一种情绪的稳定性。

(3) 善于识人：高情商的第三个标志就是能够认清他人，善于识别人。管理就是与别人交往的艺术，经理人整天与客户、供应商、上级、下级打交道，你不能够认清他人的情绪，不清楚他人和你的心理距离，不明白他人一言一行的真正含义，就不能够胜任工作。

(4) 善于沟通，协调人际关系：高情商的人要在认清他人的基础上，与人沟通，协调好人际关系。也就是心理的相容性好、亲和力强，能够有效地与他人交往。

(5) 悟性高：这是高情商的第五个标志，悟性就是预感、灵感。在进行重大问题的决策时，你的职务越高，直觉和悟性就越重要。

人的大脑分为左脑、右脑两个部分，其实人的智商主要是和左脑有关，而人的情商主要是和右脑有关。尤其如悟性、预感、灵感等，是和人的右脑有关的。我们说左脑加右脑，也就是智商加情商，两者是完全一致的。

每一种情绪都事发有因，要树立情绪是中性的理念，每一种情绪都可以利用，辨识情绪是为管理情绪服务的。情绪来源于内外两个维度，情绪故事有很多都是自己导演的。情绪引发情绪化行为，管理情绪要注意直面问题，转换观念和加强自我训练。

（二）价值观

价值观是最稳定、最持久的个人特征之一，也是态度和个人偏好形成的基础，是重大决策、生活方向和个人品位的根据。价值观帮助我们确立自己的道德观和关于什么是符合“好的”标准的观念。在很大程度上，我们是什么样的人，是我们在生活中发展起来的基本价值观的产物。

然而价值观通常被视为是理所当然的，人们很难意识到它。除非一个人的价值观受到挑战，否则个人持有的价值观在很大程度上是不易被察觉的。人们并不会意识到自己所持有的某些价值观比其他价值观更重要。

描述价值观的方式有很多种，本章中将指出几种方式，其中每一种都在研究和管理领域中被广泛地应用。首先描述大的群体，如国家、种族、行业或组织的宽泛的、一般性的价值取向框架，即文化价值观维度；其次是个人持有的价值观的水平。

1. 文化价值观

很多研究都讨论了不同文化群体价值观的差异。在你的一生中，很可能会和不同国家的人交往，了解一些有关他们价值观的知识有利于你更有效地与之打交道。研究发现，不同国家的文化价值观存在系统性的差异，这些差异对于我们自己的价值观有很强的影响，至少我们价值观的一部分受到我们成长时所在的国家和文化的显著影响。

特姆彭纳斯(Trompenaars，1996)和汉普登・特纳(Hampden Turner，1998)确定了不同国家文化之间显著差异的七个维度。在通过对 55 个国家的 30 000 名管理者的调查中，他们发现某些价值观在某些文化中得到更多强调。表 1 - 1 列举了该文化价值维度。

表 1-1　特姆彭纳斯(Trompenaars)文化价值观的维度

价值维度	解　释	代表性国家
普遍主义	看重社会的规则和规范	美国、瑞士、挪威、瑞典
特殊主义	看重个人间的关系	中国、韩国、印度尼西亚
个体主义	看重个人的贡献	美国、尼日利亚、丹麦
集体主义	看重团体的贡献	墨西哥、印度尼西亚、日本
情感的	看重情感表达	伊朗、西班牙、法国
中性的	看重非情绪化的反应	韩国、埃塞俄比亚、中国
具体的	看重分割的生活角色	荷兰、瑞典、丹麦
整合的	看重整合的生活角色	中国、新加坡、韩国
成就	看重个人的成就	美国、挪威、加拿大
归属	看重内在的属性	埃及、印度尼西亚、韩国
过去和现在	过去和将来紧密联系	法国、日本、英国
将来	将来是分离的,但是被看重	美国、荷兰
内控	看重个人控制	美国、加拿大、英国
外控	控制来自外部的力量	中国、日本、捷克

强调**普遍主义**(universalism)的价值观,在美国、瑞士、挪威和瑞典等国比较普遍。在这种价值观下,个人的行为被普遍的标准和规则所管理;普遍性的社会规则约束和规范着人们的行为方式(例如,不要说谎和欺骗,即使在一条没有其他人或汽车通过的路上也不会去闯红灯)。其他国家,例如中国、韩国等国,则拥有特殊主义(particularism)的价值观。在这些国家中,与他人的关系制约着人们的行为。

在**个人主义**(individualism)价值观下,强调自我、独立和独特。在盛行个人主义价值观的国家中,个人的贡献是最受重视的。而**集体主义**(collectivism)强调群体、联合的单位和其他人结合,重视团队的贡献。

第三个维度与公开表露自己的情感有关,被称为**情感**(affective)和**中性**(neutral)取向。高情感取向的文化公开表达自己的情感,以情绪化的方式处理问题。中性价值观的文化则在解决问题时更加理性和自制,以工具性和目标取向的行为主导交往过程,而不是情绪。

具体的(specific)和**整合的**(diffuse)描述了文化是分割生活中不同的角色以维护个人的自主性，还是整合与合并这些角色。具体性价值观将工作和家庭关系相分割，在个人生活和工作生活之间保持着界限，使自己似乎难以被深入了解。而在整合性价值观文化下，人们往往更愿意分享自己的个人信息，似乎过于外向和肤浅。

在区分**成就**(achievement)和**归属**(ascription)价值观取向的文化维度中，有些人倾向于根据个人成就而获得高的地位；而在另一种文化下，地位和特权被归结为基于年龄、性别、家庭遗产或种族背景等内在的属性。

第六个维度与人们如何解释和管理时间有关。它区分了不同文化对于过去、现在和将来的强调程度。例如，一些文化重视过去和传统而不是将来，另一些文化更重视将来而不是过去。一些文化下，你过去取得的成就比你将来要进行的事业更为重要。时间差异也表现在人们考虑问题是长期取向还是短期取向。例如，一些人是非常短期取向的，他们用分钟和小时来考虑问题，而另一些人则以月和年来考虑问题。

最后一个维度是关于内控和外控的。有些文化认为个人控制自己的命运，而另一些文化认为外部力量更多地控制所发生的事情。例如，一些国家强调个人发明或创造事物(内控)，而另一些国家则强调遵循已经存在的或已经创造出来的，个人所做的只是完善和提高(外控)。

2. 个人价值观

罗克奇 (Rokeach，1973)指出，人们拥有的价值观总数是比较小的，并且所有个体都有同样的价值观，只是程度不同。例如，每个人都看重和平，但有些人与其他人相比更为看重。罗克奇确定了价值观的两种普遍类型，并且发现每一种类型都有独立的优先级评价(即这两套价值观大部分是无关的)。

工具性价值观(instrumental values)描述了为获得某个结果所期望的行为标准或方法。工具性价值观的两种类型涉及道德和能力。违反道德价值观(例如，错误的行为)会引起负罪感，而违反能力价值观(例如，无能的行为)则会带来羞耻感。

目的性价值观(terminal values)描述个体所向往的结局或目标。根据罗克奇的观点，目的性价值观比工具性价值观更少，因此在所有社会中的所有个体的目的性价值观的总和能够被确定。目的性价值观是个人化的 (例如，心灵的平静)，或是社会化的 (例如，世界和平)。罗克奇发现，某种个人化价值观优先级的提高会倾向于提高其他个人化价值观的优先级，而降低社会化价值观的优先级。相反，社会价值观优先级的提高倾向于增加其他社会价值观的优先级而降低个人化价值观的优先级。例如，一个提高世界和平的优先级的个体，也将提高平等的优先级，而降低享受或自尊的优先级。

仅仅看重某些个人化和成就导向的价值，当然并不意味着一个人将是一名成功的管理者。个人化价值观和社会化价值观的平衡，被认为是更能适应将来环境的管理者的特征。一些研究表明，在十分高效的团队中，成员具有共同的价值观，而且团队成员在工具性和目的性的价值观上也保持一致。

3. 价值观成熟度

科尔伯格(Kohlberg)提出了十分著名的价值观成熟度模型，它关注在面临具有价值观的问题进行决策时所使用的推理方式。这个模型由三种主要成熟度水平组成，每个成熟度水平又包括两个阶段，表 1－2 概括了不同阶段的特征。每个阶段是顺序性的，即一个人不能在通过前一阶段之前就发展到后一阶段，并且每个阶段依次代表了从低到高的成熟度。

表 1－2　科尔伯格(Kohlberg)的价值观成熟度模型

水　平	道德判断的依据	发　展　阶　段
A. 自我中心水平	前习俗水平：道德价值观在于外部因素和结果，而不是人或关系	1. 服从和惩罚：根据回避惩罚和不破坏权威的规则来决定是否正确。 2. 个人的工具性目的和交换：判断正确的标准为是否满足自己的短期利益，以及对他人来说什么是公平的或平等的。
B. 遵从水平	习俗水平：道德价值观在于责任、维持社会契约和保持承诺	3. 相互的人际期望、关系和遵从：正确的标准是考虑他人的感觉和通过遵从期望及承诺来保持信任。黄金法则是适当的。 4. 社会系统和道德维持：正确的标准是履行自己的社会职责和维护社会秩序。
C. 原则水平	后习俗水平：道德价值观在于遵从自己自由选择的标准、权力和责任	5. 优先权利和社会契约或效用：正确的标准是坚持权力、价值观和与社会中其他人所达成的契约；道德行为是自由选择的。 6. 普遍性的道德原则：正确的标准受内在的、普遍的道德原则引导。当法律和原则发生冲突时，法律会被忽略。

成熟的第一个水平是**自我中心水平**(self-centered level)，包括价值观发展的

最初两个阶段。道德推理和工具性价值观是基于个人需要以及行为的后果。例如，那些能够帮助个体获得某种奖励或回避惩罚的事情，并且这些事情不会对其他人产生负面的结果，将被判断成正确的或好的。在自我中心水平上，偷5万元比偷500元更坏，因为对丢钱的人来说损失更严重。

成熟的第二个水平是**遵从水平**(conformity level)，包括第三阶段和第四阶段。道德推理是对于传统习俗和社会期望的遵从与支持。有时候这一水平也被称为"法律和命令"水平，因为它强调的是对法律和规范的遵从。正确或错误是以行为是否遵从权威的规则来判断的。通过服从而得到其他人的尊敬是一种奖励性的结果。所以在这个水平上，偷5万元和偷500元是同样坏的，因为都触犯了法律。

成熟的第三个水平是**原则水平**(principled level)，包括道德成熟的最后两个阶段，代表道德推理最成熟的水平和最成熟的工具性价值观集合。正确和错误是以个体内化的原则为根据来判断的，即根据一系列从个体经验中发展起来的原则或核心价值观来判断。在成熟的最高阶段，这套原则是综合的、一致的和普遍性的。因此，偷5万元和偷500元仍被判断是错误的，但是判断的根据不是触犯了法律，而是违反了个体发展的一套综合、一致和普遍的原则。根据科尔伯格的看法，几乎没有人能基于一致性而达到这种最高的成熟水平。

总之，自我中心水平的人视规则和法律为身外之物，但他们仍然对其遵从，因为这样可以获得奖励或避免惩罚。遵从水平的人视规则和法律为身外之物，但他们也会遵从，因为他们已经学习和接受了这些规则和法律，并且寻求其他人的尊敬。原则水平的人检验规则和法律，并且发展一系列他们相信在道德上正确的内化的原则。如果在遵从法律和遵从原则间选择，他们会选择原则。在原则的个体中，他们内化的原则超越了法律和规则。

然而，建立一系列个人的能够指导决策的普遍、综合、一致的原则，并非简单的事情。根据科尔伯格的研究，大多数人由于缺乏一套合理的检验原则，而没有构建也没有在决策中遵从一系列发展完善的原则。以下列出的检验方法可以作为检验个人价值观陈述中所依据的原则。

(1) 头版检验：如果我的决策成为当地报纸头条新闻的话，我会窘迫吗？如果我向一名顾客或股东描述我的行为或决定，我会感到坦然吗？

(2) 黄金规则检验：我愿意接受同样方式的对待吗？

(3) 尊严和自由检验：这个决策维护了其他人的尊严和自由吗？受到影响的参与者的基本人权得到保障了吗？他们的机会增加了还是减少了？

(4) 公正待遇检验：是否充分考虑了少数派和地位较低人士的权利、福利和利益？决策有益于那些有特权而没有绩效的人吗？

(5) 个人获利检验：个人获利的机会干扰了我的判断吗？如果这个结果不能以任何方式有利于我，我会做出同样的决策吗？

(6) 一致性检验：这一决策与我所信奉的个人原则一致吗？它触犯了任何组织的政策或法律吗？

(7) 程序公正检验：用于做决策的程序能够经得起受影响的人仔细检查吗？

(8) 成本——收益检验：收益是否因为某种原因对其他人产生了不可接受的伤害？这个收益有怎样的害处？有害的结果能被消除吗？

(9) 安眠检验：无论是否有其他人知道我的行动，我都能安枕无忧吗？

（三）学习风格

我们经常暴露在大量的信息中，但在任何时候都只有其中一部分可以被我们注意到并对其作出反应。长期以来，我们都使用了一套压抑某些信息而关注另一些类型信息的策略。这些策略是习惯性的和根深蒂固的，它们形成了我们自己的**学习风格**。

而我们关注学习风格的原因之一在于，为了成功，每个人必须不断地学习。很显然，知识对于保持竞争优势是最重要的。因为大约每隔三年个人所能接触到的信息量也会加倍，所以学习是有价值的生活的前提条件。如果人们停止学习，他们将很快落伍和跟不上时代。因此，终身学习是成功生活的关键，更不要说成功管理了。

学习风格是由大量与个体知觉、解释信息和对信息做出反应的方式有关的因素组成。它基于两个基本的维度：① 个体收集信息的方式；② 评估所接受的信息的方式。图 1-2 列出了学习风格的两个维度：信息收集维度，它区分了具体经验(CE)和抽象概念化(AC)；以及信息评估维度，它区分了反思性观察(RO)和积极实验(AE)。

我们首先考虑信息收集维度。一些人更倾向于通过直接经验来获得信息，他们通过实际的具体的感觉体验来学习。因为信息可知觉和被感受的性质是最容易获取的，所以他们倾向于将自己沉浸在环境之中以获得信息。我们将这样的人描述为具有**具体经验**(concrete experience)倾向的人。

另一些人对于对抽象的、符号的或理论的信息掌握得最好。当遇到一些观点和理论并且有机会进行逻辑和分析式的思考时，他们的学习最有效。他们更喜欢学习那些能够进行理性的检验或智力性探索的信息。我们将这样的个体描述为具有**抽象概念**(abstract conceptualization)倾向的人。

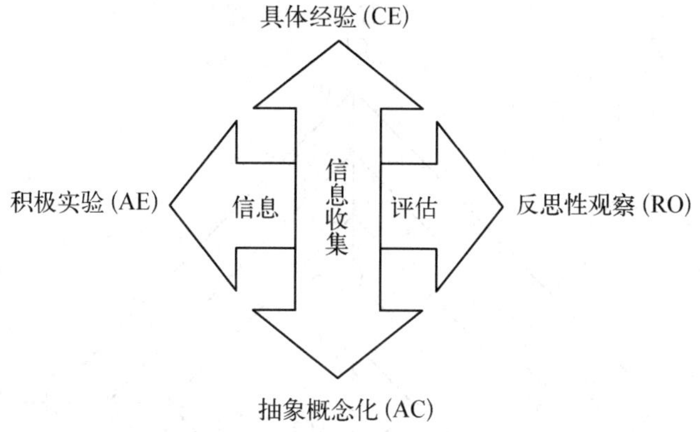

图 1-2　学习风格的维度

学习模型的第二个维度是关于对信息进行解释、评估和反应的策略。这个维度与具体的问题解决模式有关。例如，遇到问题的时候，有些人倾向于对它不同的角度进行检验，对问题进行沉思，并且探索可能存在的各种含义，他们喜欢观察和检查信息。我们将这样的人描述为具有**反思性观察**(reflective observation)倾向的人。

而另一些人则倾向于对他们得到的信息立即采取行动。他们的反应是积极主动的，他们会考察这个新的信息，或者将其应用于目前的问题或情境。他们通过实验调查这个信息的含义和使用价值，通过积极地应用信息，他们可以形成关于它的不同假设。我们将这样的个体描述为具有**积极实验**(active experimentation)倾向的人。

图 1-3 提供了一个得分分布图，请将你在学习风格问卷上的得分画在上面，然后在垂直于 CE 轴上找到你对应的得分点。以同样的方式，找到你在 RO、AE 和 AC 上对应的得分点。将所有点依次连接，你将得到一个四边形。这个图形确定了你所侧重的学习风格，包含四边形面积最多的那个象限，便是你最强的学习风格。科布尔(Kolb，1984)通过总结近 30 年的研究，认为大多数人在学习风格方面可以分为四种类型——发散、吸收、会聚和适应型。

发散型(diverging)学习风格在具体经验(CE)维度和反思观察(RO)维度上具有主导性的得分。具有这种学习风格的人最擅长从多种观点和角度观察一个具体情境。这种学习风格之所以被称为发散型，是因为这些人在要求产生思想和创造各种观点的情境中表现最好。他们在创造性的活动中以及从各个角度考虑问题时，表现优秀。这种风格的人喜欢收集大量的信息和进行头脑风暴。他们是归纳型的思考者，通常有广泛的兴趣。研究表明这些人往往具有想象力丰富、情绪化、

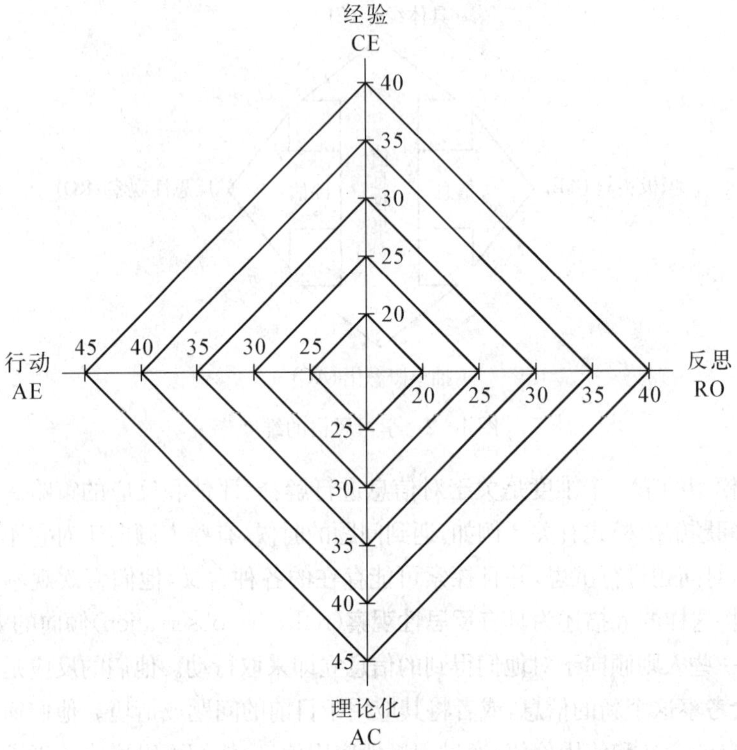

图 1-3 学习风格得分图

擅长艺术的特点，喜欢在群体中工作以听取不同的意见。在大学中，发散型学生往往会攻读艺术、历史、政治、英语和心理学专业。他们倾向于选择社会服务（如心理学、护理和公共政策）、艺术和传媒（如戏剧、文学和新闻业）方面的职业，并且他们偏爱有大量人际交往的工作。

吸收型(assimilating)的学习风格在反思观察(RO)维度和抽象概念(AC)维度上有主导性的得分。具有这种学习风格的人最擅长处理广泛的信息，并将其整理为简明、相互联系和逻辑性的形式。他们不太倾向于通过与他人交往来获取信息，而更喜欢思考抽象的观点与概念。他们在归纳推理和将材料组织为一个一致的整体方面表现很优秀。他们认为理论在逻辑上的完善比具有实际意义或实用价值更为重要。研究表明，吸收型学习风格的人倾向于从事信息或科学职业，他们喜欢演讲、阅读、分析模型和思考等活动。在大学中，该风格的学生倾向于选择经济学、数学、社会学和化学专业。他们倾向于在信息科学和研究领域选择职业（如教育研究、法律和神学)，并且他们喜欢以收集信息为主导的工作（如研究和分析）。

会聚型(converging)的学习风格在抽象概念(AC)和积极实验(AE)维度上有主导性的得分。这种学习风格的人在发现想法和理论的实际用途方面最为擅长。他们是问题解决者和决策制定者，喜欢处理技术任务和已经描述好的问题而不是社会或人际问题。他们在思想的实际应用和处理只有一个正确答案的问题上表现很优秀。研究表明这些个体倾向于技术和工程工作。在正式的学习情境中，他们喜欢模拟、实验室任务和实际的应用问题。在大学中，会聚型学习风格的学生倾向于选择物理、工程和计算机专业。他们倾向于在技术领域（如工程、计算机科学和医学科技)、经济和环境科学领域选择职业，并且偏爱强调解决技术问题的工作。

适应型(accommodating)的学习风格在积极实验(AE)和具体经验(CE)维度上有主导性的得分。这种学习风格的人最擅长处理实际经验。他们喜欢实施计划和让自己投身于新的、具有挑战性的任务。他们倾向于依靠感觉而非逻辑分析行动，并且倾向于通过和其他人交往来解决问题，而不是独立进行。他们在需要冒险和适应性的活动上最为擅长，比如创业。研究发现适应型学习风格的人倾向于担任市场、销售和管理方面的角色。在正式的学习情境中，他们倾向于和他人共同工作来完成任务、建立目标和投入实地项目，以及尝试各种解决问题的方法。在大学中，适应型学习风格的学生倾向于选择商务和管理专业。他们倾向于选择商务（如管理、财务和市场)和组织行政（如政府公务、公共服务和教育管理)方面的职业，并且喜欢有领导或行政成分的工作(如任务实施和决策制定)。

当然，这些对类型的描述只是一般性的，你的学习风格并不是你选择未来道路的唯一因素。在各种大学专业、工作类型和职业选择的人群中，个体之间有很大的差异性，因此不要将你在学习风格上的得分理解为命运的决定因素。你的学习风格可以帮助你确定如何进行最有效的学习，让你了解自己会喜欢哪种类型的学习活动，以及你如何最容易地吸收信息和作出反应，它还能帮助你在建立一个有效的学习团队时决定你希望与什么类型的人共同工作。

科布尔的学习模型同时向我们解释了如何依次运用这四个维度来改善学习。图 1-4 描述了四种学习类型，并展示了一个学习环路，它被证明在提高学习方面是成功的。如果按照这个学习过程，人们可以更有效地学习，更长时间地保留学习成果，以及培养更有效的行为技能。

一个人有了具体经验，还必须伴有某种类型的反思性观察，学习才会发生。组织信息并解释其含义是从经验中学习的重要一步。这一步之后是形成关于信息的理论，将它与其他类似的经验相联系，并对这个经验的适用性和有效性得出

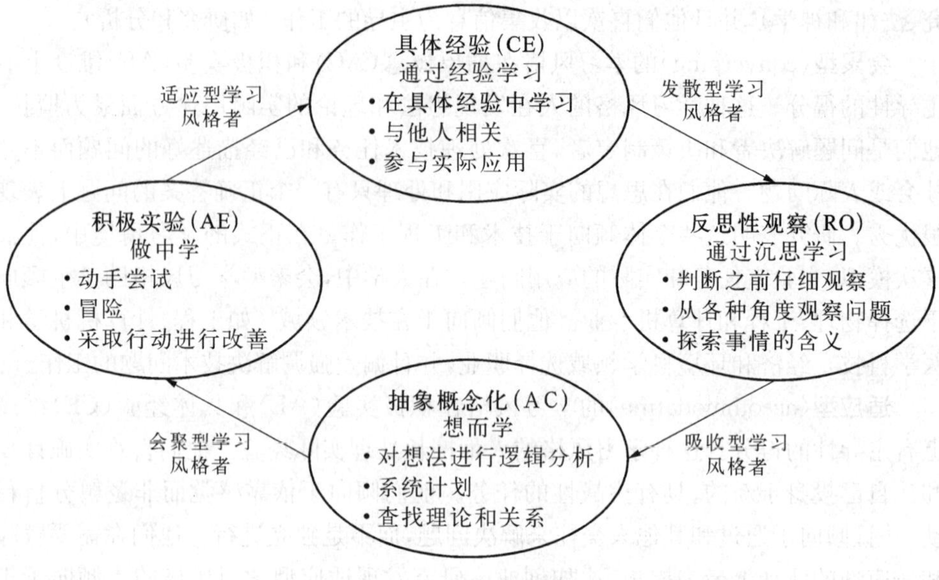

图 1-4　学习环路

结论。对具体的经验进行总结,从而使它更具有应用价值,或者对更多的情境而不是对单一的特殊情境具有意义。最后,对形成的结论、概括或理论进行检测,以帮助确定它们的可用性。换句话说,在新环境中的学习经验将导致另一个具体经验,这个环路又重新开始。一个人可能从学习环路的任何一点进入,而并不只是从具体经验这一步。关键在于,为了让学习更有效,需要经历学习过程的所有四个步骤。

（四）变革取向

为了充分利用你自己的学习风格的长处,你也应意识到你对变化的取向。这一点很重要,因为当管理者所管理的环境不断变得更混乱、更不稳定、更复杂,并且信息超载时,你加工信息的能力至少部分地受到你对于变化的基本态度的约束。

几乎没有人会不认同未来变化将增加这一预期,这种增加既是在速度上的也是在范围上的。21 世纪初,学生和管理者所面对的挑战是他们必须准备面对一个不能依据过去的经验来预期的世界。根据现代管理之父彼得·德鲁克的观点,这种情况每隔 200—300 年就会发生一次。上一次是在文艺复兴和工业革命开始的时候。世界剧烈地变化,不可预期。过去的模式不可能用于预测将来的趋势,剧烈的、变革性的变化发生了。同样,商学院的毕业生将面对一个与几十年前完全不同的环境。

如前所述,人类可获得的知识数量与知识的半衰期都在以难以置信的速度变化,甚至如今很多技术的半衰期不到两年。例如,随着在分子上进行刻制代替在硅片上进行刻制的技术的发展,个人电脑估计在十年内将被淘汰。预期和笔尖一样大的计算机将被植入人体来控制心率,或者嵌在眼镜中来显示街上每一个经过你面前的人的名字。

21世纪环境的特征表现为动荡、巨大的变化、快速决策和混乱。大量信息的更新与变化,是个体对变化的取向,将作为进行有效应对的前提条件。下面将讨论与管理者有很大关系的变革取向的两个维度。

1. 模糊耐受性

第一个重要维度是**模糊耐受性**(tolerance of ambiguity),是指个体在多大程度上受环境的威胁或难以应付环境,如模糊性的情境,变化速度过快或无法预测,信息不充分或不清晰,或存在复杂性的情境,刺激丰富和信息超载的环境(空中交通控制塔就是一例)。不考虑人们的学习风格,人们在应对这种环境上的态度也互不相同。

人们在认知复杂性程度上,或在应付模糊、不完整、非结构化、动态情境的程度上,表现各不相同。高模糊耐受性的个体也倾向于有更高的认知复杂性。他们与低复杂性个体相比倾向于注意更多的信息,解释更多的线索,并且拥有更多的意义类别。研究发现,具有高认知复杂性和耐受性的个体,是更好的信息传送者,在评价其他人的工作表现时,对其他人的内在特征更为敏感,并且与耐受性和认知复杂性不太高的个体相比,他们的行为在模糊和超载的条件下更适当、更有灵活性。模糊耐受性得分更高的管理者,在行动上更可能具有企业家精神,更可能在复杂环境中甄选出更少的信息,更可能在他们的职业中选择拥有较少结构化任务的专业。他们也能更有效地应对大的组织变革、裁员、角色压力及冲突。

然而也应该指出,对模糊性更有耐受性的个体在关注唯一重要的信息要素方面存在更大困难——他们倾向于注意不同的内容,并且可能无法集中精力而不被其他干扰中途打断。在信息丰富的环境中,模糊耐受性和认知复杂性比与之相反的特征更有适应性。

2. 内外控

变革取向的第二个维度是**内外控**(locus of control)。它是变革取向中研究最多、受关注最多的方面之一。内外控是指人们考虑自己在多大程度上控制自己的命运方面所形成的态度。当个体收到有关自己行为成功或失败的信息时，或当环境发生变化时，他们对这些信息进行解释的方式是不同的。当人们试图改变周围环境时，他们会得到正面或负面的强化。如果个体认为他们得到的强化是基于自身的行为所导致的，则称为**内控**(internal locus of control)，即"我是变化成功或失败的原因"；如果他们认为强化是外在力量的结果，则称为**外控**(external locus of control)，即"别的人或事造成了我的成功或失败"。随着时间的发展，人们得出关于自己得到强化的主导性来源的一种"一般型的期望"。因此，对于变化的环境中知觉到的控制来源，人们形成向内关注的或向外关注的倾向。

用内外控量表做的研究已有 1 000 多项。大体上，研究发现北美的管理者比中东和远东等地的管理者具有高得多的内控倾向。在日本，外控与青少年高水平的压力和暴力程度有关，这大概是因为对自控的强调比较少。在美国文化下，内控和最成功的管理者相联系。例如，内控的人比外控的人：① 更可能留意环境的各个方面，以收集对将来有用的信息；② 更倾向于采取改善环境的行动；③ 更重视为取得成就而努力；④ 更倾向于发展自己的技能；⑤ 提出更多的问题；⑥ 记住更多的信息。

案　例

商学院的毕业生都会被要求选修一学时的时事课程。与商学院的其他课程一样，期末考试是在计算机上进行的。计算机从一个包含 350 个问题的题库中随机为每一位学生抽取 40 个问题，每次在屏幕上显示一个问题。在课程于 1 月份开始之后，学生什么时候感觉准备好了，就可以随时参加考试。

不幸的是，问题出现了。当测试被计算机化之后，有一个"跳过"选项被添加到了计算机程序中。这个选项的设计是为了让学生能够跳过他们不想立即回答的问题，理论上，这个跳过的问题应该在晚些时候再回到屏幕上，类似于学生在书面测试中跳过问题后再回来解答。不过，"跳过"选项没能正确工作。它没有把跳过的问题再重新返回给学生，而是直接把它们删除了。因此，"跳过"选项成为学生回避他们不能回答的问题的一种方式。

程序中的另一个混乱之处在于，当测试中被跳过的问题达到一定数量之后——大致是在 6 到 10 题之间，计算机就会自动终止测试，接着会直接把分数显示给学生，并存储在计算机中。分数是在百分比基础上计算的，并且只统计学生回答过的问题。跳过的问题不会被统计为正确的或错误的。因此,一个只回答了10个问题的学生,答对了9个,并且跳过了足够多的问题,以至于计算机自动终止测试,那么这个学生得到的分数就是90分。

关于“跳过”选项的学问似乎在学期结束的时候已经广泛传播开来。有人估计,至少一半的学生知道了这个消息。根据调查,在139名毕业班成员中,有77名在参加考试的时候回答的问题不够所要求的40个。当被问及此事时,有些学生说他们并没有意识到程序出现了错误,只是没有记住一共回答了多少问题。另一些人则辩解说:“这就像填写所得税表格,人们总是雇会计来寻找他们可以利用的漏洞。这并不是违法的,即使是政府也没有告诫漏洞的存在。计算机程序存在漏洞,而我们只是做了我们要做的事情。”

1. 如果你是本班学生中的一员,你会怎么做?
   a. 在本学期结束前告诉老师程序存在错误。
   b. 报告你所知道的作弊学生的姓名。
   c. 承认自己作弊了。
2. 如果你是这门课程的教师,你会怎么做?
   a. 判定77名没有完成40个问题的学生成绩不及格。
   b. 要求77名学生重新参加考试,但准许他们毕业。
   c. 要求139名学生全部重修该课程,因为没有一名学生报告问题的存在,违反了学生道德守则。
   d. 修改计算机程序,但不对参考考试的学生做任何处理。
   e. 选择其他的对策。
3. 你做出上述问题1和2中的决策的根本依据是什么?就你的决策依据开展讨论。
4. 你表现出了价值观成熟度的什么水平?应用了哪些道德原则?

游 戏

阅读下面的材料,然后就所给辩题进行分组辩论。

越 狱 犯

一名男子被判入狱10年。一年之后,他越狱逃到该国的另一个地区,改名为汤普森。他努力工作了8年，并且渐渐地存下了足够的钱来经营自己的买卖。他对顾客是公平的，给他的雇员发最高的工资，并把自己的大部分利润捐献给慈善事业。然而有一天，他的一个老邻居琼斯女士认出他是8年前的越狱犯，而且警方一直在寻找他。

辩题：琼斯女士应该向警方告发汤普森并把他送回监狱吗？

正方：应该向警方告发他。

反方：不应该向警方告发他。

测试评分要点与参考数据

一、自我意识评估

评分要点

技能领域	项　目	学习前	学习后
对于他人反馈的自我表露与开放性	1,2,3,9,11	______	______
对自我价值观、情商、变革取向和核心自我评估的知觉	4,5,6,7,8,10	______	______
	总分	______	______

参考数据(N=1 500 名学生)

将你的得分与三个对比标准进行对比：

(1) 可能的最大得分=66 分；

(2) 其他同学的得分；

(3) 1 500 名商学院学生的平均数据：

学习前得分				学习后得分
51.47 分	=	平均值	=	54.52 分
56 分或以上	=	前 25%	=	60 分或以上
52～55 分	=	25%～50%	=	56～59 分
48～51 分	=	50%～75%	=	51～55 分
47 分或以下	=	后 25%	=	50 分或以下

二、情商评估

评分要点

下列陈述已根据被评估的情商的关键维度进行了重新组织和排序。每个选项旁边的数字代表该选项的分值。圈出你选择的选项，然后计算 12 个项目的总得分。

项目	选项	分数
情绪意识		
1.	a	10
	b	0
	c	0

解释：只有选项 a 说明你对自己内在的情绪是了解的。

项目	选项	分数
5.	a	5
	b	10
	c	0

解释：如果你很清楚自己的优先顺序，那么选项 a 是没有问题的，但是选项 b 说明你对于各种可能的观点是非常了解的。

项目	选项	分数
9.	a	0
	b	0
	c	10

解释：只有选项 c 说明你知道自己的情绪反应并将就其带来的无可避免的不适要求得到补偿。

项目	选项	分数
情绪控制(平衡)		
2.	a	0
	b	5
	c	10

解释：选项 c 说明你对应付目前的处境非常自信。选项 b 正视了问题，然而并非是在受到影响的人面前。

项目	选项	分数
6.	a	10
	b	5
	c	0

解释：如果选项 a 在实施时比较巧妙，避免了简单粗暴，这是诚实的。选项 b 则取决于其他人得到间接的暗示。

10.	a	0
	b	0
	c	10

解释：只有选项 a 证明了情绪控制。

情绪诊断(共鸣)

3.	a	5
	b	10
	c	0

解释：选项 a 在某些情况下可能是适宜的，但选项 b 说明了对于某个情绪议题对其他人的影响的敏感。

7.	a	10
	b	5
	c	0

解释：选项 a 显示了识别不同情绪而不被其影响的能力。选项 b 承认不同的情绪视角但可能产生不好的感觉或者情绪随意性。选项 c 则不承认情绪存在差异。

11.	a	0
	b	10
	c	0

解释：只有选项 b 对其他人的感受产生共鸣性的认可。

情绪反应

4.	a	0
	b	10
	c	0

解释：选项 a 和选项 c 可能说明你对于团队的情绪氛围并不敏感，你的举止可能是不适宜的。

8.	a	0
	b	5
	c	10

解释：选项 b 如果不是自我陶醉的信号可能是适宜的，而选项 a 则显然是情绪控制的象征。

12.	a	10
	b	0
	c	5

解释：选项 b 显示了对情绪控制的丧失，而选项(a)则说明仍处于控制之下。

总分：________

参考数据

平均值：70 分

前 25%：86 分或以上

25%～50%：71～85 分

50%～75%：55～70 分

后 25%：54 分或以下

三、学习风格问卷

评分要点

把你在下面列出的四个维度的每一项的得分加起来，然后在本章的图 1-4 中把这些分数画出来。

学习风格维度	项　目												总　分
	1	2	3	4	5	6	7	8	9	10	11	12	
具体经验	a	c	d	a	a	c	b	d	b	b	a	b	总 分
反思性观察	d	a	c	c	b	a	a	c	a	a	b	c	总 分
抽象概念化	b	b	a	d	c	d	c	b	d	d	c	a	总 分
积极实践	c	d	b	b	d	b	d	a	c	c	d	d	总 分

四、内外控量表

评分要点

把你的选择与下面的进行对比，计算与下面所给题目与其选项相同的项目总数：

2a	5b	9a	12b	16a	20a	23a	28b
3b	6a	10a	13b	17a	21a	25a	29a
4b	7a	11b	15b	18b	22b	26b	

总分________

参考数据(N=1 500 名学生)

平均值：5.19 分(标准差=3.04)

前 25%：7 分或以上

25%～50%：5～6 分

50%～75%：3～4 分

后 25%：2 分或以下

五、模糊耐受性量表

评分要点

高分表明对模糊情境不能容忍的程度高。具有较高的耐受度意味着你对未来状况的感知是充满危险而不是机遇。不确定性或缺乏信息则会使人感到不舒服。模糊性主要有三个来源：新事物、复杂的事物和不能解决的事物。本测量工具包含了这三个子量表。在对这个工具评分时，偶数的项目必须反向记分。也就是说，7 分记作 1 分，6 分记作 2 分。5 分记作 3 分，4 分不变。在对偶数项反向记分之后，把 16 项的得分加起来就是你的总分。

项目	子量表	项目	子量表	项目	子量表	项目	子量表
1	I	5	C	9	N	13	N
2	N	6	C	10	C	14	C
3	I	7	C	11	N	15	C
4	C	8	C	12	I	16	C
(N) 新事物评分(2,9,12,13)							
(C) 复杂事物评分(4,5,6,7,8,10,14,15,16)							
(I) 不能解决的事物评分(1,3,12)							

总分________

参考数据(N=1 500 名学生)
平均值：56.47 分
前 25%：63 分或以上
25%～50%：57～62 分
50%～75%：50～56 分
后 25%：49 分或以下

第二章
个人压力管理

本章目标

通过本章学习，掌握以下知识要点：

1. 压力管理的原理和对压力的反应。
2. 压力管理的三种策略和效果。
3. 如何进行时间管理。
4. 情感银行理论。
5. 如何消除预期性压力源。
6. 增强个人弹性管理的基本原理。
7. 暂时降低压力的技巧。

技能测试

一、压力管理的评估

第一步：在阅读本章内容之前，请对下面的陈述做出回答，把正确表述你态度的选项数字填在左栏（学习前）。你的回答应该反映你现在的态度和行为，而不是你希望它们应该如何，请诚实回答。这一工具的目的在于帮助你评估自己的自我意识水平，借此确定你所需要的特定学习方法。完成评估后，参考本章末的计分方法，从而确定在本章的讨论中应该掌握的对你最为重要的技能领域。

第二步：当你完成了本章的阅读和练习，尤其是当你尽可能多地掌握了本章后面的“技能应用”部分后，遮住你先前的答案，对同样的陈述再做一次回答，这一次把答案填在右栏(学习后)。当你完成调查后，利用本章末的评分方法测量你的进步情况。如果你在特定的技能领域中的得分依然很低，可以根据“技能学习”部分的相关内容来做进一步的学习。

评估尺度：非常不同意(1 分)、不同意(2 分)、比较不同意(3 分)、比较同意(4 分)、同意(5 分)、非常同意(6 分)。

学习前　　学习后

当面对有压力的或时间紧迫的情境时：

________　________ 1. 我采用有效的时间管理方法，如掌握时间是怎么度过的。制定要完成的任务清单和每个任务的优先级。

________　________ 2. 保持有规律的身体锻炼计划。

________　________ 3. 与一个能够分担我的挫折的人保持一种开放的、可信赖的关系。

________　________ 4. 我知道并采取若干种暂时性的放松技巧，诸如深呼吸和肌肉放松等。

________　________ 5. 我经常确定哪些是我优先要处理的事务，这样不重要的事务就不会影响重要的事务。

________　________ 6. 我通过在工作之外发展各种兴趣来保持生活的平衡。

________　________ 7. 我有一个作为我指导者或建议者的好友。

________　________ 8. 我有效地利用其他人来完成工作任务。

________　________ 9. 当有人带着问题或议题来找我时，我鼓励他们自己想出可行的解决方案，而不仅仅是向我提问。

________　________ 10. 我努力将解决问题视为提高的机会。

二、A 型人格问卷

判断下列陈述在多大程度上代表了你绝大多数时候的反应。请回忆你通常的行为或情感方式并据此作答，因此答案无对错之分。完成之后请翻到本章末，按照计分方法获得自己的得分和解释。

评估尺度：这个陈述对我来说非常典型(3分)、这个陈述对我来说有一定的典型性(2分)、这个陈述对我来说没有典型性(1分)。

________ 1. 我最大的满足来自我比其他人做得好。

________ 2. 我倾向于使会谈的话题围绕我所感兴趣的事情。

________ 3. 在会谈的时候，我经常紧握拳头、敲击桌子，或者用拳头砸我的手掌以示强调。

________ 4. 我移动、行走和吃饭都很快。

________ 5. 我感觉自己可以比其他人完成更多的事。

________ 6. 如果连续几小时或几天休息或者什么事也不做，我会感到内疚。

________ 7. 我很容易与其他人发生争论。

________ 8. 我不能忍受大多数事情进行的速度。

________ 9. 比其他人得到更多对我来说很重要。

________ 10. 我生活的某个方面(例如，工作、家庭事务或学习)主导了其他所有的方面。

________ 11. 我经常为自己没能控制自己的脾气而后悔。

________ 12. 我通过说“是的，是的”、“嗯，嗯”或替其他人说完他们的句子来加快他们讲话的速度。

________ 13. 回避竞争的人自信心不强。

________ 14. 要做好一件事，你必须把精力都集中在它上面，排除所有的干扰。

________ 15. 我感觉其他人的错误使我产生不必要的愤怒。

________ 16. 我发现自己不能忍受看着其他人进行那些我可以做得更快的工作。

________ 17. 在工作中获得成功是我的主要个人目标之一。

________ 18. 我只不过是没有足够的时间来过一种非常平衡的生活。

________ 19. 我向其他人发泄自己由于自身的不完美而带来的沮丧。

________ 20. 我经常努力同时做两件或更多的事。

________ 21. 当我遇到一个竞争对手时，我觉得有必要向他挑战。

________ 22. 我倾向于把我的空闲时间都用在与工作(也可能是学习或家庭

事务)相关的思考或活动上。

________23. 我经常因生活的不公而感到心烦。

________24. 我发现排队等候对我来说是痛苦的。

技能学习

压力时间管理是最重要的管理技能之一,能对工人、管理者和组织产生压倒性的和成本高昂的影响。据美国国家职业安全研究所和美国心理学会估计,不断增加的工作压力问题从国家经济中每年抽走了超过 5 000 亿美元。几乎有一半的成年人忍受着压力引起的对健康的不利影响;感到"高度有压力"的工人比例从 1985 年到 1990 年几乎翻了一番,在 20 世纪 90 年代又翻了一番。在一项调查中,37%的工人报告他们上一年的工作压力又上升了,而只有 10%的工人报告下降了。到普通门诊看病的病人中,有 75%～90%的病例都是与压力相关的主诉或不适。基于与压力相关的原因,平均每天有 100 万工人缺勤,大约每年 5.5 亿的工作日因为压力的原因损失了。在一个大型企业,60%的缺勤都被发现与压力有关,美国 40%的离职都是因为压力,60%～80%的工作事故都可以归因为压力所致。过去 20 年中,工人的赔偿要求急速增加,而且 90%的案件都以工人胜诉而告终,仅 2000 年美国企业在压力管理的培训和产品上的花费估计就达到 120 亿美元(美国压力协会,2000)。压力产生的破坏性也会影响个人生活或健康的每一个方面。

下面我们举一个实例来说明与工作相关的压力能使人衰弱,来源是美联社报道的一个故事。

故事的主人公是一名救护车的救护员,他因接连不断的惨案和长期的轮班而变得生活紊乱。他的婚姻也遇到了麻烦。而且他还饮酒过量。

一天晚上,一切都爆发出来了。

他的同事负责驾驶救护车,他坐在后车厢里。第一个打来电话的是一个男人,他的腿被火车轧断了,那个人的惨叫和剧烈的痛苦令人感到恐怖。但是第二个电话更糟,这次是儿童打架,当他处理那个小孩受伤的身体和折断的骨头时,他想到了自己的孩子,他感到怒火中烧。

把那个小孩送到医院后,两名救护员又被派去抢救一名心脏病发作的人,有人看见那个人躺在街上。他们赶到之后才发现根本不是心脏病发作,而是一个醉鬼醉倒在街上。他们把这个醉鬼抬到救护车上后,一种沮丧和愤怒的感觉直往他们的头上涌。他们决定好好收拾一下这个醉鬼,让他一辈子都忘不了。

救护车在车流中钻来钻去,高速前进。司机尽量把车拐得很急,那个酒鬼在后车厢里被抛来抛去。对救护员来说这只是一个玩笑。

突然,这个酒鬼真的心脏病发作了。坐在车里的救护员俯身看着酒鬼,并且冲他大叫:"去死,他妈的,去死吧!"

他看着那个酒鬼战栗,看着那个酒鬼死去。到达医院后,他们对医生说他们到的时候病人已经死了,他们无能为力。

那个救护员在一次心理咨询会上谈到了那天晚上发生的事,这次会议的主题是"职业性衰竭"——这已成为高压力工作的一个日益突出的问题。

这个故事生动地展示了由压力导致的破坏性后果,对个人的影响可能从无法集中精神、焦虑、抑郁,到胃功能紊乱、对疾病抵抗力的下降和心脏疾病;对企业或组织来说,表现可能从员工缺勤和对工作不满意以致居高不下的事故率和离职率。

一、压力管理的基本原理

(一) 压力的主要元素

理解压力机制时可以把它视为是一个"力场"的产物(Lewin,1951)。库尔特·卢因(Kurt Lewin)认为所有的个人和组织所面对的都是一个充满强化或相反力量(例如压力)的环境。这些力量会刺激或抑制个体所期望的表现。如图 2 - 1 所示,组织中个体水平的表现是那些或者互补,或者相互抵触的因素作用的结果。某些力量驱动行为的变化,而另一些则抑制或阻碍这些变化。

根据卢因的理论,驱动的力量和抑制的力量正好是相互匹配的,在图中,更长的箭头表示更大的力量,但当抑制和驱动力失衡时,表现便会朝某一方向变化。

压力会产生负面影响,个体内外部的压力源可被视为模型的驱动力量,导致压力感的产生,它们对个体施加的压力,如果不加以限制,则会使人在生理、心理和人际上发生改变,可以导致病理结果(例如,焦虑、心脏病或精神崩溃)。然而,大部分人都有一定量的心理弹性或抑制力量来对抗压力源和抑制病态的结果。这些抑制力量包括行为模式、心理特征和支持性的社会关系,强有力的抑制力量导致较低的心率、良好的人际关系、情绪的稳定性和有效的压力管理,缺乏抑制力量将产生相反的结果。

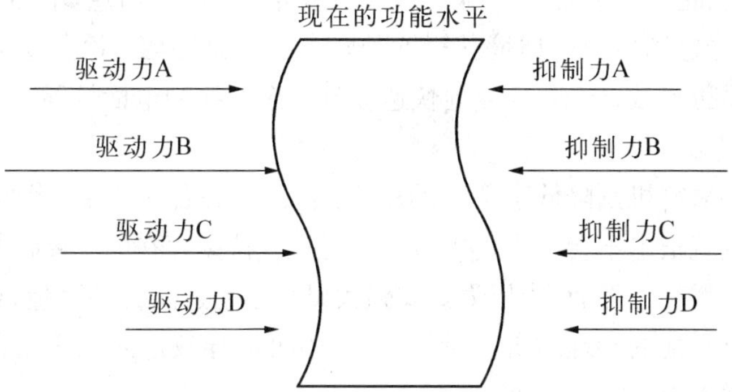

图 2-1　力场分析模型

当然，压力同时也会产生正面的影响。如果缺乏压力，人们会感觉非常无聊而且缺乏进行任何行动的倾向。即使个体感受到的压力水平很高，如果有足够的抑制力量，也能很快地重建均衡。

（二）对压力的反应

在上述救护员的案例中，多个压力源的作用使现有的抑制力量无法承受，导致心力交瘁。但是，在达到这样一种极端的状态之前，个体通常会经历三个阶段的反应：**警示阶段、抵抗阶段、衰竭阶段**（Auerbach，1998；Cooper，1998；Selye，1976）。

1. 警示阶段

警示阶段（alarm stage）的特点是对威胁性的压力产生焦虑或恐惧的反应，或者如果压力源是某种损失，则产生难过或抑郁的反应。如果压力非常大，则可能令人休克或不知所措。个体在生理上也会产生反应，能量储存被激活，心率、血压和警觉性增加。

2. 抵抗阶段

如果这种状况持续下去，则个体会进入**抵抗阶段**（resistance stage），在这个阶段防御机制占据支配地位，身体开始储蓄超额的能量。

大部分体验超额压力水平的人会有五种典型的防御机制。第一种是**攻击**。个体会直接攻击压力源，也可能转而攻击自己或他人，甚至是器物（例如，踢狗、摔东西）。第二种是**退化**。采用个体发展阶段较早期的行为模式（例如，以幼稚的方式进行回应）。第三种防御机制是**压抑**，包括否认压力的存在，忘记或重新解释压力（例如，认为压力并不像实际上那么令人惊慌）。**退缩**是第四种防御机制，它可以表现为心理上的，也可以表现为身体上的。个体可以沉浸于幻想，不加注意或有意地遗忘，也可能会逃离压力的情境。第五种防御机制是**固着**。个体会重复同一种反应而不管其是否有效(例如，反复地快速拨打一个占线的电话号码)。

3. *衰竭阶段*

如果这些防御机制降低了个人的压力感，那么负面的效果，诸如血压升高、焦虑或心理失调就根本不会发生。压力的状况一直持续存在的主要证据可能正是心理防御机制的增加。然而，当压力如此强大以至于超过防御的力量，或持续时间如此之长以致可支配的心理防御能量被耗尽，则可能导致进入**衰竭阶段**(exhaustion stage)，从而产生病理上的后果。

虽然每一个防御阶段都会令人感到暂时的不舒服，但衰竭阶段对人来说最为危险。当压力的强度或持续时间超过个体的抵抗能力时，个体会体验到长期的压力，对个体或组织的负面影响通常也会随时发生。这种病态的结果可能体现在生理上(如心脏病)、心理上(如严重抑郁)或人际间(如关系的解除)。这些变化对有如下人群能产生破坏性的结果：没有防御能力的人(如战俘的精神病性的反应)、没有能力持续抵抗压力的人(如变得筋疲力尽)、过度反应的人(如体内化学物质过量分泌，导致溃疡)，或那些缺乏自知力，对压力完全没有意识的人。

图 2-2 界定了管理者体验到的压力源(驱动力)的主要类别，表 2-1 显示了抑制压力负面后果的心理弹性(抑制力)的主要性质。本章对每一种力量都进行了

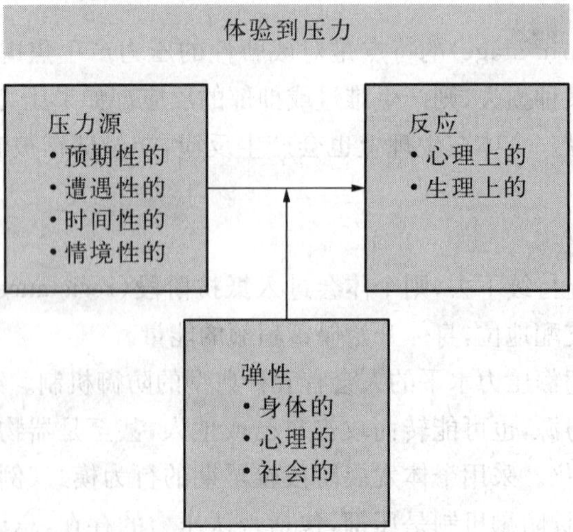

图 2-2　一般性的压力模型

讨论，这样我们可以清楚如何找到压力源，如何消除它们，如何增加弹性以及如何暂时性地应对压力。

表 2-1　心理弹性的主要性质

	规定性策略	积极行动策略	反应性策略
目的	消除压力源	提高弹性策略	学习暂时性的应对办法
效果	永久的	长期的	短期的
方式	规定性的	积极行动	反应性的
要求的时间	长时间	中等时间	即时的

二、压力管理的三种策略

压力对每个人造成的疾病和功能失调有很大的差异。有些人被称为“强烈的反应者”，他们对压力有一种体验极端的负面反应的倾向（Adler & Hill house，1996；Eliot & Breo，1984）。而对其他人来说，压力则不是那么难以让人忍受。他们的心理状态、人格特点和社会支持机制对压力的效果起调节作用，并产生了弹性或有效应对压力的能力。弹性是有效对抗压力的一种方法，他可以使人免于长期的精神衰竭。这有助于解释为什么有的运动员在大型赛事上发挥更出色，而有的则发挥失常。有的管理者在风险很高的时候能表现为杰出的战略家，而其他人在压力面前则手足无措。

对压力的管理者来说，采用某种特定的方法序列已被发现是最为有效的（Kahn & Byosiere，1992；Lehrer，1996）。

首先，最佳的压力管理是用**规定性策略**来消除或削弱压力源，它们可以为个体创造或规定一个没有压力源的新环境。

第二个最有效的办法是通过增加自身的弹性来提高全面的压力处理能力。这些办法被称为**积极行动策略**，它们的作用是采取抵制压力负面效果的行动。

最终，当需要立即反应时，开发对付压力源的短期技巧是必需的。这些被称为**反应性策略**，它们的作用是进行现场治疗——暂时降低压力的效果。

持续的压力会导致持续的肾上腺皮质荷尔蒙活动，过量则有害，也会抑制一部分免疫系统的功能，更容易使人感染疾病。图 2-3 总结了这些由压力导致的生理反应。

如果个体可以消除有害的压力源和频繁且强烈的压力反应导致的负面影响，

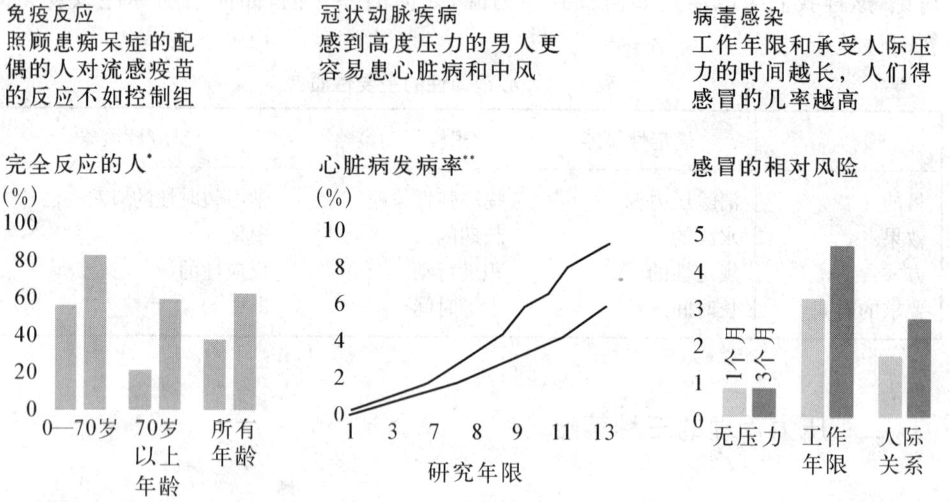

*有4倍抗体抵抗的比例

**累计的年发病率

数据来自："长期压力改变了老年人对流感病毒疫苗的免疫反应"、"中年人自我知觉的心理压力和心脏动脉疾病"、"增加健康成年人的普通感冒感染几率的压力类型"等研究

图 2-3　压力导致的一些生理反应

资料来源：American Institute of Stress (2000)，http：//www. stree. org/problem. htm.

则个体可以改善自己的状况。但是，因为大部分人不能完全控制他们的环境，所以他们很难消除所有的有害压力源。在这种情况下，最好的办法是培养个人的弹性以使身体更快地恢复到正常的活动水平，或者给"加速的发动机"一个有意义的方向。

最后，如果只是从临时性角度来说，个体可以通过使用诸如放松技巧和心理控制等建设性的策略来应对这种状态。至少在短期内，这些技巧可以有助于"机器"更快地恢复到空闲状态。

不幸的是，大多数人将上述应对策略的顺序搞反了——也就是说，他们首先依靠临时性的反应方法来应对压力，因为这些活动可以立即实施。而一旦遇到压力，反应性策略就不得不被重复使用，因为它们的效果只是短期的。而且，一些普通的反应策略，如喝酒、服用安眠药或让怒气发泄，会成为习惯而且对个体有害。如果没有更为长期的策略，单纯依靠重复的反应性策略会导致恶性循环。

积极行动策略的运用需要付出更多的努力，但效果更持久。然而，弹性策略的实施需要时间，因此不能立即得到回报，最佳的且最持久的策略是那些彻底消除压力源的策略。它们需要的实施时间最长，而且可能涉及复杂的准备过程。但是由于压力源被消除了，所以收益是永久的。

三、规定性策略——压力源的管理

（一）压力源的四种类型

表 2-2 压力的四个关键来源

时间性压力源 ● 工作过载 ● 缺乏控制	情景性压力源 ● 令人不适的工作环境 ● 迅速的变革
遭遇性压力源 ● 角色冲突 ● 问题冲突 ● 交往冲突	预期性压力源 ● 令人不快的期望 ● 担忧

(1) **时间性压力源**(time stressors)：通常是由于要在很短的时间内做太多的事而引发。这是公司的管理者面对的最常见、最普通的压力源(Kahn & Byosiere，1992；Mintzberg，1973；Stalk & Hout，1990；Vinton，1992)。

西方文化对时间的着迷使其成为压力的一个重要来源。举例来说，许多学者研究了角色过载和长期时间压力与心理和生理功能失调的关系(Fisher & Gitelson，1983；French & Caplan，1972；Kohn 等，1964；Singh，1993，1998)。他们发现了时间性压力源的存在和对工作不满意、紧张感、威胁感、心率、胆固醇水平及其他因素之间的显著关系。

在上文提到的救护员的事例中，司机的工作过载反映了时间性压力源，即他们感觉被迫在很短的时间内完成大量的任务，而且对时间无法控制。如果每天都体验这样的压力，将是非常有害的。暂时性的时间压力可以作为完成任务的动力，比如有些个体面临最后完成期限时，会比按自己原有的速度完成工作完成得更多。然而，持续的时间压力状态——要做的事太多而时间太少，通常是有害的。

不同国家在时间性压力源方面存在差异(Trompenaars，1996；Trompenaars & Hampden-Turner，1998)。例如，某些地区的文化(如菲律宾、美国、爱尔兰、巴西、印度和澳大利亚)有种短期趋向，其时间压力更为普遍。而在较长时间取向的文化(如捷克、奥地利、瑞典和葡萄牙)下，时间要求的迫切性则较不普遍。

(2) **遭遇性压力源**(encounter stressor)：指那些由人际交往而产生的压力。

大多数人都曾经因为与朋友、室友或配偶争吵，或者努力与有人际冲突的雇员或上级一起工作，或者在一个缺乏信任和凝聚力的团队中努力完成一项任务，而经历心力交瘁。每一种压力源都产生于某种冲突性的人际遭遇。遭遇性压力源在管理者中尤其普遍，它们通常产生于三种冲突：角色冲突——这种情况下团队成员担任的角色不相容；问题冲突——对如何完成或解决问题意见不一；交往冲突——个体由于相互的对抗而不能很好相处（Balzer，Doherty & O'Connor，1989；Cordes & Dougherty，1993；Fisher & Gitelson，1983；Singh，1998）。

遭遇性压力是大部分组织运作不良的重要原因（Likert，1967；Peters，1988；Pieffer，1998；Thoits，1995）。显而易见，遭遇性压力更多地对那些负责人事管理的管理者产生影响，而不是那些管理设备的管理者。

不同国家文化在遭遇性压力源方面也存在差异（Trompenaars & Hampden-Turner，1998），例如，倡导平等主义，强调将人际关系作为完成工作的一种方式的国家（如美国、挪威、爱尔兰和芬兰）通常而言会比等级制或职位取向的国家（如韩国、印度、西班牙和以色列）面对更多的遭遇性压力源。类似的，与强调中立的国家（如中国和日本）相比，强调情感外向表达的国家（如伊朗和墨西哥）更倾向于体验更多的遭遇性压力源。表2-3统计了员工发生心力交瘁的原因。

表2-3 心力交瘁的原因

工作场所的特点	员工报告筋疲力尽的比率（%）
员工不能自由地与其他人交谈	48
员工可以自由地与其他人交谈	28
工作中的人际冲突是普遍的	46
工作中很少有人际冲突	22
员工拥有的控制权太少	46
员工拥有足够的控制权	25
员工人数或支出预算不充足	45
员工人数或支出预算充足	21
管理者和员工无法坦诚地交谈	44
管理者会与员工坦诚地交谈	20
管理者不会给员工提供支持	44

续 表

工作场所的特点	员工报告筋疲力尽的比率(%)
管理者给员工提供支持	20
生病和假期的福利低于平均水平	44
生病和假期的福利等于或高于平均水平	26
员工的福利被削减了	42
员工的福利得到保障	24
应付繁文缛节是普遍的	40
很少需要应付繁文缛节	22
员工得不到认可和回报	39
员工得到认可和回报	20

(3) **情境性压力源**(situational stressor):产生于个体生活的环境或周围的环境。最常见的一种情境性压力源是不适的工作条件。对那两名救护员来说,这些压力包括持续的呼喊、长时间的紧张工作以及与其他同事的隔离。而且,广泛的和不断加速的变化也会导致压力的增加。卡梅伦和同事报告说,工业化社会的大部分组织从20世纪90年代开始进行了裁员和重组。他们的研究发现情境性压力几乎普遍性地增加了。下面一位员工的话很好地反映了这一点:

> 我的丈夫和我在同一家大型集团企业工作。我们现在的工作量是过去3—4个人的。12小时的紧张工作之后我们筋疲力尽地回到家里,晚上9点还要被割草机和真空吸尘器拖着干活,错过孩子们的足球比赛和学校的游戏,而且几乎不能见面。因为今天的商业环境,我们感到几乎没有能力换工作。现在没有人敢辞掉工作,这太冒险了。但压力正在谋杀我们。

(4) **预期性压力源**(anticipatory stressor):包括受到潜在的、令人不愉快的事件有可能发生的威胁——令人不愉快的事还没有发生,但可能会发生。压力来自对事件的预感和由此产生的威胁感。在救护车的例子中,主人公经常面临预感到会目睹他人的痛苦或死亡的威胁,这就是一个预期性的压力源。在那些经历快速变化、重组或裁员的组织中,预期性压力源也是非常普遍的。人们担心会失去工作,担心自己的朋友会被公司要求离开,对重组导致的新的上下级和人际关系感到焦虑,而且担心将来是不可预见的和令人害怕的。布洛克纳(Brockner)和温森菲尔德(Weisenfeid,1993)记录了裁员和工厂倒闭对幸存者(那些保住工作的人)的负面影响,他们发现的一个突出问题就是预期性压力源的存在。

(二) 消除四种压力源的方法

消除压力源是一种永久性的减压策略,因此它是迄今为止最值得采用的。尽管个体不可能而且没有必要消除遇到的所有压力源,但他们可以有效地消除那些有害的压力源。有一种方式是“创造”环境而不是仅仅对它作出“反应”。也就是说,个体可以主动创造更适合工作和生活的环境。这样他们可以理性地、系统地消除压力源。表 2-4 分别列出了几种消除四种类型压力源的方法。

表 2-4　消除压力源的管理策略

压力源的类型	消除的策略
时间性的	有效的时间管理 高效率的时间管理 授权
遭遇性的	合作和团队建设 情商
情境性的	工作再设计
预期性的	目标设置 小量成功

1. 时间管理——消除时间性压力源

时间压力通常是管理者面对的最大的压力来源。有两类技巧对有效管理时间和消除时间压力而言是重要的:一类是如何高效率地使用每天的时间,另一类是如何在很长时间内有效地利用时间。因为有效的时间管理是高效率的时间管理的基础,所以我们首先对它进行讨论。

有效的时间管理意味着:① 个体应该把时间用于重要的事情,而不只是紧急的事情;② 人们要能够清楚地区分什么是他们认为重要的,什么是他们认为紧急的;③ 结果而非方法是时间管理策略的重点;④ 人们有理由在必须说“不”的时候不感觉愧疚。

许多时间管理的专家已经指出“时间管理矩阵”的有用性。这个矩阵将活动按它们的相对重要性和紧急性进行分类。重要的活动是那些能产生所期望的结果的活动,它们可以得到有价值的结果或者具有一个有意义的目的。紧急的活动是那些需要立即被注意的活动，它们与其他人所表达的需要相联系，或者与需要尽快解决的令人不舒服的问题或情况相联系。图 2 - 4 列出了这个矩阵。

重要性 \ 紧急性	高	低
高	1 危机 顾客抱怨	3 发展的机会 革新 规划
低	2 信件 电话铃 被计划外事情打断	4 逃避 例行公事 争论

图 2 - 4　决定时间使用的活动类型（时间管理矩阵）

重要或不紧急的活动应被置于时间管理安排的首要位置。通过保证这些类型的活动得到优先，可以减少遭遇到的紧急问题，时间压力感可以被消除。

在有效的时间管理中，一个人所要做的最困难但却是至关重要的决断之一是：决定什么是重要的、什么是紧急的。问题出现的时候不会带着“重要”、“不紧急”的标签。人们怎样才能确定自己集中精力完成的活动是重要的，而不只是紧急的？答案是：明确那些对自己重要的事情。对个体来说，意识到自己的核心价值观和建立一套基本的原则以引导行为非常重要。为了判断时间管理中什么是重要的，这些核心价值观、基本原则和个人的优先级必须被明确界定。否则，个体将任由他人摆布。

时间管理不仅要从有效的角度来看（例如，让时间的使用与个人的原则相一致），也要采用高效率的时间观点（例如，通过不浪费时间而在一天内完成更多的任务）。有些技巧可以帮助管理者效率更高地利用每天的时间。

一种增加时间利用效率的方法就是对自己低效利用时间的倾向保持警觉。在很多情景下，这些倾向可能代表了正确的反应；但在另一些情境下，如果人们不能意识到这些倾向及其可能的后果，它们可能会妨碍高效率地利用时间并会增加时间的压力。

时间管理问卷是帮助诊断个人时间管理的工具，列出了依据对时间管理的研究总结出的原则或技巧。在 40 条原则的每条原则后面都有简单的讨论，前 20 条对普通人的生活的各个方面都是适用的；而其余 20 条，则更直接地与管理者和管理角色相关。

普遍适用的20条高效时间管理原则如下：

(1) 选择性地阅读。这条原则主要适用于那些发现自己有太多的材料(如信件、杂志、报纸、书籍、小册子和介绍等)需要阅读的人。除非你是为了放松和娱乐而阅读，否则大部分材料需要像阅读报纸那样跳过大部分内容，而在最重要的部分停下来仔细阅读。即使是最重要的文章也没必要通读，因为最重要之处通常会在段首或这一节的开端。而且，如果将你认为重要之处做上标记，则可以在日后需要的时候迅速加以回顾。

(2) 列出一张今天要完成的任务清单。关注你想完成的事情，而不仅仅是你想做的事情。这是一个常识性的原则，你需要事先对每天做一些计划而不仅是让它留在你的记忆中。这也表明你应该只有一个清单，而不是在许多张纸上列多个清单。

(3) 为每件事情安排一个位置，并让每件事各就其位。事情如果不能各就其位，就会以两种方式抢占你的时间：你需要更多的时间来寻找你所要的东西，而且当你做一件事情的时候总会被其他事情所打断。举例来说，如果几个项目的材料摊在你的桌子上，当你的眼睛从一个材料移到另一个上时，你就不得不一直在项目之间换来换去。

(4) 确定首要任务。每天你都应当首先致力于重要的任务，然后处理紧急的任务。在"二战"期间，艾森豪威尔将军严格地遵守这条原则，因而在面对无数任务的情况下成功地管理了自己的时间。他集中精力注意那些非他处理不可的重要事件，然后再处理紧急的事情，而把那些不太重要的事交给下属去办理。

(5) 一次只集中精力完成一件重要的事，但一次可以同时处理几项琐碎的任务。当任务是例行公事，琐碎而无须太多思考时，你可以通过同时处理几件事来完成更多的任务。这项原则可以让管理者在短时间内解决许多琐碎的任务。例如，在签字的时候接电话。

(6) 制定一张5或10分钟就能完成的可以自由决定的任务清单。这可以帮助你利用每人每天都会拥有的小段时间空隙(等待某事开始的时候，会议或事务之间，接电话的时间等)。但需要注意，在利用空隙时间处理这些小的随意的任务的同时，不要忽略了高优先级的任务。

(7) 将大的项目分割处理。这将帮助你避免产生被庞大的、重要的、紧急的任务压垮的感觉。感到项目太大而无法完成会加重负担过载的感觉，从而导致拖延。

(8) 确定所有任务中最关键的20%。帕累托法则说明20%的工作产生80%的结果。因此，分析哪些任务是最重要的20%，然后将大多数的时间花在上面。

(9) 为最重要的事务节省时间。不应将自己"最佳的时间"用于完成琐碎的任务,在你精力不够旺盛、思想不够敏锐或不是处在最佳状态时可以处理例行的工作,而将旺盛的精力保留下来用于完成最重要、最紧急的任务。我们中的很多人通常就像那些被无知的和不认识的人控制着的牵线木偶一样。不要让其他人用你不希望的要求来打扰你。是你,而不是别人,在控制你自己的时间。

(10) 每天为自己保留一些可以不受其他人干扰的时间。将这些时间用于处理重要或不紧急的工作,或进行思考。这段时间可能是其他人还没起床或已经睡觉了的时候,或者是在一个其他人不会来的地方。关键是要避免整天都处在即将发射的状态中,而对时间没有个人的控制。

(11) 从不拖延。迅速地着手某项任务比你拖延它们要更为省时。当然,你必须注意不要将所有的时间用于琐碎的、需立即关注的任务,而没有时间完成更重要的任务。延迟和浪费时间之间的界限很清楚,但不要养成"我将晚一些时候处理它"这样的决定习惯。

(12) 保持对使用时间的记录。这是最好的时间管理策略之一,如果你不知道自己是怎样使用时间的,就不可能改善对时间的管理和降低时间压力。你记录的时间间隔应足够短以使你抓住核心的活动,但又不能太短从而造成额外的负担。努力保持你每 30 分钟或 1 小时的活动记录。"技能练习"和"技能应用"两节中建议你至少保持两周的记录。取消那些不会帮助你达到所期望的结果或你的个人原则陈述的活动。

(13) 确定最后期限。这有助于提高你的时间使用效率。工作总是被尽可能地拖延,因此,如果你不确定最后的期限,任务总会超出它应该被完成的时间底线。

(14) 在等候的时间里做一些有意义的事。有人估计平均每个人有 20%的时间用于等候。在等待的时候,你可以试着阅读、计划、准备、预演、回顾、总结或者做其他能帮助你完成工作的事。

(15) 每天有一定的时间处理繁忙的工作。因为总是忙于简单的任务而无法完成困难的任务,这是很自然的。划出一定的时间来做繁忙的工作。举例来说,除了某段特定的时间外,你应该拒绝回复或阅读报纸,这有助于确保那些活动不会干扰对重要任务的处理。

(16) 每天至少完成一项任务。一天结束了,却没有彻底解决一个任务(即使是 10 分钟的任务),这将增加负担过载和时间压力的感觉。从另一方面来说,完成一个任务可以释放压力感。

(17) 规划一些个人时间。你需要一些不会受到干扰的时间,这样你可以从快节奏中暂时脱身独自待一会。这段时间应该用于计划、制定任务的优先级、检查任务完成情况、冥想、祈祷或只是休息。其好处之一就是，个人时间可以帮助你保持自我意识。

(18) 不要总是对任何事情感到担忧。只允许自己在特定的时间担忧，而不要将其他的时间花在忧心的事上。这能使你的思想保持自由而且将精力集中于手头的事。

(19) 确定长期的目标。这有助于你在活动和任务中保持一致性。除非你在心里有一个明确的方向，否则尽管你的效率很高、组织得很好，仍然会一事无成。写下你的长期目标将帮助你实现它们，并时常提醒自己。

(20) 不断致力于寻找提高时间管理效率的方法。定期阅读时间管理提示表。我们所有人都需要被提醒，它将使持续改善时间利用成为生活方式的一部分。

管理者高效率的时间管理原则如下：

(1) 每天结束的时候召开例行的会议。每天早上都是精力和创造力最旺盛的时候，不应浪费在琐碎的事情上。而且因为要下班，所以会议本身有一个时间限制。

(2) 站着召开简短的会议。这保证会议会很简短，而舒服的姿势会导致延长会议时间。

(3) 确定会议的时间限制。这样可以预期一个会议结束的时间，从而产生按照时间限制进行会议的压力。在每次会议和会面之前都要建立这种限制。

(4) 取消一些不必要的会议。只在有必要时才召开会议，这样召开的会议才更有意义和高效。

(5) 制定会议议程，围绕议题，监控时间。这些原则帮助人们为会议做准备，不跑题并保持工作导向。

(6) 如果事项被正式地规划在要讨论的议题中，许多事情在会后将得到解决。管理者可以在会议开始时提出议题，甚至可以即席演说。

(7) 保留会议的记录将保证这些决议不被遗忘并得到实施，还将保证每个人都有明确的期望。监控将促使人们提高效率，对会议应该结束的时间保持敏感。

(8) 按时召开会议。这有助于确保人们按时到场。有些管理者选择非整数时间召开会议，如早上 10:13，以使与会者注意到分钟。按时到场的人应得到奖励，而不是让他们等待迟到的人。

(9) 记录承诺和期望，而且保持追踪。这种方法使得没有得到解决的事情不会再次出现在会议上。它也产生一种大部分工作都应在会议之外得到完成的期望。记录在案的公开承诺和期望更有可能实现。

(10) 坚持让下属提出解决问题的建议。它的目的是消除上行传导的倾向，即员工通过询问管理者的想法和解决方案而将难题推回到管理者身上，对管理者来说，在下属提出的几种可供选择的方案中选择一种，比自己提出这些方案更有效率。

(11) 在门口接待来访者。这使得管理者可以控制办公室空间的使用，从而保持对时间的控制。相对于坐在办公室里来说，站在门口更容易使会谈保持简短。

(12) 到下属的办公室。如果可行的话，这是有用的。其好处在于通过自由选择离开的时间来帮助管理者控制会谈的长度。当然，如果管理者需要花大量的时间往返于下属的办公室，则这个原则是不实际的。

(13) 不要将每天安排得太满。有效的管理者至少对他们的部分时间保持控制。其他人的会议和要求将破坏管理者对日程的个人控制，除非他们努力保持控制。这并不意味着你将拥有大量的空余时间，但好的时间管理者应制定而非被动地应付日程安排。

(14) 安排其他人接电话。不要成为电话的奴隶，这可以让你至少在一天中的某些时间避免被干扰。安排人帮你接收电子邮件，筛选那些不重要的或只需要随便应付的邮件。

(15) 有一个可以不受干扰的工作空间。这可以确保当最后期限临近时，管理者能够集中精力处理手头的任务。思路被打断后再回到原来的任务上会浪费很多时间，因为总是“重新启动”是很浪费时间的。

(16) 对每一份处理的文件做一些明确安排。这可以帮助管理者避免反复地翻阅同一份文件。对一份文件“做一些确定的事”常常意味着把它扔出去。

(17) 保持工作场所的整洁。这会降低管理者分心的概率并减少用于查找物品所花费的时间。

(18) 工作委派，确定接受工作的初始人数和分配给他们的任务量，并且记录他们的成功。这些原则都和有效委派有关，是一个关键的管理技巧。

2. 合作和社交——消除遭遇性压力源

情感银行理论

帮助消除遭遇性压力源的一个重要因素是成为一个稳定的、联系紧密的团队或社团的成员，当人们感到自己是一个群体的一部分，或者被其他人所接纳时，压力就会得到释放。斯图尔特·沃尔夫(Stewart Wolf)博士在一项调查中发现，在宾夕法尼亚的罗塞托(Roseto)，居民完全不会得心脏病和其他与压力相关的疾病，他推测居民的保护者就是城镇里非同一般的社会凝聚力和稳定性。原来这个镇上所有的居民，都是100年前来自意大利罗塞托的移民后代，很少有人与该社会群体外的人婚配。第一个出生的孩子总是取祖父母的名，人们不会相互显示自己出众的消费和优越感；团队成员之间的相互支持是他们的生活方式。

与他人建立合作的氏族式的关系对遭遇性压力是一种很大的抑制力量。一种发展这种关系的方式是运用斯蒂芬·科维(Stephen Covey，1989)描述的一个概念——情感银行账户。科维用这个类比描述一个人对另一个人建立的信任和安全感。在情感银行账户中的"储蓄"越多，关系就越牢固、越持久。相反，从账户中过多地"支出"将削弱关系，也会破坏信任、安全和信心。通过友善、谦恭、诚实和一致地对待他人，可以增加"储蓄"。当人们感到他们得到爱、尊敬和关照时，情感银行账户"储蓄"增加；但如果不守承诺、不倾听、不明确期望或不允许进行选择，账户就会有"支出"。因为不尊重和独裁的方式会使人觉得受到贬低，而且有损自我价值感。账户过度"支出"时，关系就会破裂。

人们交往越多，越需要在情感银行中建立储蓄。当你多年后再见到昔日的老友，你可以立即和他恢复关系，因为情感银行的账户从来没有被触动过。但当你和某人频繁地交往时，关系不断地被加强或削弱。从每天的交往中可以发现"储蓄"或者"支出"的线索。当情感账户"储蓄"颇丰时，错误、失误和小的摩擦可以轻易地被原谅和忽视，但是当账户已经没有余额时，这些问题就将导致不信任和争吵。

因此，一个老生常谈的原则是和其他人建立基于相互信任、尊敬、诚实和友善的关系，并向其他人的情感银行中存款。合作和紧密的团队归根到底是个人之间一对一关系的产物。

社交能力与情商(斯坦福大学的实验)

在斯坦福大学进行的一项研究中，4岁的小孩参加测试情商的活动。测试之一是，在他们面前放一颗软糖，他们面临两个选择：现在就吃掉它，或者等监护他们的成年人完成一个差事回来后再吃，便可以得到两颗软糖。一项后续研究发现，14年之后当这些儿童从高中毕业时，那些表现出更高情商的人(在糖果任务中选择延迟满足的人)被压力击垮的可能性更低、更不容易发怒，而且面对无理的人更少感到压力，在SAT大学入学考试上平均得分要高210分(Shoda，Mischel & Peake，1990)。这些学生的智商得分并没有显著的差异，但情商的差异则很明显。与其他研究结果相一致，情商预测了这些学生在生活上的成功和处理遭遇性压力的能力。

正如我们在上一章所讨论的，情商对于健康而有效率的一个人而言是一项重要的财富，它是心理学家确认的预示着生活、工作和管理角色成功的"智力"库中的一部分。如前所述，情商已经成为合并多重智力的一揽子短语，例如实践智力、抽象智力、道德智力、人际关系智力、精神智力和机械智力(Gardner,1993;Sternberg,1997)。因此,使用“情商”这一术语形容人们通往成功之路所需的一系列非认知能力和技能是很适宜的。从关于情商各个不同侧面的研究可以清楚地看到,情商对于消除遭遇性压力是一项重要的策略。更为重要的是,开发情商的社会方面或者说开发社会智力,有助于人们管理因为人际交往带来的压力(Cantor & Kihlstrom,1987;Goleman,1998;Saarni,1997)。

通过提高一系列管理技能,例如自我意识、问题解决、支持性沟通、激励自己和他人、管理冲突和授权,将会提高个人的社交能力和情绪能力。依次可以有效地消除情境性压力源,我们将更少遇到冲突,与我们交往的人将更加合作,而且我们在与同事培养和保持人际关系方面将更有效、更令人满意。

3. 工作再设计——消除情境性压力源

缺乏工作自由是对压力产生起很大作用的因素。哈克曼(Hackman)、奥尔德姆(Oldham)、詹森(Janson)和铂迪(Purdy,1975)创建了一个工作再设计模型,该模型被证明可以有效地降低压力,增加满意感和生产力。它包括工作的五个方面——技能多样性(skill variety,即在工作中使用多种技能的机会)、任务完整性(task identity,即完成一个整体任务的机会)、任务重要性(task significance,即看到工作产生的影响的机会)、自主性(autonomy,即选择工作完成时间和方式的机会)和反馈(feedback,即得到任务成功完成的信息的机会)。下面简要介绍一下这个模型在降低由压力产生的工作紧张方面的应用。为了消除工作中的情境性压力源,可以采取以下措施:

(1) 整合任务:当个体能够完成整个项目及各种相关的任务,而不是被限于完成一个重复的任务或一个任务的组成部分时,他们会有更高的满意度和投入度。

(2) 建立明确的工作单元:当把从事相关任务的个体组成团队时,个体感觉被整合在一起,生产力提高,重复工作的紧张感下降。当这些团队把他们的任务进行结合与协调,并且在内部商讨如何处理工作时,压力水平显著降低。

(3) 建立顾客关系:看到自己工作的结果是工作中最令人高兴的一部分。在大多数企业组织中,产品和顾客之间的联系由中间机构负责,如客户服务部和销售部。取消这些中间机构将使得工人可以获得有关顾客满意度以及潜在顾客的需要和期望的第一手信息。此时,由于沟通被屏蔽而产生的压力也会被消除。

(4) 增加决策能力:那些增加下属对重要工作做出决定的自主权的管理者消除了下属的主要压力源。由于能够影响和决定工作中做什么、何时做以及如何做这三个方面,个体增加了控制感。

(5) 建立反馈的渠道：一个重要的压力源是不知道所期望的是什么，也不知道任务绩效如何被评估。当管理者更明确地传达他们的期望并且及时给予准确反馈，下属的满意感和绩效将会得到提高。

总之，工作再设计可以有效地消除与工作本身有关的情境性压力源。

4. 优先级、目标设定与小量成功策略——消除预期性压力源

尽管工作再设计可以帮助构建一个压力减少的环境，但消除个体体验到的所有预期性压力源则更为困难。与对一件事的预期相关的压力更多的是心理焦虑的产物，而不是由于目前的工作环境所造成的。要消除这种压力的来源，需要来自思想的过程、优先级和计划的转变。

同样，建立短期计划也可以通过将注意力集中在完成当前的目标上，而不是担忧将来的事情，从而帮助消除预期性压力源。但是，短期的计划并不意味着仅仅确定期望的结果。要制定短期计划需要实施几个步骤(Locke & Latham，1990)。图2-5中的模型描述了成功地制定短期计划的四个步骤。

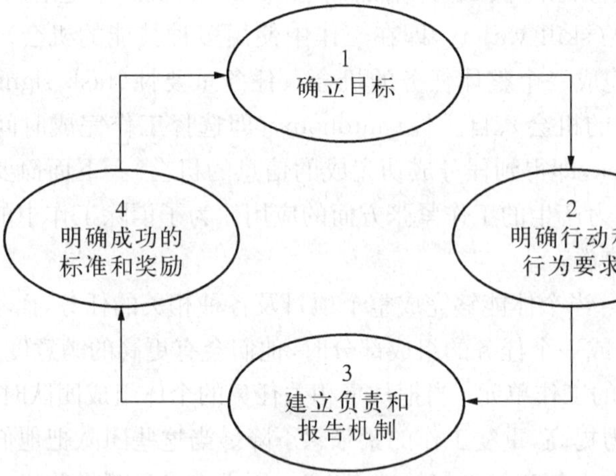

图 2-5　短期计划和目标设定的模型

第一步是确定所要实现的目标。

第二步是尽可能详细地确定能使目标实现的活动和行为。目标越难于实现，行为和活动就越需要严谨、具体化和细化。

第三步包括建立负责和报告机制。这一步的核心原则是“保持现状比进行改变更困难”。这一步包括使其他人参与进来以保证该计划得到坚定的实施，建立社会支持网络以从其他人那里获得鼓励，以及建立不执行承诺的处罚机制。

第四步是建立评估和补偿体制。成功的标准并不容易确定，必须制定目标达成的具体成功指标。认真地制定这些指标将使目标更显而易见、更具可测量性，从而激励个体向目标前进。

另一种与消除预期性压力有关的策略是小量成功策略。所谓“小量成功”，是指向预计的目标方向的微小但明确的变化。一个人可以首先改变一些相对容易改变的事，接着完成剩下相对容易的事，依次类推。虽然孤立地看，每一个成功都是相对微小的，但这些小的成功积累起来可以产生一种动力感，给人一种正在向期望中的目标实质性地前进的印象。这种动力帮助人们树立对自己具有达到目标的能力的信心。我们通过小量成功树立了信心，从而消除了与期望的变化相关的恐惧。当其他人看到我们取得进展时，我们也能获得他们的支持。

获得小量成功的原则很简单：① 确定一些你能控制的事；② 以向你所期望的目标前进的方式进行改变；③ 找到下一件要改变的小事，并且改变它；④ 记录你所做的改变；⑤ 保持你已经得到的小的收获。因为令人担忧的不确定性已经被取得的成功所代替，预期性压力源将被消除。

四、积极行动策略——管理弹性

（一）原理

我们已经研究了压力产生的各种原因，而且列出了一系列预防的方法，现在我们将注意力转向图 2-2 中的压力模型的第二部分提高弹性（resiliency），或称恢复力来应对那些不能被消除的压力。如果压力源是持久的或不可能消除的，就需要发展个人的弹性来加以应对。这是抵制或管理压力的负面影响，从灾难中复苏以及在困境中生活的能力（Masten & Reed，2002）。

图 2-6 代表了大多数人生活中的关键活动。每一扇区代表为了获得弹性必须发展的一个重要的生活方面，最有弹性的个体是那些已经获得生活平衡（life balance）的人。举例来说，如果饼状图的中心代表已经没有任何弹性，而边缘代表最大的弹性，每个扇区的阴影面积就代表了在该领域获得的弹性的数量。那些最善于应付压力的人应该在每个扇区都占据相当部分的阴影面积，这表明他们花了大量时间去发现生活的许多方面。然而，练习中的阴影的模式也应该是相对平衡的，不平衡的模式与某些部分没有阴影一样都意味着没有弹性。过分专注一两个领域而排斥其他的领域，通常在减少部分压力的同时会造成更大的压力（Lehrer，1996；Murphy，1996；Rostad & Long，1996）。

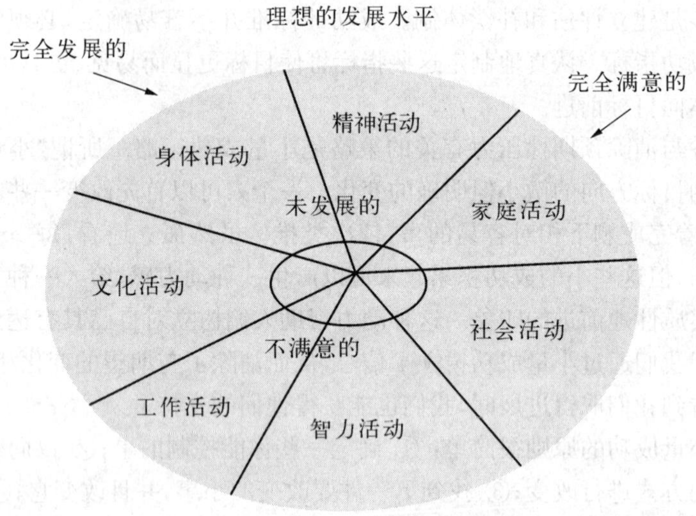

图 2-6 生命平衡分析图

对工作投入过多的时间和注意力，基于以下几种原因，这种做法是不利的：

首先，个体越把精力集中在工作，他们越是受到限制并且创造力会下降。

其次，放松的和精神振作的大脑能够更好地思考。

第三，如果员工参加丰富多彩的健康计划，与压力有关的疾病带来的花费将显著下降。

在此我们集中于管理者的三个普通的弹性发展趋势：生理弹性、心理弹性和社会弹性。每一个领域的发展都需要个体的进取心和一定的时间才能达成。这些活动不可能在午饭时间或周末就能完成。获得生活的平衡和弹性需要不断地进取和努力。表 2-5 总结了弹性的组成。

表 2-5 弹性：缓解压力的作用

生理弹性	心理弹性	社会弹性
心血管状况	平衡的生活方式	支持性的社会关系
正确的饮食	坚强的人格 ● 高度的内控 ● 有力的个人承诺 ● 热爱挑战 小量成功策略 深度放松技巧	导师 团队工作

（二）生理弹性

弹性发展最重要的方面之一涉及个体的生理状况，因为生理状况显著地影响其应对压力的能力。两方面的生理状况（心血管状况和饮食控制）结合在一起决定生理弹性。

1. 心血管状况

成千上万的美国大公司已经配备了室内健身器材。对身体状况的重视是因为大量的证据证明，身体健康的人比身体不健康的人能更好地应对压力。有规律的锻炼有三个重要的目的：保持合适的体重、提高身体健康水平和改善心血管系统。

持续的压力会使我们变胖，当我们遇到压力时，体内一些多余的脂肪被释放出来，当脂肪没有被消耗掉的时候，它便会囤积于人体中部，造成大腹便便和梨形的身材。有规律的体育锻炼的一个益处是，它不仅美化了体形，也改善了心理健康，增强了个体的自尊心。它提供能量使个体一天的精力更加旺盛，注意力更集中，抑郁发生的频率更少。锻炼使人们获得必要的能量来应对突发事件和烦闷的例行公事导致的压力。身体健康的个体更少焦虑、更少患病，而且不上班的天数更少（Griest 等，1979；Murphy，1996）。锻炼的另一个重要益处是它可以加强心血管系统（Greenberg，1987），有氧练习的效果最佳。

2. 控制饮食

对于控制饮食，以下是大多数医学专家都认可的一些重要原则：

吃多样的食物；保持最佳体重；减少脂肪的摄入；吃营养成分更全面的食物；减少糖的摄入；减少钠的摄入；避免酒精；限制咖啡的摄入；摄入维生素和矿物质；使饮食成为一件放松的事。

（三）心理弹性

应对压力的另一个重要缓冲剂是个体的心理特征。具有某种人格特征的人倾向于比其他人更好地处理压力。下面将集中讨论两个最能反映人格和易受压力之间关系的例子：坚强型人格和 A 型人格。

1. 坚强性人格

最近人们对心理弹性的研究远远多于从前（Gittell，Cameron & Lim，2006；Sutcliffe & Vogus，2003），但是了解如何开发心理弹性的一个最佳来源仍然是 20 多年前出版的一本书。Maddi 和 Kobasa 在《坚强的管理者》（1984）一书中描述了坚强型或能承受高压力的人格的三个典型元素：① 感觉自己有控制感，而不是无力改变外部事物；② 感觉置身于和投入自己所做的事中，而不是感觉与自己的工作和其他人疏远；③ 将挑战视为新的经验而不是对安全和舒适的威胁。

内控性得分高的个体感觉自己控制着目标。他们通常认为，压力是个人选择的结果而并非不可控制的、反复无常的。对自己的能力有信心将会不太担心失败、拥有高的期望、愿意冒险、能够在逆境中坚持下来，所有这些都有助于增加压力的弹性。

承诺意味着选择和奉献。坚强的个体不仅认为他们应该选择做什么，而且对他们所做事情的重要性有强烈的信心。

坚强的人欢迎挑战。他们认为变革而非稳定才是正常的，是他们期望的生活模式。

2. A 型人格

第二种重要的心理弹性与另一种人格模式有关，许多进入高等教育或管理职位等竞争激烈的职业领域的人会发展出这种人格。到目前为止，A 型人格（Type A persona）是人格与弹性关系中最著名的人格类型。早在 40 多年前，科学家已经意识到某种人格和那些与压力相关的行为、心理、生理问题之间的联系，这些问题包括焦虑、关系恶化和心脏病。

大部分 A 型人格导致了他们的成功。许多人不愿意放弃这种倾向，因为紧张、坚持的行为在管理者中通常是受到赞赏的，这已经与传统的男性管理者联系在一起了。下面是一个与此有关的故事。

> 马塔朱拉(Matajura)想成为一个伟大的剑客，但他的父亲认为他不够敏捷，而且永远也不可能学到足够敏捷，因此，马塔朱拉去拜访一位著名的武术家班佐(Banzo)，请求他收自己为徒。“我用多长时间可以成为一名高手？”他问，“假设我是您的仆人，每时每刻都跟随您，需要多久？”
>
> “10 年。”班佐说。
>
> “为什么？”马塔朱拉问，“来时你说 10 年。然后我说会加倍努力，你却说要 3 倍的时间。让我说得更清楚一些，我会不停地学习，没有困难可以阻止我，需要多久？”
>
> “70 年，”班佐说，“这样着急的学生学得慢。”

A 型人格的紧迫感，这种能够以更加努力和长时间的工作来克服任何障碍的特征，不利于培养心理的坚强性。当遇到压力时，唤醒水平增加，这类人的反应倾向是通过增加唤醒水平或努力程度来和压力斗争。但处在高的唤醒水平下，应付反应就成为更加原始的行为，学习的反应模式会第一个消失(Staw, Sandelands & Dutton,1981;Weick,1995)。Weick指出，压力水平高的人会难于学习新的反应、进行头脑风暴、集中精力、拒绝旧的不适应的行为模型、进行复杂的反应、授权以及避免恶性循环。弹性退化了。

3. 小量成功策略和深度放松技巧

小量成功策略对于A型人格引发的问题是有效的解毒剂。当个体为小量成功而工作时，他们在应付主要的压力时能有意识地对小的成功保持敏感，并且为此感到开心。当个体为一个小的、明确的结果而工作时，他们有机会享受可见的成功，并且增加了信心，变得更兴奋、更乐观。这一切会激励个体去获得新的小量成功，小量成功可以吸引同盟、威慑对手以及降低对进一步行动的抵制。当达成一个小量成功，力量会被运用到有利于下一个小量成功的方向，一个问题解决后，下一个问题往往会更加清楚，补充的资源也倾向于分配给获胜者，从而增加了进一步获胜的可能性。

小量成功的策略既能促进坚强，也有利于克服A型人格的综合征，这种综合征基本上就是那种一次解决所有问题的压力应对方式。小量成功强化了个体对自己可以影响发生在自己身上的事情的知觉(变得更有控制力)，它通过已有的成功来建立信心以激励进一步的行动(这将产生承诺)，它可以产生适度规模的改变来激励学习、拓展和寻找新的机会或挑战。

深度放松技巧有冥想、瑜伽、自生性训练或自我催眠、生物反馈等。练习此类技巧的个体通常可以调节自己的身体来阻止压力的负面反应。

(四)社会弹性

缓冲压力的负面影响并有助于培养弹性的第三个因素是建立亲密的社会关系，那些处于支持性的社会网络中的个体不大容易体验到压力，而且能更好地应付压力的后果(Cordes & Dougherty,1993;Leher,1996;Singh,1993)。支持性的社会关系使个体之间可以交流挫折和不满，得到建议和鼓励，并且体验到情感上的联系。这种支持性的交往能提供应付压力事件所需的共鸣和支持，它们最易在那些有亲近的情感联系的个体间(如家庭成员)或有共同经验的个体之中(如同事)形成。

除了个人的友谊或家庭关系，在管理者的工作中可以形成两类社会支持体系：一类是导师(mentor)的关系，另一类是任务团队。

许多组织正式地规定了导师体系，当年轻的管理者进入组织后，组织会给他安排一位资深的管理者来引导他。这种关系不是单行道，下属也可以给潜在的导师提供重要的信息和资源，两人可以共同研究问题的解决方案。这种方式使得导师关系让双方都觉得满意和受益，而且因为承诺、信任与合作成为这种关系的特点，对压力的弹性也会得到提升。导师关系既可以帮助避免有压力的情境，又可以帮助下属应对压力。

关系良好的工作也能增加社会弹性，研究已经证实了在团队中工作的社会价值。团队的内聚力越高，对成员的支持作用也越大。相对于那些并不感觉自己是团队中一分子的个体，高内聚力的团队成员之间会进行更经常、更正面的交流，并且有更高的满意度、较低的压力和较高的绩效水平。

五、反应性策略——暂时性降低压力的技巧

短期策略的改善可以暂时减少压力，这样长期的消除压力源或提高弹性的策略才可以得到运用。短期策略主要是反应性的，每次遇到压力都要重复使用，因为它与其他的策略不同，它的效果只是短期的。它们在立即消除焦虑和恐惧等感觉方面特别有效。

以下列出的是五项最知名、最容易掌握的技巧。前两项是生理性的，后三项是心理性的。

(1) 肌肉放松(muscle relaxation)：以一定顺序放松紧张的肌肉。每个肌肉群先紧张 5～10 秒钟，然后完全放松。由脚开始，然后逐渐到小腿、大腿、腹部，接着是脖子和面部，你可以使自身的紧张得到释放，练习可以包括身体的任何部位。但有几个部位需要特别的动作，头绕脖子转几次，耸肩，将手伸向天花板 5～10 秒，接下来回复原位并放松肌肉，这样可以暂时消除紧张、恢复能量。

(2) 深度呼吸(deep breathing)：深吸气并保持 5 秒钟，再呼出来，肌肉要有意识地放松。

(3) 运用技能意象(imagery)和幻想(fantasy)：通过转移思想焦点，从而暂时消除压力。

(4) 预演(rehearsal)：尝试不同的情节和各种反应来克服潜在的压力情境。

(5) 重构(reframing)：通过将情境乐观地视为可以管理的，从而暂时降低压力。

案　例

形势的转变

不久以前我陷入了很多人时常会遇到的阴郁时刻，我突然强烈地感觉到每件事都是沉闷乏味的，我的能量被耗尽了，热情消失了。这种感觉对我工作的影响是非常大的。每天早上我会咬紧牙关喃喃自语："今天的生活又会继续它过去的方式。你必须突破它，你必须这么做！"

但平淡的一天又过去了，我变得更加麻痹。我知道现在到了寻求帮助的时候了。

我去找一位医生，不是心理分析师，只是医生。他比我年长，在他板着的面孔下面潜藏着巨大的智慧和热情。"我不知道怎么了，"我向他诉苦，"但我好像走进死胡同了，你能帮助我吗？"

"我不知道，"他缓慢地说，并将手指交叉并上下注视了我一段时间，然后突然说，"你童年最愉快的地方是哪里？"

"童年的时候？"我回答，"为什么，我想是在海滩。我们在那里有一座夏日小屋，我们都喜欢它。"

他向窗外望去，看那10月的叶子飘落到地上，"你能按我说的度过一天吗？"

"我想可以。"我说道，我准备尝试任何事。

"好的。我需要你这样做。"

他让我明天早上独自一人驱车去那个海滩，9点之前到。可以带一些午餐，但不能阅读、书写、听收音机或与人交谈。"我会给你一些指示，隔3个小时执行一项。"

接着他写了四张纸条，折好，写上编号然后交给我。"9点、12点、15点和18点各看一张。"

"你是认真的吗？"我问道。

他发出一阵欢快的笑声："当你拿到我的账单时，你就不会认为我在开玩笑了。"

第二天早上，我驱车前往海滩，独自一人，毫无信心。东北风正在刮大海看上去灰蒙蒙的而且很汹涌。我坐在车里，时光就这样在我面前流逝。接着我掏出第一张折着的纸条，上面写着：**仔细倾听。**

我注视着这几个字。"为什么？"我想，"那个人一定是疯了。"他已经禁止了音乐、新闻和与人类的交流。还剩什么呢？

我抬起头倾听，四周一片寂静，只有大海的咆哮、海鸥的鸣叫和天上飞过的飞机的嗡嗡声。所有这些声音都是我熟悉的。我下了车，一阵海风“啪”的一声把车门关上了。“我是不是就要仔细地听这种声音呢?”我问自己。

我爬上一个沙丘，视线越过海滩。海的声音如此之大以至于听不到其他任何声音。但是，我突然想到，声音之中一定还有声音——如果倾听者到足够近的地方去听，有流沙发出的锉刀锉东西的声音，还有风刮过沙丘上的草的声音。

我突然产生了一种冲动，我跳入水中，感觉非常可笑，我把头埋入一丛海草中。我发现：如果你用心地听，你会发现有一个时刻，一切好像都静止了，都在等待，在那个时刻，纷乱的思绪停止了。有一个时刻，当你真的倾听外界，你必须使内心吵闹的声音安静下来，让思想休息。

我回到车上，靠在方向盘的后面，仔细倾听。当我再次倾听大海深深的咆哮时，我发现自己正在想象风暴的雪白利齿。

我想起儿时得到的教训。一定量的耐心：你不能使潮汐变快。非常多的尊敬：大海不会对傻瓜幸灾乐祸。意识到广袤而神奇的事情之间的相互依赖：风和潮汐和海流，平静和喊叫和飓风，所有这些结合在一起决定了海面上的鸟和海面下的鱼的路线。而且大海的扫帚每天扫除海岸两次，将所有的一切一扫而光。

坐在那里，我意识到我正在思考一些我之外的事——这使我有一种释放的感觉。

即使这样，早上仍然过得很慢。我已经养成了很强的使自己置身在一个问题中的习惯，不这样做我就感觉无所适从。有一刻，当我渴望地看着汽车上的收音机时，一句话跳进我的脑子里：“伟大的事物是以静默的方式塑造出来的。”

中午的时候，风已将天空的云刮得不知去向，海面闪烁着平静和快乐的光芒。我打开第二个“处方”。我又一次坐在那里，喜怒参半。这次的几个字是：**试着回顾。**

回顾什么？当然是过去。但是为什么要回顾过去？我焦虑的只是现在和将来。

我离开汽车，开始沿着沙丘行走，那个医生让我到海滩这边来，因为海滩有我愉快的记忆。这可能就是我来的目的：我已经快遗忘了“快乐”这种财富。

我决定去尝试。我像画家那样给这些模糊的印象涂上颜色并加强轮廓，我将选择特殊的事件并且尽量回忆更多的细节。我将在头脑中回忆那些人的服饰和神态。我将仔细地听他们的声音，他们笑声的回音。潮汐将要退去了，但仍可以听到浪头拍岸的轰鸣声。我选择了 20 年前和我的弟弟最后一次去抓鱼的情境(他在第二次世界大战中死在太平洋，并被埋葬在菲律宾)。我发现当自己闭上眼睛真的开始回忆,我可以非常清楚地看见他,甚至多年前那个早晨他那幽默而热情的眼睛。

实际上,我可以看见所有的一切:我们捕鱼的象牙形的海滩;东边的天际映出朝阳的光辉。我可以感觉到水流在我的膝盖边打旋,看见我弟弟钓上鱼时竿子的弧光,听见他欢快的叫声。我一片一片地把它们重构出来,仍然那样清晰,没有改变。然后它消失了。

我慢慢站起来,试着回顾。快乐的人通常是有安全感而自信的人。如果你特意回到过去,触摸到快乐,那里可能有一些没有被释放能量。

这一天的第二段时间过去得更快。当太阳斜挂在天空时,我的思绪回到了过去,忆起了一些情节,也有一些完全被忘记就回忆不起来了。举例来说,在我大概13岁,我弟弟10岁时,父亲答应带我们去马戏团。但午饭的时候电话响了:一些紧急的生意上的事需要他到市中心去。我们想这次去不成了,但还是强打起精神。这时我听到父亲说,"不,我不能去。这件事必须稍后一些处理"。

当他回到餐桌时,母亲笑着说:"马戏团还会来的,你知道。"

"我知道,"父亲说,"但童年不会有第二次。"

这么多年来我还记着这件事,突然感到的一阵温暖使我知道所有的仁慈都不会白费,也不会被遗忘。

15点的时候潮汐已经退了,海浪的声音只是有点节奏的私语,就像一个巨人的呼吸。我站在沙地上,感觉放松和充实,还有一点自满。医生的药方并不难办到,我想。

但我没有料到下一个处方不是一个和蔼的建议,更像是一个命令:**重新检查你的动机**。

我的第一个反应完全是防御性的。"我的动机没有问题,"我对自己说,"我想获得成功——谁不想?我想得到某种程度的承认——但每个人都这样。我想得到更多的安全感——谁又不想呢?""也许,"我的脑海中出现了一个微弱的声音,"这些动机也许不够好。也许这就是不能前进的原因。"

我抓起一把沙子,任由它们在指缝中流动。过去,每次工作进展顺利时,总有某些东西是自发的、没有图谋的,是自由的。最近,一切都被计划,工作是胜任的——也是死亡的。为什么?因为我将工作视为能给我带来报酬的工具。工作自身已经不再是目标,只是赚钱的工具,用来支付账单。付出、帮助别人、作贡献的感觉已经丧失在对安全的追求中了。

我突然明白,如果一个人的动机错了,没有什么会是对的。无论你是邮差、美发师、保险推销员、家庭主妇都一样。只要你感觉是在为别人服务,你就做得好,当你只关心帮助自己时，你做得就不那么好。这种法则就像地心引力一样无情。

我长时间坐在那里，我听着浪花拍岸的低吟声变成咆哮声。我自身的光线几乎水平了。我在海滩上的时间已经所剩无几了，我感觉自己不得不佩服那个医生有意和巧妙设计的"处方"。我现在知道这些建议几乎对任何遇到困难的人都可能是有价值的。

仔细倾听：使你散乱的心平静下来，把注意力从内部的问题转到外部的事物。

试着回顾：因为你的大脑每次只能思考一件事，当你接触到快乐的过去时，你会忘记现在的忧愁。

重新检查你的动机：这是"治疗"的艰难而重要的核心，它要求你重新进行评价，使自己的动机与自己的能力和良知相一致。但是做这件事时需要思想清楚，有充分准备——因为前面经过了6小时安静的时光。

当你取出最后一张纸条时，西边的天空已经如深红色的火焰。这次的指示是一句话。我慢慢地走下海滩，站在离最高的水迹线几码以下，又读了一遍最后一张纸条：**把你的问题写在沙子上**。

我让这张纸条随风而逝，弯下身捡起一个贝壳，跪在穹隆一般的天空下，在沙滩上写下了几个字。接着我离开了，而且不会回来，我已经把自己的难题写在沙子上，潮水将把它带走。

讨论题

1. 这些压力应对策略有何效果？它们为什么能起作用？
2. 你现在面对的麻烦、挑战或压力源中，有哪些可以应用这些策略？
3. 这些处方是有效的压力应对策略，还是仅仅是逃避？
4. 除了文中提到的四条策略，作者还可以采纳哪些建议？根据你自己应对压力的经历列出一个清单。

游　戏

压力管理的游戏——你说我做

道具：七彩积木

游戏前准备：老师自己先用积木做好一个模型。

游戏过程：

1. 将参加人员分成若干组。

2. 每组讨论三分钟，根据自己平时的特点分成两队，分别为指导者和操作者。

3. 请每组的操作者暂时先到教室外面等候。

4. 这时老师拿出自己做好的模型，让每组剩下的指导者观看(不许拆开)，并记录下模型的样式。

5. 15 分钟后，将模型收起，请操作者进入教室，每组的指导者将刚刚看到的模型样式描述给操作者，由操作者搭建一个与模型一模一样的造型。

6. 老师展示标准模型，用时少且出错率低者为胜。

7. 让指导者和操作者分别将自己的感受用彩笔写在白纸上。

总结交流

1. 身为指导者的你，体会到什么？

2. 身为操作者的你，体会到什么？

3. 当操作者没有完全按照你的指导去做的时候，身为指导者的你有什么感觉？

4. 当感觉到你没能完全领会指导者意图的时候，身为操作者的你有什么感觉？

5. 是效率给予的压力大，还是安全性给予的压力大？

6. 指导者和操作者感受到的压力有什么不一样？

测试评分要点与参考数据

一、压力管理评估

评分要点

技能领域	项　目	学习前	学习后
消除压力因素	1,5,8,9	______	______
发展弹性	2,3,6,7	______	______
短期应对	4,10	______	______
	总分	______	______

参考数据

将你的得分与三个对比标准进行对比：

(1) 可能的最高分＝60分；

(2) 其他同学的得分；

(3) 1 500名商学院学生的平均数据：

学习前得分				学习后得分
41.11分	=	平均值	=	47.84分
48分或以上	=	前25%	=	53分或以上
44～47分	=	25%～50%	=	48～52分
39～43分	=	50%～75%	=	44～47分
38分或以下	=	后25%	=	43分或以下

二、A型人格问卷

A型人格包括四种行为倾向：过度的竞争性、显著的生活不平衡(常与高度的工作投入相联系)、强烈的愤怒和敌意感觉，以及过度的紧迫感和烦躁。

这四个领域中得分高于12的项，意味着对该因素具有明显的倾向，从而对人的生理健康、心理健康和社会健康产生有害的影响。研究指出，A型人格的敌意倾向对个人健康是损害最大的。

竞争		生活不平衡(工作投入)		敌意/愤怒		烦躁/急迫	
项目	得分	项目	得分	项目	得分	项目	得分
1.	________	2.	________	3.	________	4.	________
5.	________	6.	________	7.	________	8.	________
9.	________	10.	________	11.	________	12.	________
13.	________	14.	________	15.	________	16.	________
17.	________	18.	________	19.	________	20.	________
21.	________	22.	________	23.	________	24.	________
总计	________	总计	________	总计	________	总计	________

参考数据(N=1 500名学生)

平均值：45.83分

前25%：51分或以上

25%～50%：45～50 分
50%～75%：40～44 分
后 25%：39 分或以下

第三章

创造性地解决问题

本章目标

通过本章学习，掌握以下知识要点：

1. 分析性地解决问题的适用条件和分析步骤。
2. 创造性的四种分类和特征。
3. 四种思维障碍是如何产生的。
4. 如何创造性地思维。

技能测试

你的创造性如何

你的创造性如何？下面的测验能帮助你确定你是否具有与创造性有关的人格特质、态度、价值观、动机和兴趣。它是根据对那些来自多种领域和职业的具有创造性思维和行为的人的态度研究编制而成的。

对每一个陈述句，选择适当的字母：

A 同意；

B 不确定或不知道；

C 不同意。

请如实回答，不要猜测一个有创造性的人会如何反应。通过本章末的答案对你的得分进行分析。

________ 1. 我总是非常肯定：我遵循着解决特定问题的正确程序。
________ 2. 如果我没有希望获得答案，提问题对我来说就是浪费时间。
________ 3. 与大多数人相比，我更关注那些令我感兴趣的事情。
________ 4. 我认为有逻辑的、逐步的方法是解决问题的最好方法。
________ 5. 在小组中，我偶尔会提出一些似乎彻底否定某些人观点的意见。
________ 6. 我花费大量的时间来思考其他人是怎样看待我的。
________ 7. 对我来说，做我认为正确的事情比设法赢得其他人的赞同更重要。
________ 8. 那些对事情不确定的人会失去我对他们的尊重。
________ 9. 和其他人相比，我更需要做一些有趣而且令人兴奋的事情。
________10. 我知道怎样压抑我内心的冲动。
________11. 我能坚持处理时间跨度很长的、困难的问题。
________12. 有时候我表现得过分热情。
________13. 我那些最棒的主意通常是在我没有做什么具体事情时就得到的。
________14. 在解决问题时，我依赖直觉以及“正确”或“错误”的感觉。
________15. 在解决问题的过程中，我分析问题时工作得很快，而综合我收集的信息时则很慢。
________16. 我有时会打破常规，做一些我并没有想去做的事情。
________17. 我有收集东西的爱好。
________18. 白日梦为我的很多重要的项目提供了动力。
________19. 我喜欢客观、理想的人。
________20. 如果我不得不在两种职业中选择，我宁愿成为一名医生而不是探险家。
________21. 我更愿意同那些与我属于同一个社会和商业圈子的人相处。
________22. 我的审美敏感性很高。
________23. 我在生活中追求更好的社会地位和更大的权力。
________24. 我喜欢那些对自己的结论很肯定的人。
________25. 激情对成功地解决问题毫无用处。
________26. 我在争论时，最大的满足是与不同意我观点的人成为朋友，即使是以牺牲我的观点为代价。
________27. 我对提出新观点，而不是把它们推销给其他人更感兴趣。

______28. 我喜欢独自待上一整天，以便做“精神上的反思”。

______29. 我倾向于回避使我觉得低人一等的情境。

______30. 对我来说，在评估信息时，来源比内容更重要。

______31. 我讨厌不确定或不可预测的事情。

______32. 我喜欢那些遵循“先干活后娱乐”原则的人。

______33. 自尊比尊重其他人更重要。

______34. 我认为追求完美的人是不明智的。

______35. 我喜欢在一个团队中与其他人一起工作，而不是单独工作。

______36. 我喜欢在我能影响其他人的地方工作。

______37. 我在生活中遇到的很多问题都不能用简单的对或错来解决。

______38. 对我来说，每一件事物都有其位置，每件事都各归其位是很重要的。

______39. 运用奇怪和生僻词汇的作家不过是想要炫耀一番。

______40. 以下是一些描述人特征的词汇，请选出10个最适合描述你的词。

精力充沛的；警觉的；有说服力的；好奇的；观察力敏锐的；有条理的；时髦的；非情绪化的；自信的；思维清晰的；坚韧不拔的；体谅他人的；有创意的；有动力的；小心谨慎的；对自己苛刻的；受习惯束缚的；优雅的；足智多谋的；勇敢的；自负的；有效率的；独立的；乐于助人的；坚定的；有知觉力的；可预测的；敏捷的；正式的；和善的；非正式的；彻底的；专注的；冲动的；有远见的；坚决的；实事求是的；现实的；开明的；谦逊的；老练的；乐于参与的；压抑的；心不在焉的；有激情的；灵活的；创新的；好交际的；沉着的；受人喜欢的；贪婪的；不安静的；实际的；退缩的

技能学习

如果你把半打蜜蜂和同等数目的苍蝇放在瓶子里，并把瓶子水平放置，把底部朝向窗户。你将会发现蜜蜂努力在瓶子里寻找出口，它们坚持不懈直至死于疲劳或饥饿；而苍蝇在不到两分钟的时间里，将全部从相反的颈部的瓶口飞出去。是蜜蜂对光线的热爱，是它们非凡的智慧使得它们在这个试验中无所作为。蜜蜂理所当然地认为，每一个监狱的出口必定在光线充足的地方，并据此做出反应，坚持过于逻辑化的行动。对于它们来说，瓶子是它们在自然界从未遇到过的超自然的神秘东西，它们没有这种突然冲不出去的经验，它们的智商越高，这个奇怪的障碍就越不可理解、越深奥。而头脑简单的苍蝇无视这个不可思议的逻辑，不理会光线的召唤，只是胡乱地四处飞，因此碰到好运，发现了获救的途径，而智者却毁灭了(Weick，1995)。

解决问题是每个人在生活的每个方面都需要的一项技能，在每天的每一个小时，人们都面临解决某种问题的需要。管理者的工作本身就是不停地解决问题。如果组织中没有问题需要解决，管理者就没有存在的必要了。因此，很难想象一个不善于解决问题的人会成为一名成功的管理人员。

高效率的管理者不但能分析性地解决问题，还能创造性地解决问题。分析性地解决问题是管理者每天都要多次使用的方法。而创造性的问题解决能力更能区分职业的成功和失败、英雄和替罪羊、有成就者和昙花一现的执行官，它也能对组织的有效运作产生动态的影响。大量研究都在强调创造性的问题解决方法和成功的组织之间的正向关系(Sternberg，1999)。

一、分析性地解决问题

大多数人，包括管理者，都不是特别喜欢问题。问题耗费时间，它们会产生压力，而且似乎永远也不会远离我们。实际上，大多数人都希望尽可能快地解决问题，他们很自然地倾向于选择出现在脑海中的第一个合理的解决方案。不幸的是，第一个解决方案通常不是最好的。这些第一印象及瞬间的判断有效的情况主要出现在下列条件中：问题本身并不复杂、人们以前经历过这些事情、他们开发了符合自己的内在线索的机制(也就是说，他们开发了适当的自我意识和情商)。然而，大多数时候，我们面临的问题都是复杂的、多角度的和模棱两可的。上述情况都需要有效的问题解决手段。有效地解决问题依赖于系统化的和逻辑化的方法，这至少涉及四个步骤。

表3-1概括了被广为接受的分析性的问题解决方法。许多个人和组织都声称，要想改进工作质量，关键是学习并应用这种分析性的问题解决方法(Juran，1988；Riley，1988)。

第一步是定义问题，包括对情境进行诊断，使焦点放在真正的问题，而不是它的表象上。例如，假定你必须处理一名员工的问题，他总是不能按时完成工作。工作慢可能是一个问题，但它也许只是另一个潜在问题的表象，如身体不好、士气低落、缺乏训练或不适宜的奖励。因此确定问题需要广泛收集信息，收集的信息越多，越可能准确地找到问题所在。

表 3-1 分析性解决问题的模型

步 骤	特 征
1. 定义问题	● 区分事实和观点 ● 明确背景原因 ● 要求参与的每一个人提供信息 ● 清楚地阐述问题 ● 识别违反了哪个标准 ● 确定是谁的问题 ● 避免把问题描述为隐藏的解决方案
2. 产生备选方案	● 延迟评估备选方案 ● 确保所有参与的个体都提出备选方案 ● 明确与目标一致的备选方案 ● 明确短期和长期的备选方案 ● 以其他备选方案为基础 ● 明确解决问题的备选方案
3. 评估和选择一个备选方案	● 与最佳标准相比较而进行评估 ● 系统地评估 ● 相对目标进行评估 ● 评估主效应和副作用 ● 清晰地阐述备选方案
4. 实施和追踪解决方案	● 在适当的时间，以适当的次序实施 ● 提供反馈的机会 ● 促成受影响人的接受 ● 建立持续的监控系统 ● 基于问题解决进行评估

第二步是产生可供选择的解决方案，这需要延迟对任一种方案的选择，甚至提出多种可选择方案。考虑多种方案会使解决方案的质量显著提高。因此，判断和评估必须被延迟，以使第一个可接受的解决方案不被立即选择。

第三个步骤是评估和选择一个备选方案，这一步包括在做出最后的选择之前，仔细地权衡备选方案的优劣。在选择最好的备选方案时，有技巧的问题解决者可以确保对备选方案的判断是基于其解决问题而不引起其他非预期问题的程度、参与的所有个体接受备选方案的程度、备选方案实行的可能性，以及备选方案与组织限制相契合的程度（如与政策、规则和预算限制相一致）。

最后一步是实施和追踪解决方案。令人惊讶的是，大多数时候，人们在面对一个问题时，都想在完成前三步之前就直接跳到第四步。也就是说，人们对于问题的反应是试图加以解决，而不是事先确定它、分析它，或产生和评估备选方案。因此，记住这一点很重要，在试图“摆脱一个问题”时，如果没有完成模型中的前三步，通常不会取得成功。

然而，简单的学会和实践这四个步骤并不能保证人们能够有效地解决所有类型的问题。如果面临的问题是直截了当的，备选方案很容易确定，相关的信息很容易获得，并且判断一个解决方案正确性的标准很清楚时，这些问题解决的步骤是非常有用的。但是许多管理上的问题并不属于这种类型，问题的定义、信息、备选方案和标准很少是清晰的或很容易获得的。在复杂的、快节奏的数字化世界里，这些条件看来越来越少见。因此，知道问题解决的步骤和有能力去实施并不是同一件事情。有一些问题仅仅是经不起系统的或理性的分析，充分的和准确的信息无法获得，后果不可预测或手段与目的之间的联系并不明显。为了解决这样的问题，需要一种新的思考方式，需要多种互相冲突的定义，从而产生前所未有的备选方案。简而言之，必须采用创造性的问题解决方式。

二、创造性的分类

分析性的问题解决关注的是摆脱问题，而创造性的问题解决则关注产生一些新东西(DeGraff & Lawrence, 2002)。下面主要研究在成为更好的创造性问题解决者的过程中所涉及的个体技能。培养创造性最复杂的途径之一是找出获得创造性的四种截然不同的方法。这种途径是以竞争价值框架(Cameron, Quinn, DeGraff & Thakor, 2006)为基础的，该框架识别了描述人们的态度、价值观和行为的竞争或冲突维度。图 3－1 描述了这四种不同类型的创造性及它们之间的关系。

通过**想象力**(imagination)获得创造性，是指创造解决问题的新想法、新突破和根本方法。以这种方式寻求创造性的人通常是实验者、投机者和企业家，他们把创造性界定为探索与新产品的创新，或者对各种可能性提出独一无二的看法。当面对需要解决方案的难题的时候，他们的方法主要注重提出各种革新性的可能性以及独一无二的解决方案。知名的案例包括苹果的 iPod 和 Macintosh 计算机的发明者史蒂夫・乔布斯(Steve Jobs)，以及动画电影和主题公园的开创者沃特・迪斯尼(Walt Disney)。这些人都通过产生新的创意来寻求问题的解决方案，其产品创造了一个全新的行业。世界上最著名的设计公司——位于加利福尼亚 Palo Alto

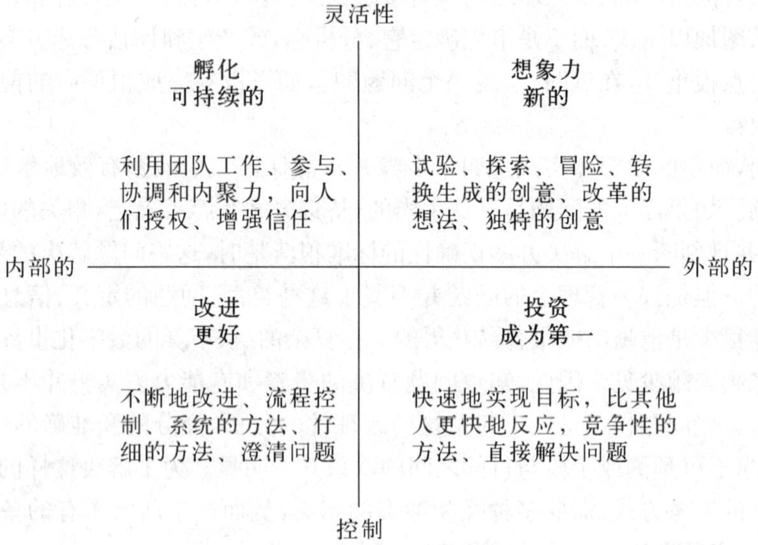

图 3-1　创造性的四种类型

的 Ideo 每年都能够推出 90 多种新产品，该公司已经因为创造许多人们从未想到过的产品——可以整齐地挤出牙膏的容器、计算机鼠标、平面直角监视器、Nerf 足球而声名远播。该公司雇佣激进的思想者、规则破坏者以及风险偏好者来打破成规进行思考。

人们也可以通过相反的方式来获得创造性，即通过开发越来越好的替代方案，改进已经存在的方案，或者澄清与问题有关的模糊之处。他们不是革新者和冒险者，而是系统的、小心的和严格的人。创新来自寻找方法改进流程或职能的过程。有一个例子，就是在麦当劳巨大成功背后的魔术师雷·克罗克(Ray Kroc)。20 世纪 50 年代，克罗克还是一名销售人员，他从麦克唐纳(McDonald)兄弟手中购买了他们位于加利福尼亚 San Bernardino 的一家饭店，通过创造性地改变汉堡包的制作和供应方式，他造就了世界上最大的食品服务公司。他没有发明快餐——怀特·卡斯尔(White Castle)和戴瑞·昆恩(Dairy Queen)很早以前就发明了快餐，但是他改变了流程。创建一种有限的、标准化的菜单，统一的烹调程序，一致的服务质量，干净的设施以及不昂贵的食物——不管你在全美(现在是全世界)的哪个地方吃，都表现出一种与众不同的创新方法。克罗克的秘诀不是具有突破性的创意，而是不断地改进现有的创意。这种类型的创造性被称为**改进**(improvement)。

第三种类型的创造性被称为**投资**(investment)，表现为快速地实现目标和竞争力的追求。利用这种方法寻求创造性的人会直接应对挑战，采取一种竞争性的姿态，并把重点放在比别人更快地实现目标上。他们通过比竞争对手更努力地工作、利用其他人的优势，以及成为第一个提供产品、服务或创意的人来获得创造性，成为“第一个采取行动的”公司的优势是众所周知的。这种创造性可以通过“本田—雅马哈的摩托车之战”中本田的总裁川岛(Kawashima)来体现。本田于20世纪60年代成为日本摩托车行业的领导者。20世纪70年代，本田决定进军汽车市场。雅马哈认为这是一个抢占本田在日本摩托车市场的份额的机会。20世纪80年代初，雅马哈的总裁小池(Koike)在一次公开演说中表示，在摩托车生产方面，雅马哈将很快超越本田，因为本田的新焦点是汽车。小池在1982年的股东大会上发出豪言壮语:“在一年内，我们将成为国内市场的领导者，在两年内，我们将成为世界上的第一名。”1983年初，本田的总裁回应说:“只要我还是公司的总裁，我们就不会拱手让出我们第一名的位置……Yammaha wo tubusu!”——意思是，我们将打破、粉碎、消灭、摧毁雅马哈。次年，本田推出了81种新的摩托车模型，并停产了32种模型，对生产线总共做了113次改变。在接下来的一年中，本田又推出了39种模型，并改变了50毫升生产线中的18种模型。雅马哈的销售垂直下落了50%，公司在这一年遭受了240亿日元的损失。雅马哈的总裁让步了:“我要结束这场本田—雅马哈之争……从现在开始，我们将谨慎地采取行动，确保雅马哈仅次于本田的第二位置。”通过投资获得创造性的方法——快速反应、竞争策略以及成为第一个采取行动的人就是本田的总裁川岛获得创造性的方法。

第四种类型的创造性被称为**孵化**(incubation)。这是通过个体之间的团队工作、参与和协调来获得创造性的方法。通过释放存在于人际网络中的潜力就可以获得创造性。通过孵化获得创造性的人鼓励人们一起工作，培养相互信任和内聚力，并授权给其他人。创造性产生于一种集体的心智和共享的价值观。例如，印度的圣雄甘地(Mahatma Gandhi)可能是近代史上唯一一位单身匹马阻止战争的人。单个的人曾经发起过战争，但甘地却拥有足够的创造性去阻止一场战争。他是通过动员人们追寻一种明确的愿景和价值观达到目标的。如果甘地不擅长利用孵化动力，他很可能就是一位完全没有创造性和影响力的人。通过动员人们到海边制盐，或者烧掉象征种族分化状态的通行证，甘地能够实现不可思议的创造性结果。在通过对人们的联系、参与和协调进行孵化方面，他是一位大师。戒酒互助协会(Alcoholics Anonymous)的创始人比尔·威尔逊(Bill Wilson)也可以说是这样的人，他的12步计划几乎是世界上所有赌博成瘾、毒瘾、饮食紊乱等治疗组织的基础。为了克服他自己的酒瘾，威尔逊开始会见具有同样问题的其他人，一段时间后，他创造了一种帮助自己和其他人克服依赖性的具有创造性的方法。这其中就是当人类的相互关系得到帮助和鼓励时所呈现的创造性。

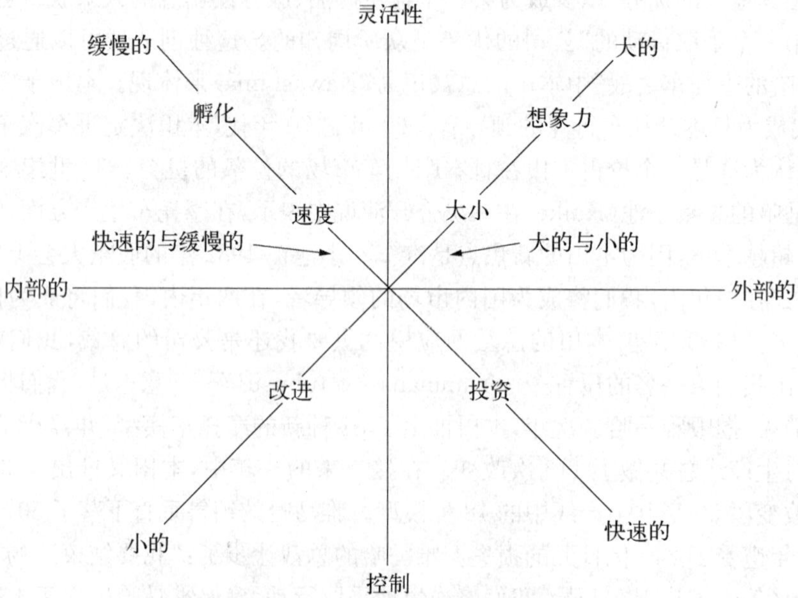

图 3-2　四种创造性的关键维度

图 3-2 展示了这四种类型的创造性的关键维度。想象力和改进所强调的获得创造性的方法是相反的。它们在所追寻的创造性想法的大小方面存在差异：想象力注重新的、革命性的解决方案；改进注重的是递进的、可以控制的解决方案。投资和孵化是相对的，获得创造性的方法也是相反的。两者在反应速度上有所不同：投资注重的是对问题做出快速的、富有竞争性的反应，而孵化则强调更深思熟虑的反应。

没有一种获得创造性的方法是最好的，不同的情况需要不同的方法。例如，雷·克罗克和麦当劳不是利用想象力的战略（革命性的改变）取得成功的，而沃特·迪斯尼要是利用孵化战略（小组一致同意）的话就不会非常有效。本田的川岛不能等待孵化战略（缓慢的深思熟虑的变化），而对于甘地而言，利用投资（一种具有竞争性的方法）获取创造性则是没有意义的。不同的环境需要不同的方法。图 3-3 分别列出了这四种方法在哪些情况下是最有效的。

图 3-3 表明，当需要有所突破及原始创意非常必要的时候，想象力是获得创造性的最适当的新方法；当逐渐改变或固定流程非常必要的时候，改进就是获得创造性的最合适的方法；当快速反应和目标的实现占据主导地位时，投资的方法是最

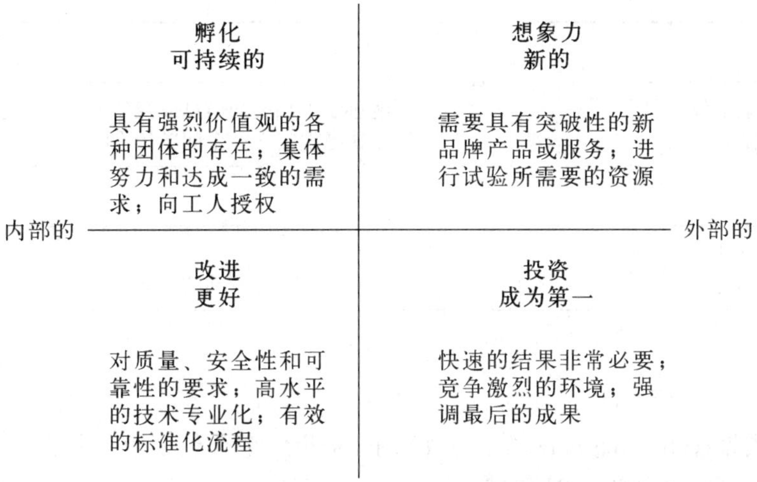

图 3－3　四种获得创造性的方法的适用情况

有效的；当集体的努力和其他人的参与非常重要的时候，孵化就是最适当的可持续的方法。

三、四种思维障碍

创造性的思维方式会受到一些概念障碍的约束，我们大多数人由于存在概念障碍而难以创造性地解决问题。

概念障碍(conceptual blocks)是限制问题确定的方式的心理障碍，它们会使得我们无法有效地发挥创造性的四种类型中的任何一个。表 3－2 概括了限制创造性问题解决的四种概念障碍。

表 3－2　限制创造性问题解决的概念障碍

1. 一贯性	
● 纵向思维 ● 单一思维语言	以单一的方式来定义问题，不考虑其他观点 不采用多种思维语言来定义和评价问题
2. 承诺	
● 基于过去经验的知觉定式 ● 忽视共性	把现在的问题看做过去问题的变式 不能在看似不同的元素间觉察到共性

续 表

3. 压缩	
● 从背景中分离图形 ● 人为制约	不能过滤不相关的信息或找到需要的信息 过于狭隘地定义一个问题的界限
4. 满足	
● 非好奇性 ● 思维偏见	不问问题 以行动代替脑力劳动的倾向

（一）一贯性

一贯性(constancy)，在现在的背景下，是指一个人热衷于一种看问题的方式或采用一种方法定义、描述或解决问题。很容易看出来一贯性为什么在问题解决中如此普遍。一贯或一致是我们大多数人高度推崇的一种品质。我们喜欢在自己的生活中至少保持适当的一致，而且一贯性经常是与成熟、诚实，甚至智慧联系在一起的。然而，一贯性会限制某些类型问题的解决，一贯性有时会赶走创造性。一贯性障碍的两个例子是纵向思维和只采用一种思维语言。

1. 纵向思维

纵向思维(vertical thinking)指的是以单一的方式定义问题，然后无偏离地遵照这个定义直至找到解决方案，不考虑其他可选择的定义。收集的所有信息以及产生的所有备选方案都与最初的定义相一致。迪博诺将横向思维同纵向思维进行了如下比较：纵向思维关注连续性，横向思维关注不连续性；纵向思维做出选择，横向思维做出改变；纵向思维关心稳定性，横向思维关心不稳定性；纵向思维寻求什么是正确的，横向思维寻求什么是不同的；纵向思维是分析性的，横向思维是激发性的；纵向思维关心想法的来源，横向思维关心想法的去向；纵向思维直指目标，横向思维似乎与目标最不相关；纵向思维创造一个想法，横向思维发现一个想法。

例如，在勘探石油时，纵向思维者确定石油的地点后，在该地点一直往下挖，越来越深，直至钻出油来。横向思维者则不是在一个洞上越挖越深，而是在不同的地方钻很多洞。纵向思维概念障碍源于不能从多角度来看待问题——钻很多的洞，或者在问题解决中同时使用纵向思考和横向思考，问题的定义因此受到限制。

很多例子表明,创造性问题解决方案的产生是因为个体拒绝局限于一个单一的问题定义。亚历山大·格雷厄姆·贝尔(Alexander Graham Bell)本来是想发明一种助听器,当他改变定义时则发明了电话;哈兰·桑德斯(Harland Sanders)本来努力把他的食谱介绍给餐馆,当他改编定义时则创办了肯德基快餐店;卡尔·詹斯基(Karl Jansky)本来是在研究电话的静电干扰,转变定义后则从银河系发现了无线电波,开创了无线天文科学。

当然,转变定义并不容易,因为它不是自然而然的,它需要人们打破一贯性的倾向。后面我们将讨论一些有助于克服一贯性障碍的建议和工具,同时避免不一致带来的负面结果。

2. 单一思维语言

一贯性障碍的另一个表现是只使用一种**思维语言**(thinking language),大多数人用语言进行思考——也就是说,他们以口头语言为基础来思考问题及其解决方案,**分析性问题解决方式**(analytical problem solving)强化了这一方法。实际上,一些作家曾经指出,没有语言,就不可能产生思维(Feldman, 1999; Vygotsky, 1962)。但是其他的思维语言也是适用的,如非语言或象征性语言(如数字符号)、感觉映像(如嗅觉或触觉)、感觉和情绪(如高兴、害怕或者发怒),以及视觉映像(如心理图片)。问题解决者可用的思维语言越多,他们的解决方案就越好,越有创造性。

雷神公司的珀西·斯宾塞是视觉思考者的一个例子。

一天,当斯宾塞和伊万·格廷先生以及雷神公司的其他几位科学家一起吃午饭时,他们提到了一个数学问题。几个人都拿出了计算尺,但在其他人计算完成之前,斯宾塞就给出了答案。格廷先生很惊讶,“你是怎么做的?”他问。“求根,”斯宾塞简单地说,“当我是孩子时,就用积木学会了立方根和平方,从那以后,我所做的就是在脑海里想象把它们放在一起的样子。”(Scott, 1974)

对于应用多种思维语言的强调,尤其是视觉思维,现在正变成科学研究的前沿(McKim,1997)。随着数字革命的发展,科学家越来越多地与图片和模拟图像,而不是计算数据一起工作。“使用新型图像的科学家们说,在看图像而不是数字时,研究者的思维和工作都发生了根本的变化。与数字、表格或公式相比,人们更容易从图片中获得直觉。在大多数物理实验中,过去的答案通常是一个或一串数字,近年来答案已经逐步变为一张图片。”(Markoff,1988)

为了阐述思维语言间的差别,请思考下面这个简单的问题:

图 3－4 显示的是 7 根火柴棍。只能移动一根火柴,使图中的内容变成一

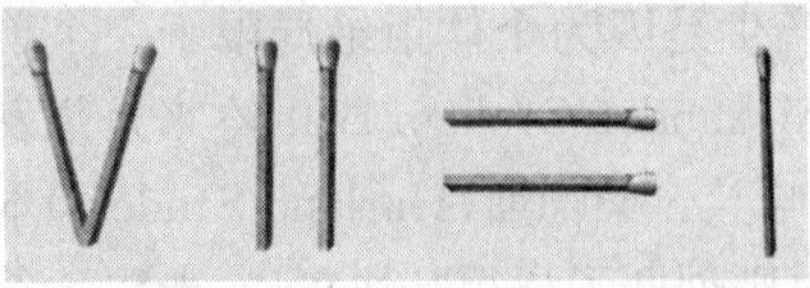

图 3-4　火柴棍方程式

个正确的等式(即一边的值等于另一边的值)。在查看本章末给出的答案之前，设法采用不同的方式来定义问题，并用不同的思维语言，看看你能发现多少种答案。

（二）承诺

承诺(commitment)也是创造性问题解决的一个概念障碍。一旦人们变得执着于某一特定的观点、定义或者解决方案，他们似乎将坚持这个承诺。例如，西奥迪尼(Cialdini，2001)报告了一项研究，研究者要求在加利福尼亚人的前院草坪中挂上一个写着“小心驾驶”的巨大、难看的牌子，仅有17%的人同意这样做。然而，当要求人们在“保持加利福尼亚的美丽”的请求书上签字后，它们被再次要求把“小心驾驶”的牌子挂在草坪里，结果有76%的人同意了。一旦他们承诺去做一个积极行动而负责的公民(例如，保持加利福尼亚的美丽)，这种大广告牌就成为他们承诺的视觉证据。多数人都具有与承诺保持一致并加以维持的倾向。

由承诺导致的概念障碍的两种形式是：基于过去经验的知觉定式和对共性的忽视。

1. 基于过去经验的知觉定式

马奇(March，1999)指出，创新性问题解决的一大主要障碍在于，人们倾向于以他们曾经遇到过的问题为基础来定义现在的问题。当前的问题通常被看做一些过去情境下的变式，解决现有问题的备选方案是过去曾经证明成功了的方案，因此问题的定义和解决方案的提出都受到过去经验的限制，这种限制被称为**知觉定式**(perceptual stereotyping)(Adams，2001)；也就是说，基于过去经验形式的某种预先认知决定了人们怎样定义一个情境。

当人们接受了关于问题定义的原始线索后，所有随之而来的问题都被纳入原始线索的框架中。当然这样并非不好，因为知觉定式有助于在有限数据的基础上组织问题，不再需要仔细分析每一个问题。然而，知觉定式阻碍了个体用新奇的方式看待问题。

这并不是说一个人应当避免从过去的经验中学习，或者不能从历史的错误中学习，以免我们一再地重复它们。但是，基于过去经验的承诺有时会阻碍我们以全新的方式看待问题，甚至阻止我们解决某些问题。请看下面的例子。

架子上有4卷莎士比亚的书(见图3-5)。每一卷大约有2英寸厚，封面有1/6

英寸厚。一只书虫从第一卷的第一页开始吃，直到第四卷的最后一页，这只书虫吃过的距离有多少？解决这个问题是相对简单的，但它需要你克服定式障碍，从而得出正确答案（答案见本章末）。

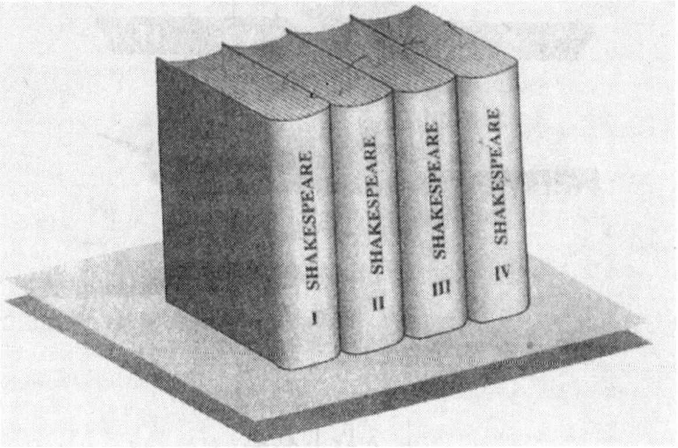

图 3－5　“莎士比亚问题”

2. 忽视共性

承诺障碍的另一个表现是不能识别看起来分散的数据间的相似性，这是创造性中最容易识别的障碍。它意味着个体变得固着于某个特定的观点，承认各因素之间彼此不同的事实，因此不能找到其相互联系，也不能识别主题或知觉共性。

在两个看起来不同的问题间发现一个问题定义或解决方案的能力是有创造力的个体的特征之一（Sternberg，1999），不能做到这一点会使人感到负荷过重，因为它要求个体解决遇到的每一个问题。青霉素的发现是源于亚历山大·弗莱明（Alexander Fleming）从看起来不相关的事物中看到了共性。弗莱明工作时使用的葡萄球菌偶然受到了感染，感染物是真菌的一种产物，死去的葡萄球菌的聚合物使弗莱明看到了以前从没有人发现的关系，因此发明了一种神奇的药物。著名的法学家弗里德里克·克库勒（Friedrich Kekule）在他做的一条蛇吞了自己尾巴的梦和有机化合物的化学结构间看到了关联，这种创造性的想法导致他发现，有机化合物如苯，有着封闭的环形而不是开放的结构（Koestler，1964）。

为了检验你自己看到共性的能力，请回答下面两个问题：

（1）哪些共同的术语能同时用于水和金融（例如，金融浮动）？

（2）在图 3－6 中，如果以每一条小船上的编码字母作为线索，那么最上方较大的船应如何命名？（本章末给出了部分答案）

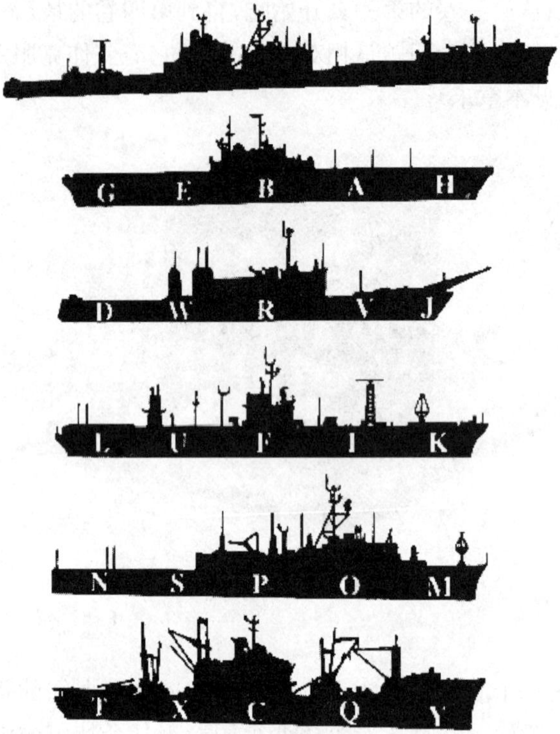

图 3-6 为较大的船命名

（三）压缩

作为**压缩**(compression)想法的结果，概念障碍也会发生。过于狭隘地看待一个问题，过滤掉太多的相关数据，以及做出限制问题解决的假设，都是常见的例子。压缩的两个颇具说服力的例子是不能从背景中区分图形和人为制约问题。

1. 从背景中分离图形

压缩障碍的一个例子是人工制约的反面，即不能有效地限制问题，以使它们能够得到解决。问题几乎从未有过准确的界定，因此问题解决者必须确定真正的问题是什么。他们必须过滤不准确的、错误的或不相关的信息，以便准确地定义问题并产生合适的备选方案。不能从不重要的东西中区分出重要的，而且无法适当地简化问题，就是一个概念障碍，因为它夸大了问题的复杂性，阻碍了简单的定义。

2. 人为制约

有时人们给要解决的问题划上界限，或者限制解决的方法，这使得问题变得难于解决。这种制约来源于人们对问题所做的隐藏假设。人们假定一些问题定义或解决方案是超出限制的，因此忽略了它们。这种概念障碍的例子见图 3-7，不要让你的铅笔离开纸面，画 4 条直线通过所有的 9 个点。做完后再看下面的内容。

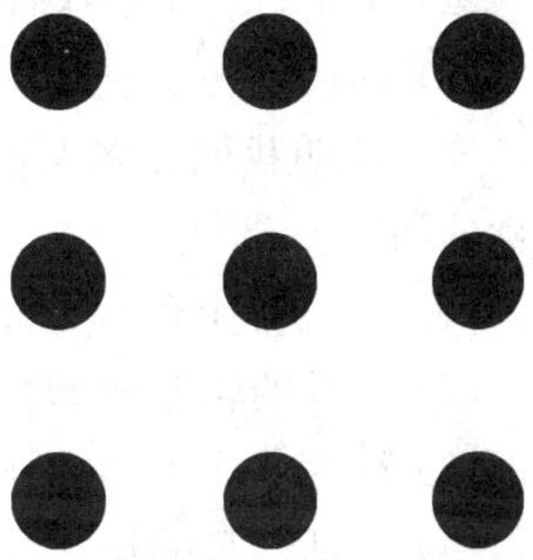

图 3-7　9点问题

由于考虑图形时比它的实际受到了更多的限制，使问题变得难以解决。如果打破你自己对问题的局限性假设就简单多了。现在你得到了提示，你能用 3 条直线来完成同样的任务吗？你给自己加上了哪些限制条件？

如果你成功了，请尝试用一条线来完成同样的任务，你能确定怎样用一条线穿过所有的点而不使你的铅笔离开纸面吗？（解决方案可参见本章末）

人为制约的问题意味着，问题定义和可能的备选方案受到了多于问题要求的限制。创造性的问题解决需要个体能熟练地识别隐藏的假设，并扩展自己考虑的备选方案。

（四）满足

一些概念障碍的发生并不是因为不良的思维习惯或不适当的建设，而是因为害怕、忽视、不安全感或仅仅是普通的心理惰性。**满足**(complacency)障碍的两个突出的例子是缺乏疑问(非好奇性)和思维偏见。

1. 非好奇性

有时不能解决问题是因为不愿意提出问题、获得信息或收集数据。人们可能认为如果他们提出问题或设法重新定义一个问题，他们将变得简单或无知。提出问题会使他们面临暴露无知的危险，也可能意味着对他人的威胁，因为这意味着他们接受的可能不是正确的，这会引起其他人的抵制、冲突甚至取笑。

因此，创造性的问题解决本质上是冒险的，因为它潜在地涉及了人际间的冲突。它具有风险性还因为错误与之相伴。正如诺贝尔奖得主莱纳斯·波林(Linus Pauling)所说："如果你想有一个好的想法，就先要有很多想法，因为它们中的绝大多数人的冒险精神和好奇心，我们中的大多数人因为糟糕的想法而没有获得奖励。"为了进一步说明，请回答以下的问题：

(1) 什么时候学习一种新的语言更为容易，是你5岁的时候还是现在？为什么？

(2) 上个月有多少次你尝试了某种事情，而它们成功的可能性不足50%？

(3) 你最后一次连问三个"为什么"是什么时候？

为了说明我们在多大程度上缺乏刨根问底的精神，看看你能回答多少下列常识性的问题？

(1) 人们为什么不受自己身体气味的影响？

(2) 磨损的轮胎面上究竟发生了什么？

(3) 糖为什么不会沸腾或发霉？

(4) 电话键盘的排列为什么和计算器不同？

(5) 为什么热狗每袋装10个，而小面包每袋装8个？

(6) 学生在毕业典礼上将帽子抛向空中，他们怎样再找到自己的帽子？

(7) 为什么约翰(John)的昵称是杰克(Jack)？

我们中的大多数人太过于满足而不问这样的问题，更别说去寻找答案了。当我们逐渐长大时，我们经常停止发问，因为我们认为有智慧是好的，而有智慧被理解为已经知道答案，而不是提出好问题。结果，我们35岁时学的东西要比5岁时少，更少冒险，避免问为什么，在世上依规矩行事而不设法去理解它。然而，创造性的问题解决者常常感到好奇，并且不停地尝试。

2. 思维偏见

满足性障碍的另一个表现形式是逃避认知活动的倾向。这种障碍同其他大多数障碍一样，是个人偏见，在某种程度上也是一种文化的偏见。假如某一天你经过你属下的办公室时，看见他靠在椅背上，两眼盯着窗外；半小时过后你再次经过，他把脚放在桌子上，仍然盯着窗外；20分钟以后，你注意到他的举止并没有多大改变。你的结论是什么？我们中的大多数人都会假定，这个家伙并没有在工作，我们将假定除非我们看到他的实际行动，否则他就没有工作效率。

你最后一次听到一个人说下面这些话是什么时候？"对不起，我不能去参加球赛了(或者音乐会、舞会、聚会或看电影)，因为我不得不思考"，或者"我去刷碗吧，因为我知道你还要想问题呢"。这些话之所以听起来古怪，是因为人们已经发展出了一种相对于思考而言，对于行动的偏好；或者说，不喜欢抬起双脚，坐在摇椅里，盯着外面，进入安静的认知活动中。这并不是指做白日梦或发疯，而是一种思考。

在西方文化中，对于使用右脑进行的思考具有一种特定的概念障碍。对大多数人来说，**左脑思维**(left-hemisphere thinking)是与逻辑的、分析的、线性的或序列的任务有关的，使用左脑进行的思考倾向于有组织的、有计划的和精确的。语言和数学都是左脑的活动。而**右脑思维**(right-hemisphere thinking)则与知觉、整合、趣味以及质量判断有关。与左脑思维相比，它更倾向于自发的、有想象力的和情绪化的。大多数正式教育都更强调针对左脑的思考，这在东方文化中可能比西方文化的发展更甚。基于推理、逻辑和程序性的问题解决方式通常受到奖励，而基于感觉、知觉或快乐的问题解决方式被认为是不可靠的和低等的。

很多研究者已经发现，大多数的创造性问题解决者在思维上是双向的。也就是说，他们同时运用左脑和右脑进行思考，并能很容易地从一边转到另一边(Hermann，1981；Hudspith，1985；Martindale，1999)。创造性的想法通常在右脑产生，但必须经过左脑的加工和解释，因此创造性的问题解决者必须很好地同时运用左右脑。

尝试一下表3－3中的练习，它阐述了双向性思维的规律。表中有两列单词，用两分钟的时间来记住第一列，然后在一张纸上尽可能多地写下你能记住的单词。然后花两分钟的时间来记忆第二列单词。重复这一过程，尽可能多地写下你记住的单词。

表3－3 检验双向思维的联系

第　一　列	第　二　列
夕阳	下降
香水	非常
砖块	模糊
猴子	资源
城堡	学期
吉他	概念
铅笔	关于
计算机	附录
雨伞	确定
雷达	忘记
水疱	数量
棋盘	调查

大多数人记住的第一列单词要比第二列多，这是因为第一列包含的是与视觉有关的词语。它们不仅和左脑活动有关，还同右脑活动有关。人们能描绘关于它们的心理图画和幻想。创造性的想法也是这样，大脑两半球同时运用得越多，想法

就越有创造性。

四、突破概念障碍

概念障碍并不能立刻完全克服，因为大多数障碍是多年来的习惯的结果。克服它们需要在长时间内以不同的方式来锻炼思维。意识到了你自己的概念障碍，并不断地练习就能提高创造性解决问题的技巧。下面谈的是创造性思维的步骤。

克服概念障碍的第一步是意识到创造性的问题解决是一项可以开发的技能。创造性地解决问题的能力并不是与生俱来的，并非有些人天生就有而另一些人天生就没有。贾格布·雷恩博(Jacob Rainbow)是美国专利局的雇员，他自己就拥有200多项专利，他是这样描述创造性的过程的：

> 你需要完成三件事情来成为一个有独创力的思考者。首先，你必须拥有大量的信息——如果你希望充满想象力，你必须拥有一个巨大的数据库……然后，你必须乐于寻找点子，因为你对此感兴趣。现在，一些人已经可以做到，而且不以此为一种痛苦。他们就是喜欢做一些别出心裁的事……找到一个新想法非常有趣，即使没人接受它，我也不会有所怨言。因为我只是喜欢做一些奇怪和不同的事情……然后，你必须具备甩掉哪些思想垃圾的能力，你不可能总是只产生好想法……这样，如果你没有受过良好的训练，但是如果你有了好想法，而你又不知道它们是好是坏，你可以把它们寄给国家标准局、国家标准机构，那是我工作的地方。我们会对它们进行评估，并有所扬弃(Csikszentmihalyi，1996)。

换句话说，就是收集大量信息，据此得出很多想法，过滤这些想法并抛弃糟糕的想法。研究者们普遍同意创造性的问题解决包括四个阶段：准备、深思、阐明和检验(Albert & Runco，1999；Nickerson，1999；Poincare，1921；Ribot，1906；Wallas，1926)。**准备阶段**(preparation stage)包括收集数据、定义问题、产生备选方案以及谨慎地检验所有可获得的信息。**深思阶段**(incubation stage)主要包括无意识的脑力劳动，为了达成解决方案，大脑会整合不相关的想法。这一阶段不包括意识活动。当猛然醒悟，创造性的解决方案清楚明了时，第三个阶段的**阐明**(illumination)就发生了。**检验**(verification)是最后一个阶段，它涉及依据某种可接受的标准对创造性的解决方案进行评估。

（一）改善定义问题的方法

定义问题可能是创造性问题解决中最关键的一步。一旦问题被定义，解决就变得相对简单了。然而，个体倾向于以他们熟悉的方式来定义问题。在创造性问题定义中运用某些技巧有助于个体从不同的角度看待问题，从而使定义更少受到局限。表 3－4 总结了提高创造性问题定义水平的三种技巧。它们的目的并不仅是为了备选方案而帮助你产生更多的定义，而是扩展你的角度，帮助你克服概念障碍并产生更多优质（如高质量和节约的）解决方案。

表 3－4 提高问题定义的技巧

1. 使陌生变得熟悉和使熟悉变得陌生（例如，类比和隐喻） 2. 详述定义（例如，问题清单和 SCAMPER） 3. 颠倒定义（例如，双面思维和反向）

1. 使陌生变得熟悉和使熟悉变得陌生

建议运用四种类型的类比：**个人类比**（personal analogies），指个体设法发现自己就是问题（如“如果我是问题，我感觉怎样，我喜欢什么，什么可能满足我？”）；**直接类比**（direct analogies），指个体运用事实、技术和平常的经验（如布鲁诺看到船上的虫子爬进了管道里，解决了水下建设的问题）；**象征性类比**（symbolic analogies），把符号或想象强加给问题（如数字化地塑造问题或图示流程）；**想象类比**（fantasy analogies），个体可以提出这样的问题：“在我最荒诞梦中，我希望问题怎样得到解决？”（如“我希望所有的员工都在没有监督的情况下工作”。）

2. 详述定义

一旦问题已经被定义，就可以有很多方法用于扩大、改变或者替代问题的定义。一种方法是对每一个问题定义产生至少两个备选假设。也就是说，除了初始接受的定义外，再至少确定两个可接受的问题定义。不问“问题是什么？”“它的含义是什么？”“结果是什么？”而是问类似下面这样的问题：“问题是些什么？”“这些问题的含义是什么？”“这些问题的结果是什么？”

例如，参见图 3－8，选择一个与其他所有图形不同的图形。

从下面五个图形中选出一个与众不同的。

大多数人会选 B。如果你也是，你就对了。图形 B 是仅有的全部由直线构成的图形；而有些人会选 A，如果你也是这些人之一，那么也是正确的。它是唯一一个由连续线构成的图形，没有间断的点；如果选择 C，答案也是对的，它是唯一一个

A B C D E

图 3-8 5个图形问题

由两条直线和两条曲线构成的图形；类似的，D是仅有的由一条直线和一条曲线构成的图形；而E则是唯一一个非堆成的图形。关键在于，经常有多于一个的问题定义，多于一个的正确答案，多于一个看待问题的观点。

Nickerson(1999)报告了一个常用的缩写字——**SCAMPER**，用于提醒一些问题，它们是**替换**(Substitution)、**组合**(Combination)、**改编**(Adaptation)、**修正(扩大/缩小)**(Modification，Magnification-Minimizaion)、**用于其他用途**(Putting to other uses)、**消除**(Elimination)和**重排**(Rearrangement)。

3. 颠倒定义

提高和扩展问题定义的第三个工具是颠倒问题的定义，也就是说将问题反转、倒置，颠倒你考虑问题的方式。请看下面的例子：

在美国俄亥俄州的Sandusky，一个尽人皆知的传统是“7月4日游行”。它是这个城市每年日程表上最大型、最受欢迎的活动。1988年，市长收到了一个令人震惊甚至是灾难性的消息。俄亥俄州要求为所有参加者——彩车、乐队和领队上一份保险。这份保险是为了向每位参加者对可能出现的伤害或事故提供保护，因此每个参加者都必须上一份。

显然，麻烦在于，推行为每位参加者上保险的政策需要一大笔支出，远远超过了这个城市的财政负担能力。巨大的参加人数和设备使得保险费用数额巨大，对城市而言是一个无法承受的支出。一方面，市长不愿意取消这一重要传统活动，人们对它满怀期待；另一方面，如果照常举行的话，活动支出将会超过城市的预算。如果你是市长的顾问，你有什么建议？

对这一问题常见的建议包括以下一些：

(1) 尝试和保险公司商谈一个较低的费率。然而，这样做仅仅是将风险转嫁到了保险公司身上。

(2) 举行筹资活动，以凑足资金购买保险，或者为游行寻找一位富有的资助者。然而，这样做可能会排挤其他公共服务机构的资金，或形成竞争，如联合劝募协会(United Way)、红十字协会或当地教堂,它们也都需要捐助。

(3) 向每一位参加者收取费用作为保险费用。然而,这可能会使许多高校、中学和小学的乐队和彩车不再参加。它还可能减少一些彩车的组织者和捐助组织对游行的实际支出,这对于游行来说是致命的。

(4) 向游行的观众收取费用。然而,这必须对参与游行加以限制。建立收费和售票的管理组织,还会破坏这一传统游行一向的公众参与的感觉。

每一个方案都是好的,但是所有的方案都停留在单一的问题定义上。每个方案都假定问题的解决方法与解决保险费用带来的财政问题相联系。因此,每一个建议都会带来一些破坏传统的风险,甚至会将这个传统活动整个取消。如果将问题颠倒一下,其他通常不被考虑的方案就变得明显了;也就是说,对于保险的需求可以加以强调。

下面这则报道揭示了这个问题是如何解决的:

> Sandusky,俄亥俄州"7 月 4 日游行"没有被取消,但是由于保险的问题,它改为静止的了。乐队跟着鼓点原地踏步,乡村女王在一辆固定的花车上向她的臣民挥手示意。
>
> 这一新版的公众游行开始于早上 10 点。它沿着城市最北端的华盛顿大道,并一直待在那里直到晚上。"实话实说,这都是债务的问题,"吉恩·克兰丁斯特(Gene Kleindienst)说,他是城市学校的校长和庆典的组织者之一,"因为不再进行移动的游行,我们极大地减少了债务问题。"
>
> 静止的游行包括由群众组织的 20 辆花车和演出,游戏、表演和小摊则安排在附近的公园里。游行主席朱迪·希尔(Judee Hill)说有一些民众还不太理解,"有些人问我,她是不是来晚了,而且她不明白为什么这个游行整天都在这里"。
>
> 那些不感到困惑的人则对这种静态的性质大加赞赏。"我喜欢这样,我可以看见更多了,"67 岁的威廉·A. 西布莉(William A. Sibley)指着一辆彩车说,"我已经丧失了八成的视力,现在我可以看见那里的东西了。"
>
> 观众埃米·普拉特(Emmy Platte)更喜欢这种静态的游行,因为它不再需要观众"跟随好几英里",结果筋疲力尽。"你不再需要那些小鼓手穿过街道了。"她评论道。
>
> 军乐队指挥女郎塔米·罗斯(Tammy Ross)说她在静止的时候表演得更好,"你能指挥得更好,你不用再担心会那么容易失手了。"她解释说。
>
> 克兰丁斯特先生说民众的反应良好,"我想我们开创了一项新的传统。"

通过转换问题,Sandusky不仅没有通过损害传统或向保险公司及其他社会群体转嫁风险来解决问题,它还增加了一些内容,使得至少是一部分人可以更好地享受它。

这种转换与罗滕伯格(Rothenberg, 1979, 1991)指出的双面思维(Janusian thinking)很相似,雅露斯(Janusian)是罗马神话中的双面神,他能同时看到相反的方向。双面思维是指同时考虑相互矛盾的观点,也就是说,同时认为两个相对立的观点都是正确的。在研究了54名高创造力的画家和科学家(如诺贝尔奖获得者)后,罗滕伯格得出结论,绝大多数的科学突破和艺术杰作都是双面思维的产物,有创造力的人积极阐述对立的思想,作出了科学和艺术史上最有价值的贡献,经常产生知识的巨大突破。

(二)产生更多备选方案的方法

由于一个常见的倾向是基于可用的解决方案来定义问题,我们中的大多数人只能在解决问题的过程中考虑最低数量的可选方案,或者局限在很窄的范围内。但是大多数专家认为,高效的创造性问题解决者的基本特征是他们思维的流畅性和灵活性(Sternberg, 1999)。流畅性是指在一定时间内产生的想法或概念的数量;灵活性是指产生的想法或概念的多样性。大多数问题解决者考虑的是一些相似的备选方案,而创造性的问题解决者更多地考虑异类的备选方案。

下列技巧有助于你在遇到问题时,提高产生多样和广泛的可变备选方案的能力,如表3-5所示。

表3-5 产生更多备选方案的技巧

1. 延迟判断(例如,头脑风暴法)
2. 扩展当前备选方案(例如,问题细分)
3. 整合不相关的特质(例如,形态学综合法和关系算法)

1. 延迟判断

产生备选方案的最常用的方法可能是奥斯本(Osborn, 1953)提出的**头脑风暴法**(brainstorming)。这个工具非常有用,因为大多数人对每一个信息或遇到的每一个备选方案都会做出快速的判断。头脑风暴法是用来帮助人们得到解决问题的备选方案,让一群人聚在一起,一次仅就一个问题分享各自的看法,并指定一个人记录大家提出的建议。

2. 扩展当前备选方案

有时,小组中的头脑风暴无法进行或代价太高,因为需要太多的参与者和时间。面对快节奏的21世纪的管理者,可能会发现头脑风暴太缺乏效率,而且人们有时需要外在的刺激或对障碍的突破来帮助他们产生新的想法。一个可以有效地扩展备选方案的技术是**细分**(subdivision),即把一个问题分解为小部分。

马奇和西蒙指出,细分通过加快产生和选择备选方案的速度,促进了问题的解决。

细分的模式对问题的几个方面取得同步的进展有影响,对问题的因式分解越具体,可能同时进行的活动就越多,因此,问题解决的速度就越快。

为了了解细分如何帮助产生更多的备选方案以及提高问题解决过程的速度,考虑在创造性文献中常用的问题,列出一个熟悉物体的多种用途。例如在5分钟之内,你能列举出乒乓球的多少种用途?

3. 整合不相关的特质

整合看起来不相关的元素。从离散的元素间看到共性更能创造性地解决问题。

(三) 鼓励创新的技巧

在每一个例子中,组织都存在相同的特征,管理者通过对他们周围环境的培育,使创新成为可能。在本节中,我们关注的是管理者可以做到的培育创新的活动,表3-6概括了有助于培育创新和创造性问题解决的三条管理原则。

表3-6 培育创新的三条原则

原则	例子
1. 将人们分开;将人们集合起来	● 既让个体单独工作,又让他们以团队的形式工作 ● 鼓励少数人的意见,使"魔鬼代言人"的角色合法化 ● 鼓励团队成员的异质性 ● 独立的竞争小组或小群体
2. 监控和激励	● 和顾客对话 ● 售前及售后发现顾客的偏好 ● 使人们负有责任 ● 采用明确的刺激
3. 奖励多种角色	● 思想冠军 ● 资助者和导师 ● 响应者和促进者 ● 打破规律者

并不是每一个人都能成为思想倡导者，但是只要管理者奖励和认可那些支持和响应其他人思想的人，就可以增加组织内的创新，团队由此形成，支持者就代替了竞争者，创造性从而得到提高。促进多种角色开发是变革性的管理者的工作。

案　例

一、商学院的排名之争

商学院似乎正在失去评估自己的质量和有效性的能力。随着商学院的排行榜在流行刊物上的出现，判定质量的角色似乎已经由出版物充当，如《商业周刊》(*Business Week*)、《美国新闻与世界报道》(*U. S. News and World Report*)和《金融时报》(*Financial Times*)。美国管理商学院联合会(AACSB)，主要评定一所学校值得信赖的程度，从0到1进行区分，因此各个商学院的可信度有着广泛的范围。更精细的区分则由流行杂志给出，如排名前50、前20或前三甲。每家刊物依赖的标准都略有不同，但每个排行都主要依据知名度、可见度或公众赞许度。在一些调查中，有50%的权重放在了学校的声望或坏名声上。当然，这存在一定的问题，因为名声是可以造假的。例如一项调查评出哈佛和斯坦福大学的本科商学项目位于全国的前三名，尽管这两所学校都没有这一本科项目。普林斯顿大学法学院曾多次被排进前五名，也许你已经猜到，这所学校根本就没有法学院。

还有一些标准在各种排名中被普遍采用，如生源选择、学生就业率、毕业生起薪、毕业生收入和学费比较、教师发表的文章、学生满意度、新生满意度，等等。尽管如此，在很大程度上，学校知名度仍是最重要的因素，它有助于预测申请的学生人数，聘请杰出教员的能力、申请资金的机会以及企业合作等。

许多商学院迫于这种压力，都在努力提高知名度，如刊登广告、与其他学校和媒体进行交流，或雇佣额外的员工来推销学校。大多数商学院的院长每周都会收到来自其他学院的20多份出版物，而《商业周刊》的编辑则称他每周会收到多达100份的出版物。一些院长意识到花费在这些活动中的资源本来可以用于增进学生和教员的教学经验，并因此深感不平。考虑到有限的资源和每年超过消费价格指数的学费的增加，将经费花在这一活动上必然会妨碍其他活动。但是，大多数院长也承认，这是进行这项排名游戏的唯一途径。

作为增加可见度策略的一部分，一家商学院聘请了世界知名的建筑师弗兰克·O.格里(Frank O. Gehry)为学校设计一所新建筑。它是一栋价值7 000万美元的建筑，全院的教学活动都可以在里面进行。最近，这一商学院没有出现在排名前20的名单上。然而，和世界上另外75所商学院一样，它也的确想要达到那个水平。也就是说，这家学校想要从排名前20的学校中挤走一家。这一标志性建筑的一个问题在于，它过于不同寻常、过于前卫，甚至不被认为是一座建筑。在第一次看见这些照片的时候，有些人甚至不知道他们看到的是什么。如果这家商学院的方式也颇具创造性的话，那么将为它超越排在前面的商学院提供一个机会。但显然，挑战在于，没有人确切知道应该怎样去做。

二、苹果公司的创新

2003年，苹果计算机有限公司著名的首席执行官史蒂文·乔布斯(Steven Jobs)在巴黎进行的年度演讲中，骄傲地描述苹果公司："创新，就是我们所做的事。"而且，他们也的确在革新他们所拥有的产品。乔布斯及他的同事斯蒂芬·沃兹尼克(Steven Wozniak)和麦克·马库拉(Mike Markkula)在1997年推出了苹果Ⅱ代，开创了个人计算机市场。早在1980年，苹果公司就成为世界上最大的个人计算机销售商。实际上，苹果的成功促进了位于加利福尼亚的硅谷的诞生，硅谷是接下来30年中高科技创新和生产的源泉。

苹果公司是一家一直处于领先地位的公司，其具有创新性的产品通常被公认为更易于使用、更有力量，并且比其竞争对手的产品更雅致。在过去的10年中，苹果公司被授予了1 300项专利，该数量是微软的一半，而微软的规模却是苹果的145倍。相比较而言，戴尔计算机公司所获得的专利只是苹果公司的一半。而且，苹果公司所发明的专利不仅仅是在个人计算机领域。1984年，苹果公司利用它自己的Macintosh机器建立了第一个计算机网络，而以Windows为基础的个人计算机直到20世纪90年代才建立了网络。10年前，苹果公司推出了第一台手持的笔触计算装置，命名为Newton，随后又发明了无线鼠标，可以在黑暗中工作的闪光键盘，以及2003年市场上速度最快的计算机。2003年，苹果公司还推出了第一家合法的数字音乐商店——iTunes，用于下载歌曲，同时推出的还有其可以兼容的技术iPods。换言之，苹果公司处于产品和技术创新的前沿几乎长达30年了。苹果公司一直是行业内最有创造力的公司，也是全世界最有创造力的公司之一。

不过，问题也是存在的。目前，苹果公司在1 800亿美元的世界个人计算机市场中仅占2%的份额。苹果公司的竞争对手紧随它的创造之路，以惊人的成效攫取了苹果公司的市场份额和利润。现在，苹果已经从20年前排名第一的位置下滑到了第九位——排在戴尔、惠普和IBM等品牌之后，更令人尴尬的是，它还排在了一些规模较小的公司之后，如宏基和联想。

除此之外，尽管苹果公司过去曾经是个人计算机行业中利润最高的公司之一，但是它的经营利润率已经从1981年的20%缩减到了2004年的0.4%，只是行业平均利润率的1/10。它在软件领域的主要竞争对手——微软在其中一个季度内的销售额为26亿美元，而当时苹果只有1.77亿美元。

到底是哪里出现了问题呢？如果我们能认真考虑一下在商业压力和更宽泛的全球社会背后的信息，就会发现，创新和创造力是成功的关键，即所谓"变革或死亡"、"创新或灭亡"、"创新以取得成功"。具有侵略性的、以市场为基础的资本主义社会所立足的一个关键原则就是创造性地破坏的理念。也就是说，没有创造力和创新，个人和组织将成为热力学第二定律的牺牲品——瓦解、消亡、分裂，然后死亡。要保持顾客的愉悦，就需要新的产品。过时的东西无处不在。因而，创新和创造力被奉为成功的核心。要想看到更多的证据，只需在你登陆亚马逊网站，并使用关键词"创新"进行搜索时，浏览一下出现的49 000多本书的标题即可。

再看一下美国近代史上最有创造性的一些公司。施乐公司著名的Palo Alto研究中心为世界带来了激光印刷、Ethernet、Windows排版软件、制图用户界面以及鼠标，但是，众所周知的是，这个研究中心根本没有赚到什么钱。Polaroid推出了即时信息的概念，然而却在2001年申请破产。20世纪90年代末的互联网膨胀现在被认为是毫无价值的创新。此外，安然可能曾经是最具创造性的财务公司。

还有，亚马逊、西南航空公司、eBay、沃尔玛和戴尔都是取得难以置信的成功的公司典范。但是，它们并没有发明任何新产品或技术。它们是以创新和创造力而著称的公司，但是它们根本不能与苹果公司相提并论。它们没有发明新的产品，而是发明了新的流程、新的交货方法、新的分销渠道和新的营销方法。众所周知，亨利·福特并没有发明汽车。他只是简单地发明了组装汽车的新方法，这种新的组装方法使得汽车的成本很低，连他自己的工人都买得起。而发明汽车的那个人则几乎没有挣到一毛钱。

问题是，当创新被应用于商业流程——制造方法、销售和营销、员工激励机制，或者领导力开发的时候，通常会被认为是单调、不够坚定、缺乏自信、乏味、没有想象力和令人厌烦的。能够引起人们注意的具有创造性的人和具有创造性的公司一般都是那些提出伟大的新产品创意或具有引人注目特征的人和公司。但是，看一下"财富500强"的公司名单，有多少公司是产品型的，有多少公司是流程型的？你自己判断什么是经济增长的驱动力吧：有效的创新还是良好的管理？

讨论题：

1. 考虑一下创新的四种方法。苹果公司采用的是哪种(些)方法？行业内其他的公司遵循的是什么替代方式？苹果公司可以运用其他什么替代方法？

2. 假设你是苹果公司首席执行官的一名顾问，关于苹果公司应该如何利用它的创新，你会给出什么建议？苹果公司应该如何基于自己善于按特定方式追求创新的倾向来赚钱？

3. 苹果公司现在面临的主要困难和概念上的障碍是什么？员工应该密切关注什么？

4. 适用于苹果公司的培养创造性的问题解决方案的工具是什么？哪些工具是无效的？你认为哪种工具是苹果公司最常用的？

游　戏

六顶帽子

白帽子

戴了白帽子，重点考虑信息的获取，我们要问如下问题：我们已经掌握了哪些信息，我们还需要了解哪些信息，我们不具有什么信息，我们如何获得信息？所以白帽子提醒我们关注信息的获取和缺失。

红帽子

红色意味着热情，如果戴了红帽子，就是热情的、感性的、凭直觉的、情绪化的。你可能不知道自己为什么喜欢什么东西，但是一旦戴上红色的帽子，你就有机会尽情地表达自己的情感和直观感受，不需要任何的解释和理由。只要你有情绪，戴了红帽子就可以不受任何约束地表达这些情感。

黑帽子

黑帽子是非常有用的，也是使用频率最高的帽子，黑色让我们想起法官的黑色袍子。黑色意味着谨慎，不能做有风险和产生伤害的事情。黑色让我们思考事情有哪些风险。如果没有黑色帽子，你就总会被烦恼包围。但是须注意，黑色也不能用得过度。

绿帽子

绿色意味着蔬菜、成长、能量和生命。绿色帽子是能力型的，戴着这顶帽子，你就能够把建议和想法、观点甚至方案都设想得非常完善。绿色帽子让我们对一个已有的观点进行修正和多角度的建议，让我们分析获得更多的可能性。一旦戴了绿帽子，每个人都应该尽力表现自己的创造能力。

蓝帽子

蓝帽子注重思考过程和事务的程序，如“接下来该做什么”、“目前已经做到哪一步”。在一个讨论之前应用蓝帽子，能够确定我们正在思考什么，能够明确最终我们要获得什么，蓝帽子强调步骤和程序。

黄帽子

黄色象征阳光和乐观开朗。戴了黄帽子，我们直接去思考一个建议的价值和好处，“从中我们可以收获什么？”尽管我们可能不喜欢这个观点，但是黄帽子让我们去寻求这个好观点，“谁会受益”、“有什么样的收益”、“收益是怎么来的呢”、“有什么价值”。

接下来我们谈论两个主题，看看戴上不同帽子的你会得出怎样的想法：

1. 如果允许农民自由进城。

2. 如果你要出国。

测试评分要点与参考数据

你的创造性如何？

评分要点

每个项目的分值如下：

	A 同意	B 不确定或不知道	C 不同意		A 同意	B 不确定或不知道	C 不同意
1.	0	1	2	5.	2	1	0
2.	0	1	2	6.	−1	0	3
3.	4	1	0	7.	3	0	−1
4.	−2	0	3	8.	0	1	2

续　表

	A 同意	B 不确定或不知道	C 不同意		A 同意	B 不确定或不知道	C 不同意
9.	3	0	−1	25.	0	1	3
10.	1	0	3	26.	−1	0	2
11.	4	1	0	27.	2	1	0
12.	3	0	−1	28.	2	0	−1
13.	2	1	0	29.	0	1	2
14.	4	0	−2	30.	−2	0	3
15.	−1	0	2	31.	0	1	2
16.	2	1	0	32.	3	0	−1
17.	0	1	2	33.	−1	0	2
18.	3	0	−1	34.	0	1	2
19.	0	1	2	35.	1	2	3
20.	0	1	2	36.	2	1	0
21.	0	1	2	37.	0	1	2
22.	3	0	−1	38.	0	1	2
23.	0	1	2	39.	−1	0	2
24.	−1	0	2				

40. 下列选项分值为 2：

精力充沛的　　好奇的
观察力敏锐的　　有动力的
坚韧不拔的　　对自己苛刻的
有创意的　　勇敢的
足智多谋的　　乐于助人的
专注的　　有知觉力的
有激情的　　创新的

下列选项分值为 1：

自信的　　非正式的
有远见的　　开明的
警觉的　　彻底的

坚决的　　　　　　　　　　　　　　不安静的

其余选项分值为 0

总分________

参考数据(N=1 500 名学生)

平均值：55.99 分

前 25%：65 分或以上

25%—50%：55—64 分

50%—75%：47—54 分

后 25%：46 分或以下

创造性问题的答案和解决方案

火柴棍问题(图 3-4)的解决方案

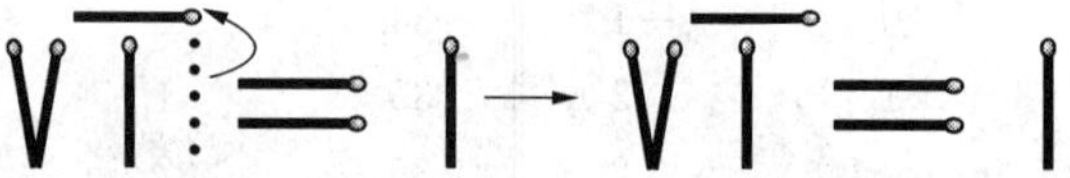

将火柴放在上方，使之摆成根号的形状。1 的平方根等于 1。

“莎士比亚问题”(图 3-5)的答案

5 英寸(注意第一卷第一页和第四卷最后一页的位置)。

能共同用于水和金融的普通术语

banks	deposits	capital drain
currency	frozen assets	sinking funds
cash flow	float a loan	liquid assets
washed up	underwater pricing	slush fund
financial float	underwater pricing	

给船命名(图 3-6)的答案

对比船的每一部分和来自更小的船的部件，我们发现这艘船的名字应为 DISCOVERY：

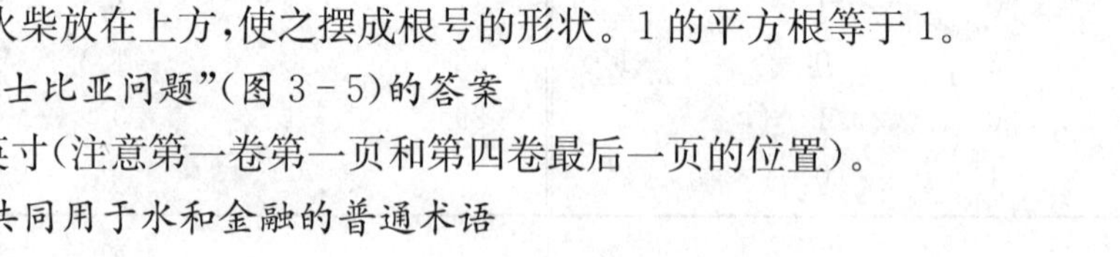

9 点问题(图 3－7)的解决方案

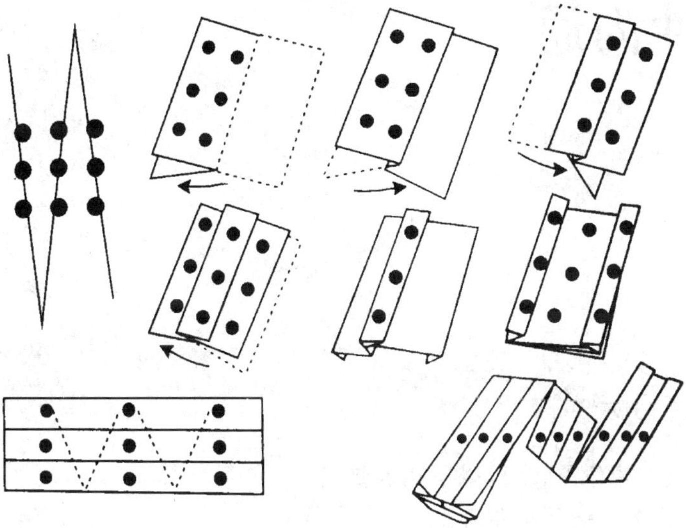

第四章
支持性沟通

本章目标

通过本章学习，掌握以下知识要点：

1. 什么是辅导和咨询。
2. 支持性沟通的原则。
3. 沟通的反应类型。
4. 如何进行个人管理面谈。

技能测试

支持性沟通

第一步：在阅读本章内容之前，请对下面的陈述做出回答，把正确表述你态度的选项数字填在左栏（学习前）。你的回答应该反映你现在的态度和行为，而不是你希望它们应该如何。请诚实作答。本测试的目的在于帮助你评估自己的自我意识水平，借此确定你所需要的特定学习方法。完成这项调查后，参考本章末的计分方法，从而确定在本章的讨论中对你最为重要的、应该掌握的技能领域。

第二步：当你完成本章的阅读和练习，尤其是当你尽可能多地掌握了本章后面的“技能应用”部分之后，遮住你先前的答案，对同样的陈述再做一次回答，这一次请把答案填在右栏（学习后）。当你完成调查后，采用本章末的评分方法测量你的进步情况。如果你在特定的技能领域中的得分仍然很低，可根据“技能学习”部分的相关内容做进一步的学习。

评估尺度：非常不同意（1 分）、不同意（2 分）、稍有不同意（3 分）、稍有同意（4 分）、同意（5 分）、非常同意（6 分）。

学习前　　学习后

在我不得不给出负面反馈或提出纠结建议时：

________　________ 1. 我十分清楚什么时候向别人提出建议和指导，什么时候不适合。

________　________ 2. 当我为别人提供咨询时，我帮助他们认识到他们自己的问题。

________　________ 3. 即使反馈的内容是负面的，我也会在反馈中保持绝对诚实。

________　________ 4. 我所给出的反馈通常都是针对问题和解决方案的，而不是针对个人的。

________　________ 5. 我总是把负面的反馈与未达到的标准或期望联系起来。

________　________ 6. 当我试图纠正其他人的行为，我总是提出具体的可选择方案。

________　________ 7. 在给予别人负面反馈的时候，我所做的是描述事实。也就是说，我客观地描述事件、结果以及我的感受。

________　________ 8. 对于我试图纠正其行为的人，我总会提出具体的可选择方案。

________　________ 9. 在我与其他人沟通时，我强化他们对自我价值的认同和自尊心。

________　________ 10. 我总是对别人的观点表现出诚恳的兴趣，即便我不赞同它们。

________　________ 11. 对于那些权力比我小、掌握信息比我少的人，我不用高人一等的口气对他们讲话。

________　________ 12. 虽然我十分赞成自己的观点，但在陈述它们的时候，我仍然表现得很灵活，愿意接受新信息。

______ ______13. 与持不同观点的人讨论时，我努力找出大家都赞同的领域。

______ ______14. 我的反馈总是具体并且有针对性的，而不是宽泛的或是含糊的。

______ ______15. 我不支配与别人进行的谈话。

______ ______16. 我对我所陈述的观点负责，我会说“我认为”，而不是“他们认为”。

______ ______17. 在讨论某个人的问题时，我通常的反应是表示理解而不是给出意见。

______ ______18. 当为了更好地理解别人的观点而向他们提问时，我通常会问“是什么”，而不是“为什么”。

______ ______19. 我同与我一起工作或生活的人保持经常的、私人的会面。

______ ______20. 我十分清楚什么时候应该给别人指导和建议，什么时候不应该。

技能学习

在电子沟通的年代，向其他人传递消息的最常用方式是利用电子技术(Gackenbach,1998)。现在，电子邮件是组织内最主要的沟通方式，其目的在于增强信息交流、信息共享和一致性沟通，以及提高反馈质量和周转速度。然而，国际性调查显示，面对面沟通仍然是使用频率排第二位的沟通方式，但也是最成问题的沟通方式(Rosen,1998)。一篇报道总结说：“技术是超越人们应对和使用技术的能力的；它本身也是问题的一部分，而不是解决方法的一部分。”(Synopsis Communication Consulting of London,1998)。在沟通中，面对面的沟通占主要部分，因为准确的理解和有效的信息发送依赖于信任的关系和共同的生活背景。如果没有良好的人际关系，技术将无法使信息发挥真正的作用。简单地说，关系决定意义。

当然，有些关系也可以通过电子方式建立，但是，基于信任的关系却是例外。在一项对婚姻关系问题的研究中，87%的人说沟通问题是根本问题，是其他类型问题的两倍(Beebe,Beebe & Redmond,1996)。最近，一项针对工作场所中沟通问题的国际研究得出的结论指出了有效沟通的关键:"为了最大限度地利用电子沟通,我们首先需要学会更好地进行面对面的沟通。"(Rosen,1998)

调查结果明确显示,经理们认为,面对面进行有效沟通的能力是决定晋升可能性的最关键的特征(Bowman,1964;Brownell,1986,1990;Hargie,1997;Randle,1956;Steil Barker & Watson,1983)。但情况常常是,经理与雇员之间的沟通质量相当低(Schnake,Dumler,Cochran & Barnett,1990)。这种能力可能涉及多项活动,从写作、演讲到肢体语言。尽管在这些活动中技能都是十分重要的,但对大多数经理来说,面对面、一对一的沟通仍是决定其管理成败的最主要沟通方式。在对88个组织(包括营利组织和非营利组织)的研究中,克罗克(Crocker,1978)发现,在31种技能中,包括倾听在内的人际沟通技能被评定为最重要的技能。Thorton(1996)总结了各种调查结果:"经理的头号问题可以总结为一个词——沟通。"

一、沟通的准确性

很多关于人际关系的文献都集中讨论了沟通信息的准确性,重点通常放在确保信息的传送和接收与最初的意图没有改动或者变异上。大多数文献关注的沟通技能都是传达清楚而精确的信息的能力。下面的案例可以说明沟通信息准确性的重要性:

纳科尔公司一度业绩非常糟糕,它只有一个部门在赢利,其他部门都在花钱。在公司濒临破产的时候,其横梁分公司的总经理肯·埃弗逊被提拔上来组建了一支杰出的队伍,其中包括"世界上最好的财务经理"山姆·希格和"运营天才"大卫·埃柯克。

埃弗逊必须了解纳科尔的全部情况,以及员工们的真实想法,于是他召开了多次总经理会议。埃弗逊知道,他必须通过会议了解情况,也必须通过会议让人们达成一致。显然,"绅士的交流"不能达到这一目的,他知道自己必须营造出一种"有效"的对话氛围。当时参加会议的经理们回忆道:"会场乱糟糟,我们一连数小时在那里讨论问题,直到事情有了眉目……"他们说,有时候,大家叫喊着,在桌子旁边舞着手臂,脸涨得通红,几乎要大打出手。这样的情形在纳科尔公司持续了好几年。同事们常常走进埃弗逊的办公室,大叫大嚷,直到达成共识。就是通过这样一次次的争吵和辩论,纳科尔公司先是卖掉了原子能业务部,然后决定重点经营钢筋横梁,再后来,纳科尔公司开始自己炼钢,以后又投资了两家矿井。30年后,纳科尔公司成了世界四大钢铁厂之一。

这个案例涉及到信息过滤和信息反馈表现出来的沟通的准确性。信息过滤有两种:一种是从上往下的过滤,一种是从下往上的过滤。结果发生了有趣的事情,董事长讲一句话是一百,底下的员工听到的却只有20%了。这是什么原因?因为很多人把信息称为权力。例如,有一天老夏从总经理的房间出来,旁边有人问:"老夏,你跟总经理讲什么呢?"老夏说:"那当然有事情了。"这叫做权力。好像谁从总经理的房间出来就不得了一样,很多人为了显耀权力,就这样故意把信息过滤掉了。另一个就是信息反馈。与客户讲完话就走了,领导讲完话就走了,讲完话底下的人没有做完笔记就算完了,这一切都是没有反馈的表现。缺乏反馈会产生以下两种不同的后果:第一,他人不知道你在讲什么;第二,各人只是按照自己的想法去做。而埃弗逊的沟通方式则避免了以上两个过程中可能存在的沟通的不准确性的发生。

另外,特别是在英语语言中,仅仅是由于语言的特点,我们就面临错误传达信息的危险。表4-1列出了21个句子,其中包括拼写相同但发音和意思完全不同的单词。所以,来自其他文化和语言的人在美国很难进行准确的沟通也就不奇怪了。

表4-1 英语中的同形异义词示例

We **polish Polish** furniture.(我们擦亮了波兰家具。)
He could **lead** if he would get the **lead** out.(如果能加速,他就能领先。)
A farm can **produce produce**.(这个农场可以生产农产品。)
The dump was so full it had to **refuse refuse**.(这个垃圾场太满了,不能再收垃圾了。)
The Iraqi soldiers decided to **desert** in the **desert**.(伊拉克士兵在沙漠中决定逃跑。)
The **present** is a good time to **present** the **present**.(现在是拿出礼物的好时候。)
In the college band, a **bass** was painted on the head of a **bass** drum.(在大学乐队里,低音鼓的顶端画了一条鲈鱼。)
The **dove dove** into the bushes.(鸽子冲向树丛中。)
I did not **object** to that **object**.(我不反对那个目标。)
The insurance for the **invalid** was **invalid**.(对伤残者的保险是无效的。)
The bandage was **wound** around the **wound**.(绷带包扎在伤口的周围。)
There was a **row** among the oarsmen about how to **row**.(关于如何划桨,在这些划桨人中有一场争论。)

续　表

They were too **close** to the door to **close** it.（他们离门太近以至于不能关上门。）
The buck **does** funny things when the **does** are present.（在宴会上，这个年轻人会做些搞笑的事。）
They sent a **sewer** down to stitch the tear in the **sewer** line.（他们派了一个裁缝去缝合缝具上的破口。）
She shed a **tear** because of the **tear** in her skirt.（由于裙子破了，她落下了眼泪。）
The **wind** was too strong to be able to **wind** the sail.（风太大，足以扰乱航线。）
After a **number** of Novocaine injections，my jaw got **number.**（注射了大量诺氟卡因后，我的下巴变得更麻木了。）
I had to **subject** the **subject** to a series of tests.（我必须让这个题目接受一系列检验。）
How can I **intimate** this to my most **intimate** friend?（我怎么才能把这事透露给我最亲密的朋友?）
I spent last **evening evening** out a pile of dirt.（我花了昨天一晚上弄平了一个土堆。）

当然，这没有涵盖英语中大量的词汇变体情况。例如，在英国，billion 是指万亿，而在美国和加拿大，billion 是指十亿。由此就很容易理解在经济领域的错误理解是怎样发生的。同样，在美国的会议上，“table a subject”（把一个主题放在桌子上）是指搁置该主题延期讨论；而在英国的会议上，这个短语指现在就开始讨论。

中国有句老话：“知者不言，言者不知。”在亚洲的文化中，美国人常常被视为是鲁莽的和不通世故的。对美国的企业管理者来说，一个共同的问题是，他们认为交易已经定下来了，而回头却发现其实什么交易都没做。例如，美国人认为当日本人说“Hai”就相当于英语的“yes”，意思就是同意。而对日本人来说，这常常只是意味着“是的，我正试图理解你（但是我不一定赞同你）”。

如果准确性是首要的考虑因素，在试图改善沟通时一般会集中于改进结构：传送者和接收者，编码和解码，来源和目标，以及噪声。对于语音识别软件的改善使得准确性成为电子沟通的关键。一位总是利用语音识别软件记录其诊断的心脏病专家通过安置一个分流器（shunt），完成了对动脉的清理。然后，在病例的记录中他写道：“我在这个病人的身体里安置了分离器（The patient was shunted），他康复得很好。”当他再次检查这个记录的时候，发现软件记录的是：“这个病人被枪杀了（The patient was shot dead），他康复得很好。”

人类在人际方面的沟通进步有限。人们仍然彼此冒犯，制造侮辱性的言论，笨拙地进行交流。谁对谁说什么,说了些什么,为什么说这些,以及怎么说的,都对人们之间的关系有影响。除了陈述的准确性之外,沟通的有效性也具有重要的意义。

无效的沟通会导致个体之间相互厌恶、互相冒犯、对别人失去信心、拒绝倾听别人说话、与别人发生争执以及其他大量的人际问题,这些问题反过来常常导致有限的通信流、不准确的信息和对意义的错误理解。图 4－1 总结了这个过程。

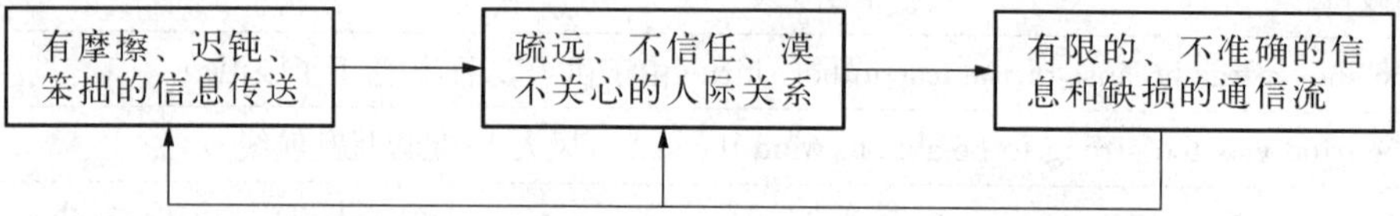

图 4－1　拙劣沟通与人际关系之间的关系

为了说明这一点,请考虑下面的情境。拉提莎(Latish)在组织中引入新的目标设定计划以解决一些生产率问题。管理委员会上,在拉提莎做完其精心准备的发言之后,琼斯(Jose)举手发言:“我的观点是,这个方法对于解决我们生产率问题是幼稚的。要考虑的因素比拉提莎所了解的复杂得多。我不认为我们应该浪费时间实行这个计划。”琼斯的观点也许是合理的,但是他表达这个信息的方式可能会抵消一些它本应有的客观性。相反,拉提莎接收到的可能就是“你太幼稚了”、“你很愚蠢”或“你无能”之类的信息。如果拉提莎的反应是防御性的或敌意的,我们一点也不感到奇怪。两人之间原有的任何好感都会受到危害,而他们的沟通也可能只局限于对自我形象的保护。拉提莎的提案的优点会因为个人的防御而遭到忽略,两人之间的进一步沟通也可能会降低到最低限度。

二、辅导和咨询

支持性沟通是探讨管理者所扮演的两种相同的角色:为其他人提供辅导和咨询。本章所讨论的支持性沟通的原则的理解和应用,就是为下属提供辅导和咨询。就**辅导**而言,管理者给予建议和信息,或者建立标准帮助下属提高工作技能。就**咨询**而言,管理者帮助下属认识到思想的、情绪的或个性上的问题,并帮助下属解决它们。所以说,辅导关注能力,而咨询关注态度。

当然,它们也同样应用到最广泛的多种活动中,例如处理顾客的抱怨,向上传递批评性的或是负面的信息,处理其他人之间的冲突,或商议某个具体职位等。然而,辅导与咨询基本上还是属于管理活动的范畴,我们将举例说明和解释有关的行为原则。巧妙的辅导与咨询对奖励良好的绩效和纠正有问题的行为和态度是非常重要的。

当员工没有达到预期的业绩时，当他们态度消极时，当他们的行为带有破坏性时，或者当他们与组织中的其他人发生抵触时，每当管理者不得不帮助他们的下属改变其态度或行为时，就需要进行辅导和咨询。在这些情境中，管理者的责任是提供给下属负面的反馈或使他们认识到他们并不想承认的问题。管理者有必要批评和纠正下属，但是要用一种可以促进积极工作结果、积极情绪和积极关系的方法。

许多管理者都采用指令性的、顽固的、"要么服从要么走人"的方法来纠正行为或态度，而忽视了员工的感受和反应，这导致的风险是非常高的。另一种情形是，由于他们害怕伤害感情和破坏关系而低调处理，避免冲突，一种"别担心，高兴点"的方法，有助于在敏感的情境中准确传递信息，而且对它们的有效使用能带来更高的激励水平、更高的生产率和更好的人际关系。

当然，即使不涉及负面反馈，辅导和咨询的技能仍是需要的，例如当下属寻求建议时，需要别人来倾听他们的问题时，或者希望表达他们的不满时。有些时候，仅仅是倾听就是最有效的辅导和咨询形式。

辅导(coaching)：辅导情境是指那些管理者必须给予建议和信息或是为其下属设定标准的情况。下属必须就其如何更好地完成他们的工作及在辅导下实现更好的业绩得到建议。辅导问题通常是由于缺乏能力、信息或理解不充分，或者是下属的不胜任而造成的。在这些例子中，管理者传递信息的准确性是十分重要的。下属必须清楚地理解问题是什么以及如何克服。

咨询(counseling)：当问题来源于态度、个性碰撞、防御或与情绪有关的其他因素时，经理需要给下属进行咨询而不是辅导。例如，某个员工的资格和技能不是问题，但是她不愿意承认存在的问题，或是没有认识到对于她来说需要管理者通过咨询而改变的那部分。

辅导用于解决能力问题，管理者的方法是"我能够帮助你做得更好"。咨询用于解决态度问题，管理者的方法是"我能够帮助你认识到已存在的问题"。

三、防御与否认

辅导或咨询时，如果没有遵循支持性沟通的原则，就会产生两个比较大的麻烦，这会导致很多种负面结果。这两个问题是防御和否认(见表 4－2)。

表 4-2　有效人际沟通的两个主要障碍

支持性沟通会引起支持、理解和有帮助的感觉，它可以帮助克服不良人际沟通产生的两个主要障碍：
防御 ● 沟通的结果使个体感觉到威胁或攻击 ● 自我保护成为最重要的考虑因素 ● 精力被用于构筑防御而不是倾听上 ● 常见的反应：侵犯性、愤怒、竞争性、回避
否认 ● 沟通的结果使个体感觉自己无能、没有价值，或无关紧要 ● 优先考虑尝试恢复自我价值 ● 精力被用在试图建立自尊而不是倾听上 ● 常见的反应：炫耀、自我中心行为、退缩、失去动机

防御(defensiveness)：是指个体感到不安、疏远、迷惑和需要反击的一种情绪和生理状态(Gordon,1988)。如果个体感觉在沟通中受到威胁或是攻击，就会产生防御状态。对个人来说，自我保护变得比倾听更为重要，因而防御既损害了信息传递，也破坏了人际关系。显然，如果管理者的辅导或咨询给另一方制造了防御感，那么它就是无效的。但是在一个组织中，防御性的思想常常是普遍的和根深蒂固的。克服它需要管理者意识到他们自身的防御性，并付出巨大的努力去运用本章所描述的支持性沟通原则(Argyris,1991)。

否认(disconfirmation)：当沟通的一方感觉由于沟通而带来遏制、无效或无意义时，就会采取否认的做法。沟通的接收者感觉到他们的自我价值受到怀疑，所以他们更关注提升自己而不是倾听。他们的反应通常是自我夸大或是炫耀行为、失去动机、退缩以及对于冒犯性的沟通者的不尊重。

支持性沟通的八个属性将为克服防御性和否认提供行为指导，下面我们会详细描述这八个属性。有效的辅导和咨询依赖于对这些原则的了解和实践。它们还依赖于在这些原则中保持平衡，这些我们都将进一步介绍。

四、支持性沟通的原则

当事情进展得很顺利或者当人们所做的事情很符合你的心意时，表达你的信心、信任和坦率，进行支持性沟通并不困难。但是当你不得不纠正某人的举止或者进行负面的反馈，又或者需要指出某人的缺点时，采用能够建立并加强彼此间关系的沟通方式则非常困难。这种沟通称为**支持性沟通**(supportive communication)。支持性沟通力图在解决现有问题的同时保持沟通者之间积极的人际关系。它使得你在给予负面反馈时或者与他人解决一个棘手难题时加强互相之间的关系。

如表 4－3 表示,支持性沟通具有八个属性。

表 4－3　支持性沟通的八个属性

属　性	说　明	合适的表达方式	不合适的表达方式
1. 一致的,而非不一致的	关注真实的信息,使得口头陈述与心中所想所思是一致的。	“你的行为真的使我很不安。”	“我看起来很烦吗?不是的,每件事都很好。”
2. 描述性的,而非评价性的	关注描述客观事实、你的反应,并提供备选方案。	“这就是所发生的事情;我的感觉是这样的;这样做可能更好。”	“你所做的事情是错的。”
3. 以问题为导向,而非以人为导向	关注可以改变的问题和事情,而不是人及其特点。	“我们怎么样解决这个问题?”	“因为你才有了问题。”
4. 有效的,而非无效的	关注传达尊重、灵活、协作以及求同的陈述。	“我是有一些想法,不过你有什么建议?”	“你不会理解的,所以我们按照我的方式行事。”
5. 具体的,而非笼统的	关注具体的事件和行为,避免宽泛的、极端的或模棱两可的阐述。	“会议期间,你打断了我三次。”	“你总是试图得到注意。”
6. 有联系的,而非无联系的	关注所做的进一步的陈述,使得前后配合。	“关于你刚才所说的,我还想再提一点。”	“我要讨论这件事(而不管你想讨论什么)。”
7. 负责任的,而非事不关己的	对你所说的一切负责,使用个人化的字眼(“我”)。	“我已经决定拒绝你的要求,因为……”	“你有一个相当不错的想法,但是它们是不会赞同的。”
8. 支持性倾听,而非单向信息传递	使用多种恰当的反应——倾向于思考性的反应。	“你认为阻碍改进的障碍是什么?”	“正如我以前所说的,你犯了太多错误。你做得真的不好。”

支持性沟通的目标不仅是得到别人的喜爱或者是被认定为一个好人。汉森(1986)发现,在五年内,40 家大公司中,管理者和下属之间呈现出的良好人际关系

对收益的影响，比其他四个最有力的变量——市场份额、资金紧张、公司规模和销售增长率之和还要高三倍。因此，支持性沟通不仅是一种"好人技巧"，对管理者和组织来说，它也是一种被证实了的竞争优势。

（一）支持性沟通是基于一致性，而非不一致的

口头和非口头的沟通都要精确地与个体的思想和感情相匹配。

不一致性(incongruence)有两种：一种是一个人体验到的与他认为的事情之间的不匹配。例如，一个人可能完全意识不到自己正在向别人发怒，甚至是当愤怒情绪已经确实存在的时候。第二种不一致性是一个人所感觉到的与传达的内容之间的不匹配。例如个体可能已经意识到愤怒的情绪，但是却否认这种情绪的存在。

在建立人际关系时，在辅导和咨询下属时，诚恳、坦率的陈述总是比假装或欺诈的陈述更好。抑制真实情绪或观点的管理者，会给下属造成一种隐藏了某种问题的印象。下属会感觉对方有些话没说出来，或者某种想法或观点没有表达出来。所以，他们不怎么相信沟通的对方，不是去倾听或试图改进，而是关注于找出隐藏的信息。因此，沟通双方的关系将停留在表面的和互不信任的水平上。

一个人的体验、意识和沟通越和谐，随后的关系就越有可能向一致性更强的互惠沟通发展，对沟通的相互理解会更加准确；各方的心理调节与功能都会得到改善，相互都会感到满意。相反，体验和意识之间越不和谐，随后的关系中进一步的沟通就可能存在同样的问题，会导致准确理解的瓦解，各方的心理调节和功能都不太充分以及相互都不满意。

一致性同样涉及内容与说话方法和口吻的匹配。如果以讽刺的语调说出"多美好的一天啊"，就意味着相反的意思。如果毫无真诚地说出"我来就是想帮忙的"，它的意思也完全相反，特别是当过去的关系并不好的时候。

当然，努力达到一致性并不意味着一个人应该不遗余力地压抑不快，也不意味着一个人不能压制一定的不适当的情绪（例如，愤怒、失望和攻击性）。我们还需要运用其他支持性沟通的原理。

（二）支持性沟通是描述性的，而非评价性的

在不使用其他支持性沟通原则的情况下保持一致性并不容易。如果你的朋友问你："我做得如何？"而他的表现并不令人满意，很难想到既不冒犯他又能诚实地做出反馈的方法。**评价性沟通**(evaluative communication)会给他人或他们的行为

做出一个裁决或贴上一个标签:“这件事你做错了”或“你不称职”。这些评价通常使人感觉受到攻击,并做出防御性反应,可能的反应是“我没有做错”或“我和你一样称职”。结果会带来争执、不满情绪和人际关系的恶化。

当问题非常情绪化或当个体感到人格受到威胁时,评价他人的倾向最强。当人们对问题的感觉很强烈或体验到威胁时,他们会倾向于给别人的行为做出负面的评价。有些时候人们试图通过给别人加标签来解决自己的不良感受或降低自己的焦虑:“你很笨”就意味着“我很聪明”,这样,他们会感觉好些。有时候,他们的这种感觉太强烈了,以至于他们想要惩罚那些违背他们期望或标准的人:“你所做的事情,应该受到惩罚。这是你应得的。”评价的产生往往仅仅是因为他们脑子里没有其他可选择的方式。如果不去评判他人,他们不知道如何去保持内心的和谐。

这种方法的问题在于,评价性沟通往往是作茧自缚。给别人加标签通常会导致那个人也给你加标签,这会使你接下来的反应是进行防御。如果你是防御性的,而对方也是防御性的,那么很难出现有效的沟通。沟通的准确性以及人际关系的质量都会受到损害,争执也会随之产生。

评价的替代选择就是采用**描述性沟通**(descriptive communication)。如果没有一些可选的策略,就会很难避免评价别人,描述性沟通则可用于帮助降低采取评价和防御性态度的倾向。描述性沟通涉及三个步骤(见表4-4)。

表4-4　描述性沟通的步骤

第一步: 尽可能客观地描述发生的事件、行为或环境。 ● 避免指责 ● 出示数据或证据 例如: 有三位客户向我抱怨,这个月你一直没有对他们的要求给出回应。
第二步: 关注行为和你自己的反应,而不是其他人的态度。描述你自己的反应和感受。 ● 描述产生或可能产生的客观结果 例如: 我很担心,因为这些客户警告说如果我们还不给予更多的回应,他们将不再与我们做生意。
第三步: 关注解决方法。 ● 避免讨论谁对谁错 ● 提出可被接受的选择方案 ● 鼓励其他备选方案 例如: 我们不仅需要赢回客户的信任,向他们表示我们可以做出积极反应;我还建议你主动对他们的系统做一次免费的分析。

当必须进行评价性陈述时，评论应该基于一些确定的标准（例如，“你的行为不符合规定的标准”）和可能的结果（例如，“继续你的行为会导致更糟糕的结果”），或者与其过去的成功相比较（例如，“这个行为不如你过去的好”）。要注意的重要的一点是避免引起对方的否认或防御态度。

（三）支持性沟通是以问题为导向，而非以人为导向的

以问题为导向的沟通方式关注问题和问题的解决胜于关注人的特质。以人为导向的沟通方式关注个人的特点，而不是事件。“这是问题所在”和“因为你才产生这个问题”，这两种说法揭示了以问题为导向和以人为导向的沟通方式之间的区别。即使是在要求对个人进行评估时，以问题为导向的沟通也是有用的，因为它关注行为和事件。相反，以人为导向的沟通常常关注那些不能被改变或控制的事情，它传达的信息便是个体是不合格的。

诸如“你是独裁者”和“你感觉迟钝”的陈述是以人为导向的，而“我被排除在制定决策之外”和“我们看待事情的角度似乎不同”就更偏向于对问题的描述。把动机归罪于个体是以人为导向的（例如，“你想要控制别人”），而清楚描述行为则是问题导向的（例如，“你在今天的会议上进行了几次嘲讽性的批评”）。

以人为导向的沟通存在这样一个问题：尽管大多数人可以改变他们的行为，但很少有人能改变他们的本性。由于一般人很难对以人为导向的沟通给予任何配合，这就会导致人际关系的恶化而不是解决问题。以人为导向的沟通常常试图劝说另一方“你应该这样想才对”或者“你就是这样的人”。但是既然大多数人都认为自己是不错的，他们对待以人为导向的沟通通常的反应就是进行自我防御或者干脆完全否认。甚至在沟通是积极的时候（例如，“你是个非常棒的人”），如果不与具体的行为或成绩联系在一起，也不一定被认为是可信的（例如，“你对我们的组织付出了额外的努力，我觉得你真了不起”）。没有确实的参照证据是以人为导向的沟通方式最大的弱点。

有效的支持性沟通不需要回避个人观点的表达或者对他人行为或态度的感觉。但是，当这么做的时候，应该牢记下面将要谈到的其他原则。

（四）支持性沟通对个体是有效的，而非无效的

有效沟通（validating communication）帮助人们感觉到自己得到承认、理解、接受和重视。**无效沟通**（invalidating communication）会引起对自我价值、同一性以及与他人关系的消极情感。它否认他人的存在、唯一性或重要性。无效沟通包括

以下几种类型：

优越取向的沟通（superiority-oriented communication）给人的感觉是，别人无知而自己见多识广，别人无能而自己能力强，别人不合格而自己能干，别人轻如鸿毛而自己有权力。此时，在沟通者和接收信息者之间就会出现障碍。优越取向的沟通采取的是一种“胜人一筹”的行为方式，沟通者试图提高别人对自己的尊重。其表现形式就是自负地保留信息（如“如果你懂得有我这么多，你现在就不一样了”）或者挑剔别人（如“如果你问过我，我肯定会告诉你委员会不会批准你的建议”）。自夸几乎总能使对方感到不舒服，主要是因为这旨在传递一种优越感。

优越取向的沟通的另一种常见的形式是采用行话、缩略语或使用排斥别人及在关系中制造障碍的用词方法。众所周知，医生、律师、政府官员和其他很多专业人士为了排斥别人或提高自己而使用行话或缩略语。另外，在不会外语的人面前讲外语也会制造优越性的印象。在大部分情况下，使用对方不能理解的词或语言是不礼貌的，因为这会使对方觉得自己无能。

沟通中的强硬（rigidity in communication）是无效沟通的第二种主要类型，其他任何意见或观点都没有被考虑的可能，以武断的、“自以为博学”的方法进行沟通的人经常会这样做，为的是把别人的贡献减少到最小，或者使别人的看法无效。

当无视别人的存在或重要性时，就会表现出**漠不关心**（indifference）。这可以表现为采取沉默态度、对其他人的陈述没有言语反应、回避目光或任何面部表情的接触、频繁地打断其他人、使用没有人情味的词语（如用“一个人不应该”而不是“你不应该”），或者在交谈过程中加入无关的活动。沟通表现出不在意其他人，并给人一种不受其他人感受或看法影响的印象。

不通情理（imperviousness）意味着沟通者不承认对方的感觉或意见。他们要么被贴上不合理的标签——“你不应该那样觉得”或“你的意见不正确”，要么被贴上幼稚的标签——“你不懂”，“你的消息是错误的”或“你的想法真幼稚”。不通情理就意味着无视或者不重视其他人的个人感情和思想。它排斥其他人对谈话或关系的贡献，使其他人觉得自己是无理的或不重要的。

当不给其他人机会建立令人满意的相互关系时，或者贡献不能由双方共同作出时，沟通就是无效的。有效的沟通则使人们感到被承认、理解、接受和尊重。它有四个属性：**平等的、灵活的、双向的、基于一致意见的**。

尊重的、平等的沟通（respectful，egalitarian communication）。例如，当在指导

者或咨询者与下属之间存在等级差别时，下属很容易感到无效化，因为他们比管理者获得的权力和信息要少。不过，通过以平等的姿态进行交流，支持性沟通者会帮助下属感到他们在确认和解决问题中也负有责任。他们将下属视为有价值的、有能力的和有洞察力的；并且，他们强调共同解决问题而不是突出自己优越的地位。达到同样效果的另一种方式是通过采用灵活的、而不是刻板的陈述。

双向沟通(two-way communication)是尊重和灵活性的潜在结果。当向个体提问，给予个体“通话时间”来表达他们的意见，以及鼓励个体参加辅导和咨询程序时，个体会感到自己是有价值的。双向沟通传达的信息是下属受到管理者的尊敬，这是建立合作和协作的先决条件。

(五) 支持性沟通是具体的，而非笼统的

具体的陈述是支持性的，一般来说，陈述越具体，就越起作用。例如，“你是个差劲的时间管理者”这种陈述就太笼统而不会起作用，而“你今天花了一个小时安排会议，那应该是你的助理做的事情”就是为行为改变提供基础的具体的信息。“你是一个差劲的沟通者”与更具体的陈述相比就差很多，“在这个角色扮演中，你60%的时间都在使用评价性的陈述，描述性陈述的时间只占10%”。具体的陈述会避开极端性和绝对性。

另一个笼统沟通的类型是非此即彼的陈述，例如，“要么你按我说的做，要么我解雇你”，“生活要么勇敢地冒险，要么就什么都不是”(Helen Keller)，以及“如果美国不降低债务水平，我们的孩子将无法达到我们今天享受的生活水平”。

极端的和非此即彼的问题在于，他们否认任何其他的选择。沟通接受者的可能的反应受到严格的约束。对这种陈述的唯一反应是反驳或拒绝它，而这只会导致防御和争论。希特勒(Adolf Hitler)在1933年表明了这一点：“德国的每一个人都是民族社会主义者——此外的极少数人不是疯子就是白痴。”

在辅导和咨询中，具体的陈述更有用，因为它们关注行为事件，并指出事情的程度。如果具体陈述所关注的是对方无法控制的事情，则可能没有任何用处。例如，“我讨厌下雨”也许可以缓解一些个人的挫折感，但是对此人们无法做出任何改变。同样，传递或暗示“我不喜欢你的声音(或者你的个性、体重、品位、方式等)”等类似信息只会给对方带来挫败感。这样的陈述通常被认为是人身攻击，对方可能的反应是“我能怎么办呢”或者“我根本不懂你这是什么意思”。具体的陈述只有在其关注于一个可辨认的问题或可改变的行为(例如，“在图书馆你说话声音太大了，使别人无法集中注意力”)时，才是有效的。

（六）支持性沟通是有联系的，而非无联系的

联系性沟通（conjunctive communication）是采用一些方法结合先前的一些沟通信息，它促成平滑的过渡。**无联系性沟通**（disjunctive communication）与以前提过的内容无关。

沟通的无联系性表现在：第一，缺乏说话的平等机会。当一个人打断别人的时候，当一个人控制说话时间，或当两个或两个以上的人试图同时说话的时候，沟通就是无联系性的，谈话之间的过渡不平滑。第二，过长的暂停导致无联系性。当发言者在他们发言过程中暂停了很长时间，或回答前有很长的暂停时间时，沟通是无联系性的。暂停没有必要是完全的沉默，这段时间可以用“嗯”、“啊”或重复先前讲过的事情来填充，但是沟通没有向前进行。第三，话题控制可能造成无联系性。当一个人单方面地决定会谈的主题的时候，沟通是无联系性的。例如，个体可以转换主题，完全不考虑刚才所谈的内容，或者他们可以通过教导别人应该如何应答来控制沟通主题。齐伯格（Sieburg，1969）发现，在小群体讨论中做出的陈述，有25％以上都没有涉及甚至是理会先前的发言者或他们的陈述。

与下属交谈时涉及下属先前陈述的问题，或者在做出回答之前等着对方把话说完（即不接话），以及在停顿之前一次只说两三句话，以便给其他人机会再增加表达。我们所有人都遇到过这种情境：某个人不停地说，不给其他人发言或插话的机会。这种做法通常会令人感到不快，因为它是无联系的。要实现支持性沟通，必须有互动、交流和互换意见。换句话说，即避免过长的停顿、陈述会提到曾经说过的内容、依次发言。

图4－2描述了从联系性到无联系性的连续体。

联系性沟通可以使管理者明确其他人陈述的价值，并有助于促进共同的问题解决方式和协作精神。

（七）支持性沟通是负责任的，而非事不关己的

负责任的沟通（owning communication）是指对所做的陈述负责，并承认这个思想的来源是本人而非其他人或团体。使用第一人称的词语，如“我”、“我的”，表示认同沟通。**事不关己的沟通**（disowning communication）表现为使用第三人称或第一人称复数：“我们认为”、“他们说”或“一个人可以说”。事不关己的沟通是将自己的陈述归因于一些未知的人、团体或外源（例如，“许多人认为”）。沟通者会回避

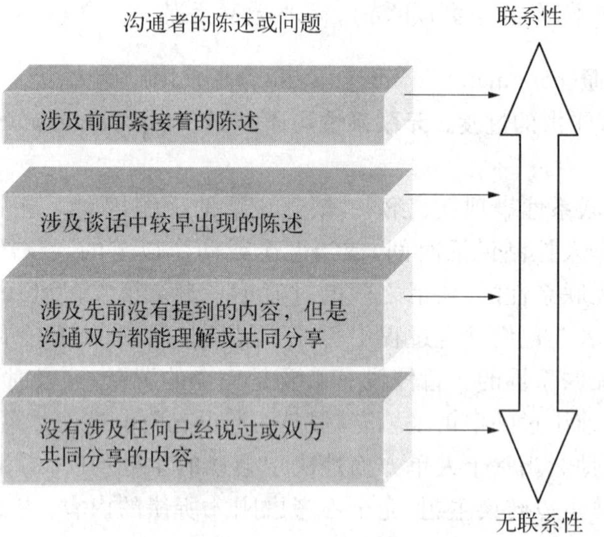

图 4-2　联系性陈述的连续体

对消息负责，因此逃避对相互交流作出贡献。这就传达出一种信息，即沟通者是冷淡的，或对接收信息的人漠不关心，或者没有足够的信心对所表述的意见承担责任。

格拉瑟(Glasser，1965/2000)的心理健康方法——现实疗法的概念基础是对自己的沟通和行为负责。格拉瑟认为，人们心理是否健康取决于他们是否对自己所做的陈述和行为负责。现实疗法的基础假设是，对你自己的沟通行为负责任可以建立自信心和自我价值感。相反，把自己的所感所言都归因于其他人或其他事(例如，"我脾气不好不是我的过错，因为我的室友总是熬夜，还把音乐放得很大声")则会导致较差的心理健康状态，并丧失自我控制。归属感和负责任是个人成长以及建立互相信任和有效的人际关系的关键。如果他人知道你会对所说的一切负责任，那么人们会更加信任你。

事不关己式沟通的一个结果是，听的人不能确定信息代表了谁的观点："如果我不知道我该对谁反应，我该怎样反应呢?""如果我不理解这个信息，我能问谁?"此外，与事不关己式沟通有关联的隐含信息是："我想与你保持距离。"发言者的沟通行为更像是一个代表，而不是一个人，更像是信息的传递者，而不是有利害关系的个体。然而，负责任的沟通却表现为愿意投入相互关系中，以同事或者助人者的角色行事。

(八)支持性沟通要求倾听,而非单向的信息传递

前面所述的支持性沟通的七个属性都是集中于信息的传递,信息是从辅导者或咨询顾问那里发出的。但是,支持性沟通的另一个方面——倾听并且有效地应答别人的陈述与传递支持性的信息是同样重要的。正如索利姆(Solemn)和梅尔(Maier,1973)所说:"在任何谈话中,说得最多的人是向别人学习得最少的一个人。因此,好的辅导者必须成为一个好的倾听者。"

哈斯(Haas)和阿诺德(Arnold,1995)发现,在工作情境下,人们用来评价沟通能力的 1/3 的特性都与倾听能力有关。克雷默(Kramer,1997)发现,好的倾听技能在有效领导的行为中占 40%。总而言之,好的倾听者更容易被感知为是有技巧的沟通者。事实上,被认为最"睿智"或者最具"智者"特征的人——也就是人们最希望能与之交流的人,也是最佳的倾听者(Kramer,2000;Sternberg,1990)。

为了确定成为一名管理者最重要的技能是什么,克罗克(1978)对 300 家企业的人事主管做了一项调查,结果表明,有效的倾听技能列于榜首。尽管倾听对管理的成功是重要的,尽管大部分人在他们的沟通时间中至少有 45%用于倾听,但是大部分人还是不能充分发挥倾听的技能。例如,测验表明,个体在倾听中大概有 25%是有效的(Bostrom,1997;Huseman,Lahiff & Hatfield,1976),也就是说,他们对沟通的内容只能听到和理解 1/4。Geddie(1999)报告说,一项在 15 个国家进行的调查发现,倾听是人们掌握的最差的一个沟通技巧。当要求他们评定自己在多大程度上是有倾听技能的听众时,85%的个体对自己的评定等于或低于平均水平,只有 5%的人认为自己具有很高的倾听技能(Steil,1980)。尤其不幸的是,当人们与关系最近的人,如家庭成员和合作者相互交流时,倾听的技能常常是最糟糕的。与其他人相比,他们更频繁地打断与自己亲近的人的对话,匆匆做出结论。也就是说,他们停止倾听。

当个体优先关注的是满足自己的需要时(例如,保住面子、说服别人、获胜、避免被卷入),当他们已经进行了先期判断时,或者当他们对沟通者或沟通的信息抱有消极态度时,他们就不能有效地倾听。因为人每分钟能够听 500 个词,而通常每分钟仅仅能说 125～250 个词,所以收听者的心思可以有一半的时间在做其他的事情。因此,做一个优秀的倾听者既不是简单的,也不是自发的。我们需要开发倾听与理解其他人给出的信息的能力,还需要加强个体之间相互作用的关系。

如果倾听者不给出某种类型的反应,人们就不知道他们是否正在被人倾听。这种反应可以是简单的眼神接触和非言语的回应,如微笑、点头和关注的表情。然

而，那些必须进行辅导和咨询的有能力的管理者，要很小心地从所有可以表达清楚、加强人际关系的反应的可选方案中进行挑选。支持性倾听者的标志是具备对他人的陈述做出适当反应的能力（Bostrom，1997）。

反应是否合适在很大程度上取决于交流的焦点是否主要放在辅导或咨询上。当然，这两种活动很少可以彻底分离——有效的辅导经常涉及咨询，而有时有效的咨询又会涉及辅导，而留心的倾听会涉及多种反应。但是，有些反应在某些情况下要比别的反应更适当。

图4－3列出了四类主要的反应类型，并把它们编成一个连续体，从最具指示性的、封闭的反应，到最不具有指示性、开放的反应。封闭的反应剔除了对谈话主题的讨论，直接给个体指示方向，其表现是倾听者可以控制谈话主题。开放的反应允许沟通者而不是倾听者来控制谈话主题。在这些反应类型中，每种都存在各自的优点和不足，而且没有一个可以在任何情况下都适用。

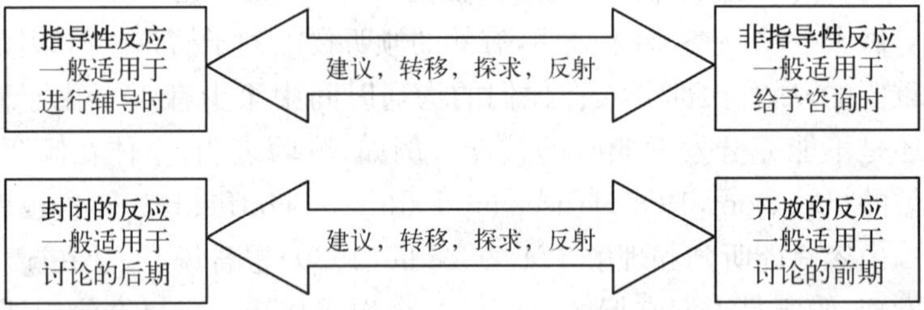

图4－3 支持性倾听中的反应类型

大部分人都习惯于一两种反应类型，并且无论情况如何都会使用它们。而且，大部分人都是首先并且主要依赖评价或判断性反应（Bostrom，1997；Rogers，1961）。也就是说，当面对另一个人的陈述时，大多数人会倾向于同意或不同意，或者立即形成有关陈述的合理性或真实性的个人意见。平均来看，绝大多数人的反应中约有80％是评价性的。然而，支持性倾听者会避免把评价和判断作为第一反应。相反，他们依赖于反应类型的灵活性和反应与环境的适当匹配。我们将在下面讨论四种主要的反应类型。

五、支持性沟通中的反应类型

（一）建议

建议反应（advising response）提供方向、评价、个人意见或指示，这样的反应从倾听者的角度把观点加诸沟通者，并造成倾听者对谈话主题的控制。建议反应的优点是，它帮助沟通者理解先前可能不清楚的事情，有助于寻找问题的解决方案，能够明确表达沟通者应该如何行动或理解这个问题。当倾听者拥有沟通者所没有的专家意见时，或者当沟通者需要指导时，这种反应是最适合的。有时支持性倾听意味着确实由倾听者来说话，但只有在沟通者专门请求建议或指示的时候，这才是适合的。大部分倾听者提供的建议和指导都倾向于超出实际需要的水平。

此外，给出的建议应该与公认的标准相联系，或者可以被沟通者所接受。公认的标准意味着沟通者和倾听者不仅承认这个建议会产生期望的结果，而且它本身就应该是正确的或适当的。否则，建议就应该听起来只是倾听者的意见或感觉，而且只是选择之一（也就是具有灵活性），而不是唯一的选择。这就是允许沟通者选择接受或拒绝建议，而不会让建议者在建议未被接受时觉得自己无能或感到被拒绝。

（二）转移

转移反应（deflecting response）是把焦点从沟通者的问题转移到一个由倾听者选择的问题上。倾听者完全改变了主题，他们自己的体验代替沟通者的体验（例如，“让我告诉你一些我身上发生的类似事情吧”）或介绍完全新的话题（例如，“那使我回忆起……”）。倾听者可以认为现在问题对沟通者来说是不清楚的，而例子或类比的使用将会有所帮助。或者，倾听者可能感到沟通者需要获得有关保证，例如其他人也曾经经历过同样的问题，因此或许可以从其他人那里获得支持和理解。

当需要比较或保证时，转移反应是最合适的。它们可以通过传达信息来提供移情作用和支持，“我理解，因为类似的事曾经在我（或者别人）身上发生过”。它们还能传达保证，“事情会变好的，别人也有这样的经历”。转移也经常被用来避免使沟通者和倾听者陷于尴尬。当双方有人感到不舒服，并且回答的问题不是对方所问的问题时，改变主题就是常用的做法。

转移反应的不足是，它会暗示沟通者的信息是不重要的，或倾听者的经验比沟通者的经验多得多。它可能造成竞争感或倾听者取得优势的感觉。转移可以理解为“我的经验比你的更值得讨论”，或者，它可以把对沟通者来说重要的主题变成不重要的话题（例如，“我想谈谈对你很重要的事情，然而你却根据自己的经验改变了话题”）。

（三）探求

探求反应（probing response）是指询问有关沟通者刚才所说的内容或倾听者所选话题的问题。探求的意图是获得额外的信息，来帮助沟通者讨论更多的关于这个话题的内容，或帮助倾听者做出更适当的反应。例如，避免评价和判断以及诱发防御性反应的有效方法是继续提问。提问帮助倾听者接受沟通者的参考框架，这样在辅导情境中，建议能够具体化（而不是笼统的），在咨询情境中陈述能够是描述性的（而不是评价性的）。提问的预期往往比直接陈述更为中立。例如，针对高级管理层团队沟通的一项研究发现，高绩效的团队能够平衡询问（提问题或探求）和支持（宣布或支持某个看法），从而使问题和调查获得相等的时间。低绩效的团队则将精力主要放在支持上，而疏忽了询问和探求（Losada & Heaphy，2004）。

不过，提问有时会产生将注意的焦点从沟通者的陈述转向其潜在原因，从而导致不受欢迎的结果。例如，“你为什么那样想”这类问题就可能强迫沟通者为自己的感受或知觉辩护，而不仅仅是进行报告。同样地，探求反应也可以用来逃避对主题的讨论，或者操纵讨论话题使其遵从倾听者想要讨论的内容（例如，“不要讨论你对工作的感受，告诉我你为什么不回复我的便函”）。探求反应也许会使沟通者失去对谈话的控制，尤其是在讨论困难的话题时（例如，“为什么你没有完全发挥你的潜力”，不管合适不合适，这时可以提出其他各种问题）。

要更有效地做出探求反应，应牢记两个重要的提示。第一个提示是“为什么”的问题绝不如“是什么”的问题有效。“为什么”的问题导致话题的改变、逃避和猜度，而不是引向确切的信息。例如，“你为什么会这么想”之类的问题，会导致诸如“因为我的自我不能充分地控制我的本我”，或“因为我的父亲酗酒，我的母亲打我”，或者“劳拉博士是这么说的”等异乎寻常的回答。这些都是极端的，甚至是愚蠢的例子，但是它们说明了“为什么”之类问题是多么地无效。“你所说的是什么意思”则可能带来更多的成果。

第二个提示是根据情境来探求。例如，在会谈中有四种有益的探求类型。当沟通者的陈述不包含足够的信息，或者部分信息不能被理解时，就要采用**细节探求**（elaboration probe）。当信息不清楚，或有歧义时，**澄清探求**（clarification probe）就是最适合的。当沟通者避开话题，或者不答复先前的问题时，**重复探求**（repetition probe）是最适合的。当沟通者被鼓励继续在同一个话题上讨论得更有深度时，**反射探求**（reflection probe）是最有效的。表 4-5 总结了这四种探求方式。

表 4-5　探求反应的四种类型

类　型	适　合　情　境	例　　证
细节探求	当需要更多的信息时	“关于那件事，你能告诉我更多的细节吗？”
澄清探求	当信息不清楚或模糊时	“你所说的是什么意思？”
重复探求	当转移话题或陈述不清楚时	“再问一遍，你对此怎么看？”
反射探求	鼓励对相同话题的深入探讨时	“你说你遇到难题了？”

探求反应在把有敌意的或有冲突的谈话转变为支持性的谈话时是尤其有效的。提出问题经常能把攻击改变成共识、把评价变为描述、把一般陈述变成具体陈述，或者把关注人的说明变成关注问题的说明。换句话说，探求经常能够被用来在人们事先没有接受训练指导时，帮助他们使用支持性沟通。

（四）反射

反射反应(reflecting response)的主要目的是把听到的信息像镜子一样反射给沟通者，并表明倾听者的理解与接受。用不同的语言反射出信息使发言者感到被倾听、被理解，能自由地发表更深入的见解。反射反应包括对信息的解释和阐述。支持性倾听者不仅仅是简单地模仿沟通者，还允许沟通者继续他们所选择的话题并表现出对谈话的期望、理解和接受。

反射反应的潜在不足是沟通者可能由此产生与目的相反的印象，也就是说，他们可能感到他们不被理解，或者没有被仔细地倾听。如果他们听到的反射总是他们刚说的内容，他们的回答就可能是：“我刚才已经说过了，你不在听我说话吗？”换句话说，反射反应可能被认为是虚伪的“技巧”，或是对信息敷衍性的反应。

当使用反射反应时，最有效的倾听者会牢记下列原则：

(1) 避免重复使用相同的反应，如“你觉得……”“你是在说……？”或者“我听你说是……”。

(2) 避免刻意模仿沟通者的言语。相反，在重复你所听到的内容时，应该以帮助你了解此信息的并有助于对方知道你的确了解的方式进行。

(3) 避免这样的交流方式：倾听者没有对谈话作出同等贡献，而只是充当模仿者的角色(当对谈话的深度和意义负有同等责任的时候，一个人才能采用理解或反射反应)。

(4) 对个人的而不是与个人无关的内容进行反应。例如，下属抱怨管理得太严，以至于觉得自己无能和厌烦，理解或反射反应就应当集中于个人的感觉而不是管理风格上。

(5) 在对表达的内容做出反应前，先对表达的感情进行反应。当一个人表达某种感觉或情感时，这是信息中最重要的部分。如果它没有得到承认，就会妨碍双方进行清楚的沟通。

(6) 用认同和接受的方式反应。一方面要避免完全客观、冷漠、与人产生距离的极端做法，另一方面要避免过分认同（把感觉作为一个人所独有的而接受）的极端做法。

(7) 避免表现出对陈述的赞成或不赞成。使用反射以及其他倾听技巧帮助沟通者探索和分析问题，之后，你才能利用这种信息形成一个解决方案。

六、个人管理面谈

支持性沟通的八个属性不仅对通常的谈话和内容解决情境有效，而且可以在设计和进行与下属的具体交流中得到最有效的运用。有效管理者与无效管理者之间的一个重要差别，就是为下属提供定期反馈，使下属感觉得到支持、辅导和咨询的机会的程度。不过，提供这些机会是困难的，因为这会耗费管理者大量的时间。很多管理者都想为下属提供指导、咨询和培训，但是他们没有时间。因此，应用支持性沟通以及为下属提供发展和反馈机会的重要机制，就是实施一种**个人管理面谈计划**(personal management interview program)。

个人管理面谈计划是在管理者和下属之间定期进行的一对一的会谈。在一项对不同组织中的工作部门和独立团队的研究中，如果管理者每两周或每月与下属进行定期的、保密的会谈，效率会显著地提高。在一项对进行定期个人管理面谈的卫生保健组织的研究中，实施了个人管理面谈计划的组织与没有实施这一计划的组织相比，在组织绩效、员工绩效和满意度以及个人压力管理方面均有显著差异。

对家庭成员应用这项计划，一对一地与每个小孩进行面谈会产生令人难以置信的良好效果。它带来了亲密的关系、信息和情感的分享，会谈本身也被我们和孩子们所热切期待。

制定个人管理面谈计划由两个步骤构成。第一步，进行角色协商会谈，明确期望、责任、评价标准和上下级关系等。会谈应尽可能在建立关系之初进行。如果没有这样的会谈，大部分的下属都不清楚上级对他们的期望，或评价他们的标准是什么。角色协商会谈的目标是明确双方对于彼此的期望、目标和标准，关系建立在哪种程序上等。因为这种角色协商不是对抗性的，而是关注支持性和团队建设的，所以，这种交流应该以支持性沟通的八大属性为特征。在我们的家庭中，这些协议一般围绕家务杂事、计划假期、亲子活动等。这些角色沟通会谈只是用来创建基本程序、清楚说明期望并澄清标准。它提供了一个建立关系的基础并有助于鼓励管理者与下属提高绩效。

个人管理面谈计划的第二步（也是最重要的），是管理者与每个下属的不间断的、一对一的面谈程序。这些会谈是定期的（不是只有下属犯错误或出现危机时）、保密的。这不是一次部门员工会议、一次家庭团聚，也不是每天下班前的检查。我们的观察表明，会谈的频率如果低于每月一次，将是没有成效的，无论是组织还是家庭都是如此。大多数时候，管理者都会选择以更高的频率进行会谈，但这也要取决于其工作的周期以及他们所面临的时间压力。这一会谈使双方有机会自由、开放、合作地进行沟通。这个会谈让管理者为下属提供辅导和咨询并帮助其改善自己的技能和工作绩效。因此，每个会谈都应该进行45分钟到1小时，将焦点放在以下问题上：① 管理和组织问题；② 信息共享；③ 人际关系问题；④ 对进步的阻碍；⑤ 管理技能培训；⑥ 个人需要；⑦ 对工作绩效的反馈；⑧ 个人的担忧和问题。

这种会谈不仅是花时间坐下来聊天，它有两个起决定性作用的关键目标：鼓励进步和加强关系。

案　例

杰格迪普·阿瓦尔(Jagdip Ahwal)是你所在公司销售部门的经理，公司制造和销售航空工业元件。他直接向你汇报。杰格迪普的部门总是无法完成销售计划，其销售人员的收入也低于公司的平均水平，而且杰格迪普每月的报告也总是迟交。在收到杰格迪普最近一期的销售数据后，你定了一个时间去找杰格迪普，但是当你到达的时候杰格迪普却不在他的办公室里。他的秘书告诉你几分钟前杰格迪普手下的一名销售经理来找他，向他抱怨一些员工早晨上班迟到，而且喝咖啡的时间也超时。杰格迪普立即同这名销售经理到他的部门对销售人员进行了一次“鼓舞士气的讲话”，然后提醒他们注意销售业绩的期望值。在他回来之前，你等了15分钟。

贝齐·克里斯滕森(Betsy Christrnsen)从一个很有声望的学校获得了MBA学位，最近她加入了你所在公司的财务计划小组。她拥有很有说服力的推荐信和获奖证书。然而，她似乎以贬低同组中其他人为代价来提高自己的声望。最近你听到越来越多的抱怨，说贝齐行为傲慢、爱表现，对其他组员的工作公开进行批评。在你与她进行的有关其在组内工作业绩的第一次谈话中，她不认为自己有问题。她说如果确实有问题，那也是因为她通过提高对本组的要求来对本组施加积极的影响。在最近一次你听到她的同事对她的抱怨之后，你安排了另一次会谈。

思考题：

1. 在这两个例子中，存在的基本问题是什么？
2. 哪一个是涉及辅导方面的问题，哪一个主要是咨询方面的问题？
3. 你如何能使问题得到解决，同时加强你与下属之间的关系？你会怎样说？

游　戏

将下面一段话念两遍：

一个商人刚关上店里的灯，一名男子来到并索要钱款，店主打开收银机，收银机里的东西被倒了出来，然后，那个男子逃走，一名警察很快接到报案。

回答以下12道题目，每题答案有三种：正确，不正确，不能肯定。请选择答案，并分析自己的倾听习惯。

1. 故事中涉及三个人物：店主，一个索要钱款的男子，一个警察。
2. 抢劫者没有把钱款带走。
3. 店堂灯关掉后，一个男子走了进来。
4. 抢劫者打开了收银机。
5. 索要钱款的男子拿走收银机里的东西后逃离。
6. 抢劫者向店主索要钱款。
7. 尽管收银机里有钱，但故事中没有说有多少钱。
8. 店主倒出收银机里的东西后逃走。
9. 打开收银机的那个男子是店主。
10. 来的那个男子没有索要钱款。
11. 抢劫者是个男子。
12. 店主将店堂的灯关掉后，一名男子来到。

测试评分要点与参考数据

评分要点

技能领域	项　目	学习前	学习后
辅导与咨询的知识	1,2,20	______	______
提供有效的负面反馈	3,4,5,6,7,8	______	______
支持性沟通	9,10,11,12,13,14, 15,16,17,18,19	______	______
	总分	______	______

参考数据

将你的得分与三个标准进行对比：

1. 可能的最高分=120分；
2. 同班其他同学的得分；
3. 1 500名商学院学生的平均得分数据：

学习前得分				学习后得分
90.91分	=	平均值	=	99.75分
99分或以上	=	前25％	=	108～120分
92～98分	=	25％～50％	=	100～107分
84～91分	=	50％～75％	=	93～99分
83分或以下	=	后25％	=	92分以下

第五章
权力和影响力

本章目标

通过本章学习，掌握以下知识要点：

1. 软权力的特征。
2. 个人权力的来源。
3. 职位权力的来源。
4. 如何将权力转变为影响力。

技能测试

你是否是个有影响力的人？

有些人身上有着一种威严，他们讲话时会有人倾听，他们想要什么就会得到，而且不会带来任何质问。如果你属于这种类型的人，你的举止就会有意无意地促使人们重视并遵从你的意见。请对下列问题做出回答。

1. 你在某一运动、活动或领域中是否是一位专家？

   a. 是　　b. 否

2. 你是否觉得自己很有教养？

   a. 是　　b. 一般　　c. 否

3. 假如你经营一家运动器材商店，一位顾客走进店来，说要买一艘独木舟和一根棒球棍，你将先卖哪一个？

a. 我先卖棒球棍,因为它便宜,如果你要别人买东西,最好把自己置身于购买者的情绪中。

b. 我先卖独木舟,因为它贵,生意做成了,我的收入也多。

4. 你是否觉得你能应付许多场合?

a. 是　　b. 某些场合可以　　c. 否

5. 你的身高?

a. 170 cm 以下　　b. 170~180 cm

c. 180~190 cm　　d. 190 cm 以上

6. 你更乐于接受以下哪种陈述?

a. 我对法语没有把握。

b. 我的口才很好。

7. “你要在生活中取得成功,并不需要别人喜欢你,重要的是他们敬畏你。”你赞同以上观点吗?

a. 是　　b. 否

8. 你如何评价自己的魅力?(客观地做出评价,不必太谦虚或太自负)

a. 非常出众　　b. 出众　　c. 一般　　d. 差

e. 很差

9. 你通常偏爱哪种款式的衣服?

a. 奇装异服,使人看一眼不能忘。

b. 时髦的。我不会领导潮流,但也不是守旧的人。

c. 传统服装。

d. 欧洲款式。

e. 非常随便,不喜欢穿套装。

f. 凑合的。

g. 便宜的。

10. 你是否在意别人如何看待你?

a. 是,非常在意　　b. 有一些

c. 有点儿　　d. 很少

e. 一点也不

11. 你喜欢电视里的喜剧情节吗?

a. 喜欢　　b. 有一些　　c. 不喜欢

12. 有人说:只要目的正当,可以不择手段,你同意这种观点吗?

a. 同意　　　　　　b. 在有些场合是对的　　　　c. 不同意

13. 你更乐于接受以下哪种陈述?

a. 生活中言行一致很重要。

b. 言行一致被过分强调了。

14. 有人说:只要目的正常,可以不择手段,你同意这种观点吗?

a. 同意　　　　　　b. 不同意

15. 你发现赞扬别人是件容易的事还是困难的事?

a. 我很自然地称赞别人

b. 说实话,我很少这样做。

16. 当你要和别人讨论还价时,如买卖汽车或要求加薪,你更乐于使用以下哪种策略?

a. 我提出的要求远远高于我所希望得到的。

b. 我提出的要求高于我所希望的,如15%左右,这样买卖双方才有协商余地。

c. 我不喜欢讨价还价,我更愿意立即告诉人们怎样才公平,省略协商过程。

17. 下面几种说法你更倾向哪一种?

a. 当权者不必多解释,只要说:"去做这件事!"

b. 当他要某人做某事时,常说明这样做的理由。

所有的答案都有指定的分数,具体请参见本章末的参考答案,可根据自己的总分对自身的影响力素质做出评估。

技能学习

一、古今中外对权力的认识

一只山羊爬上一户农家的高屋顶上,屋下有一只狼走过。山羊以为自己居高位,野狼莫奈它何,便如此骂到:"你这只傻瓜笨狼。"狼于是停下来说:"你这胆小鬼,骂我的不是你,而是你现在所占的位置。"

——《伊索寓言》

英国哲学家罗素写过一本《权力论》。在他看来,在人的各种无限欲望中,权力欲是最强烈和最根本的欲望。因而在社会科学范围内，“权力”是基本的概念，犹如在物理学中“能”是基本概念一样。“只有认识到爱好权力是社会事务中重要活动的起因，才能正确地解释历史——无论是古代的还是近代的历史”。罗素的理论和我们看到的事实是：没有什么东西能够像权力一样，令人感到最大的满足，引起人的最强烈的激情。因为通过权力可以获取的利益是那么丰富：它不仅天然地标志着地位与荣誉，有力地保障了拥有者之意志的实现，并且，它也是掠取财富与异性的最为可靠的凭据。罗素还认为：人的权力欲普遍存在，只不过在有些人身上它是隐含的，表现为心甘情愿地追随一个领袖，并感到他的胜利就是他们自己的胜利；在领袖式人物的身上，则直接表现为要求支配他人等。而如果说占有财富、享受物质的欲望可能会有止境，权力欲却是无厌的、无限的，相比于这种普遍而又无限的欲望，作为资源的权力，就是珍贵和稀缺的。

权力如何形成，又以怎样的方式分配和转移？至少就古代而言，权力是暴力征服的结果，权力几乎与阴谋共生。古希腊神话在这方面有着象征意味浓厚的描写：众神之神宙斯的父亲克罗诺斯是杀了自己的父亲之后才夺得主神的地位，他与瑞亚结婚，因为担心自己将来也被儿子推翻，就把他和瑞亚生下的孩子吞下肚去。当瑞亚生下宙斯时，她决心保护这个小生命，遂用布裹住一块石头谎称这是新生的婴儿，克罗诺斯将石头一口吞下肚里，宙斯于是躲过一劫，后来靠妻子、智慧之神墨提斯的帮助，打败并杀死父亲，占取主神之位。宙斯也面临同样的问题。他最后想出一个彻底的办法：使用诡计欺骗墨提斯，把她吞下肚去，从此将世间最完美的诡计集于一身，就不再有人能够危害他。

权力，甚至围绕权力的阴谋，简单地指为“罪恶”是没有意义的。人类需要组织社会、维持秩序、实现公共目标，离不开权力的动作。就拿最原始的“社会”现象作例子：猴群中必定有一头强有力的雄猴成为猴王，它在食物和异性两方面享有最高的优先权，并支配猴群的一切公共活动，但这对维护猴群的生存与繁衍，却是不可缺少的。而人类真实的集体生活，恐怕不比猴子们高明多少。

但人类终究又是一天天成长起来，对权力之利与害的认识也越来越看得明白。前几年美军管理下的监狱中发生严重的虐囚事件，舆论为之哗然。加州大学圣克鲁斯分校的一位心理学教授为此做了一项实验：研究人员在该校心理学大楼的地下室里修建了一个模拟监狱，学生自愿分成两组，分别充当看守和囚犯，以模拟监狱看守和囚犯之间的行为。但原来定为两个星期的实验不得不在六天后就停止了，因为“看守”们很快就变成欺辱人的虐待狂，“囚犯”没有办法忍受下去。人性在权力的腐蚀下,竟是如此脆弱!

英国赫赫有名的伦敦塔紧靠泰晤士河北岸,是一座具有九百多年历史的诺曼底式的城堡建筑群,内中既有富丽堂皇的宫殿,也有监狱、教堂、刑场。历史上无数权力斗争、宫廷阴谋就在这里展开,许多失败的王公贵族在这里遭到囚禁,乃至被残杀,其中最为显贵者,有英王爱德华四世的两个幼子、爱德华之前的国王及堂兄与弟弟、亨利八世的两个王后。在很长一段时间里,伦敦塔成为令人毛骨悚然的"死狱"。如今伦敦塔是游人必到之处。游客们在这里既可以看到古老的监狱,了解历史上一幕又一幕血雨腥风的悲剧,也可以看到珍宝馆中展出的令人目眩的王室珍宝,如镶嵌有 3 000 颗宝石的"帝国王冠",象征着最高王权的"权杖",上面镶嵌的"非洲之星"钻石重达 530 克拉,而巨大的屏幕上则滚动播放着当今女王伊丽莎白二世豪华的登基盛典。参观结束处电子屏上有一道问题:在看完这些反叛者的悲惨遭遇后,你还会选择造反吗?选择"会"的占 90%——尽管只是游戏,但你还是能感觉到:在人心深处,权力的诱惑远大于死亡的威胁。

中国长期实行一种高度集权的专制制度,导致围绕最高权力的斗争格外激烈。一部二十四史,每逢以暴力改朝换代,便有尸骨成山,那是不用说的了。但这毕竟不是频繁发生的事情。围绕权力分配的斗争,更多地发生于统治的上层。君臣相斫,父子相残,兄弟相戮,乃至夫妇相夺,可谓不绝于史。可以说权力是对人性对人类社会生活的最强烈的腐蚀剂。而由于专制政治是一种神秘的政治,在这种政治结构中围绕权力的斗争永远充满阴谋。觊觎更高权力的人不得不小心翼翼、善自掩饰,以求一逞;而占据上层阶位的人,则必须处心积虑,力求洞察一切。正是这种围绕权力的阴谋,造成了中国历史中常见的戏剧性和紧张感,造成许多政治人物的神经质。

权力游戏所要求的胆识、决断和高度智慧,本身就体现着令人惊叹的生命力量,它有欣赏的价值。

《财富》杂志的一篇报告提到,知道什么是正确的与能够正确行事之间的区别对当今的劳动力来说尤其重要,这里的劳动力包括"涌入管理工作市场的、无畏的和雄心勃勃却经验不足的二十多岁的年轻人"。传统上由身经百战、懂得如何获取权力和影响力的高手所占据的位置,现在正被这些新型的管理者获得。1998 年,大约有 12%的管理职位被 20~34 岁的人占据。这些年轻的、没有经验的管理者报告说,他们难以"向上"管理——让他们的老板尊重他们,也难以"向下"管理——让年长的下属尊重他们。

二、权力的平衡

有人说：权力导致腐败，绝对的权力导致绝对的腐败。权力的大小受职务大小的限制，有多大的权力就有多大的责任。

许多权威人士对“有效运用权力”是不是管理最重要问题之一而争论不休。沃伦·本尼斯(Warren Bennis)通过与90名社会公认的最具影响力的领导者面谈，寻找到成功领导者的一个共同的显著特征：他们让别人觉得自己是有权力的。这些领导人具有权威，他们知道如何在组织中建立一个坚实的权力基础。他们有影响力，因为他们运用自己的权力去帮助同伴和下属完成任务。完成例行的任务并不需要有特殊的权力、技能或天分。但是如果没有政治上的影响力，要完成不同寻常的任务则很困难。

(一) 缺乏权力

厌恶权力的人认为，教导管理者如何增强权力，等同于认可他们使用原始的统治手段。例如苹果公司的两位创始者史蒂芬·乔布斯与约翰·斯卡利之间的冲突使公司变为战场，Viacom总裁弗兰克·比昂迪(Frank Biondi)被渴求权力的董事长萨默·雷德斯通(Sumner Redstone)辞退等例子都可以支持他们的观点。

这种对“个人权力”的观点在看重归属而非成就、看重集体主义而非个人主义的文化中尤为普遍(Triandis，1994；Trompenaars，1996)。那些从归属角度看待人际关系的人，相信权力依附于稳定的个人特质，如年龄、性别、教育水平、民族或者社会阶层。

(二) 滥用权力

索福克勒斯告诫我们，在看到权贵们的结局之前，永远不要羡慕他们。由权力而滋生的傲慢将导致失败和悲惨结局。创造性领导中心的学者们将20名达到公司最高位置的经理与20名同他们相似，但没有实现自己的职业追求的经理进行对照。在早期，两组有着同样发展前景的人进入他们各自的组织。他们之间的准备程度、专门技术和教育水平等因素都没有显著的差异。然而，过了一段时间，第二组人由于个人的缺陷而逐渐脱离了其职业生涯的轨道，见表5-1。

表 5-1 导致经理的职业生涯脱轨的特征

● 对他人感觉迟钝;粗暴无礼并胁迫他人 ● 冷淡、孤僻、傲慢 ● 背叛他人的信任 ● 有过分的野心;玩弄权术,总想被提升 ● 不能授权给他人或建立团队 ● 过分依赖他人

认识到这些问题中有多少是与我们在人际关系中不恰当地使用权力有关,可以让我们更清醒。他们被给予了一点权威,然而他们在更有价值的职业考验中失败了。

权力和个人绩效的关系见图 5-1。缺乏权力和滥用权力都是无力的,也达不到预期目标。与此相反,授权则充分利用了个人权力以达到较高的效力水平,管理者才能站在“权力曲线的顶峰”。本章重点讲解如何获得权力或克服无权的感觉,避免滥用权力,如何有效地将权力转化为人际影响力。

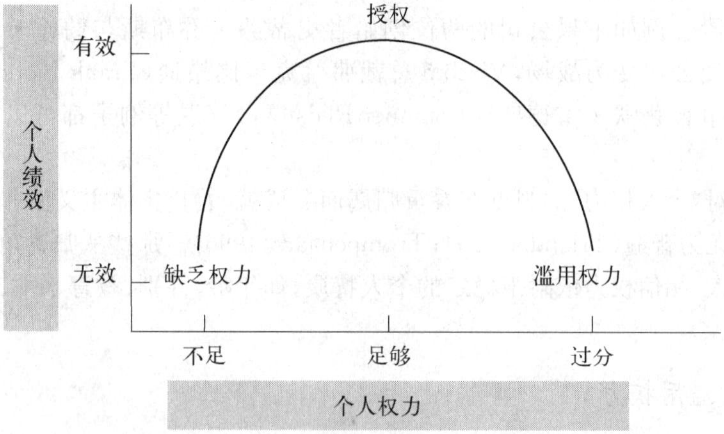

图 5-1 个人权力:踏脚石还是绊脚石

三、获得个人权力

表 5-2 列出的四种个人特征是重要的权力来源,即专业技术(expertise)、个人吸引力(personal attraction)、努力(effort)和合理性(legitimatimacy)。专业技术

反映了知识和能力，个人吸引力包含情感的吸引力，努力意味着个人承诺和动机，合理性反映了可信度。

表 5-2　个人权力的决定因素

特　征	描　述
专业技术	掌握相关的知识经验
个人吸引力	与友谊相关的理想特征
努力	高于期望的时间保证
合理性	同核心组织价值观相一致的行为

（一）专业技术

专业技术在崇尚技术的时代是权力的重要来源之一。在电子商务环境中，最热门的技术往往被青年所拥有，而不是他们工作了 20 多年的父母；百万富翁的平均年龄更接近 30 岁而不是 60 岁。所以，有人将专业技术在商务中称为“皇冠上的明珠”。知道什么比认识谁更重要，在技术上你能做什么也成为你在组织中发展的关键。专业技术，或者说与工作相关的知识，是组织的关键武器，因为它来自先前的教育、自我指导的学习或者工作经验。

专业技术在发展较好的组织中尤为突出，因为它们更偏好高度理性的决策过程。掌握技术的人很容易得到权力。当下属比老板掌握更多的专业技术时，就可能产生问题。有技能的下属能够采用一种不使老板的权力受到威胁的方式，使知识传递到更高层，影响决策制定，同时又能使自己作为专家的地位得到巩固。从本质上来说，专业技术被认为是可靠的信息——决策者认为是可以依靠的。

事务性专家凭借他们的技能优势获得权力，如果只研究事务性专家的职位权力，可能得出他们根本没有权力的结论。与生产经理相比，他们在组织中的角色是不明晰的；他们的工作往往是日常事务，他们的任务一般也不与公司最核心的目标和焦点相联系。然而，一名事务性专家能够通过组织生活中某一特定方面的专业知识来弥补职位权力的不足，比如一种新的财会系统、税收漏洞、安全和污染方面的法规等。

（二）个人吸引力

个人吸引力从三种角度来说是个人权力的来源：感召力(charisma)、令人愉快的行为(agreeable behavior)和外表特征(physical characteristics)。有感召力的领导者已经成为各种学术研究的主题(Yukl,2002)。在《牛津字典》中"感召力"有三种定义：① 激发追随者的奉献精神和热情的能力；② 一种迷人的特征，巨大的吸引力；③ 一种神赐般的权力或天赋。这些定义反映了这个词的希腊来源，它本来的意思是指上帝的偏爱和赐福。

有感召力的领导得到上帝垂青，源于这样一种共识：他们激发人们的奉献精神和热情，这是一种非同寻常的能力，是一种天生的禀赋，一种看似神秘的气质，它无法通过研修班上的技能开发而获得。这种气质也体现在："当他在会议上演讲的时候，他的表现是如此有力，不管什么信息听起来都是好的"，"他迷人的个性使他吸引了最有能力和最忠诚的人去他的部门工作，每个人都想为他工作"。

研究人际间吸引力的社会心理学家列举了几种令人愉快的行为，这些行为通常与友谊相联系。表 5-3 所列是其中的一部分(Anderson, John, Keltner & Kring, 2001; Canfield & LaGaipa, 1970; Furman, 2001)。

表 5-3　令人喜爱的人的特征

我们喜欢他们，当我们有理由相信他们将： ● 建立一种开放、诚实、忠诚的关系 ● 通过感情上的易接近性培养亲密的关系 ● 提供无条件的积极关注和认可 ● 在关系要求的情况下，他们能做出一些牺牲 ● 以同情或移情的方式提供社会支持 ● 关注为维持关系而必需的社会交换

人际间吸引力的第三个基础是外表。研究表明，一个有吸引力外表的人，往往也被认为他具有社会所称颂的个人品质，过着一种更成功的生活。他们甚至也被假定为会拥有优越的工作并且是出色的婚姻伴侣和父母。人们总是假定有吸引力的人也是善良和高尚的，认为他们可以主宰自己的命运而不为环境的力量所左右。

（三）努力

高水平的个人努力是员工受到高度赞赏的特征之一，因为这意味着他们是值得依赖的、可靠的人力资源。如果人们在技术出现故障后会自动加班解决问题，赶早晨的航班去会见有合作潜力的新客户，或者读夜校学习新的软件程序，他们将赢得同事们和上司的信任。他们被大家认为是为了完成任务而"付出一切"的人，是宝贵的人力财富，特别是在当今高度不确定的、迅速变化的商业环境中。

努力可以通过多种途径加强个人权力。在一篇名为《较低级别参与者的权力来源》(*Sources of Power of Lower Participants*)的文章中，David Mechanic (1962)指出了使组织中的成员获取其职位等级所赋予的权力之外的更多权力的特定过程：组织中级别高的成员无法参与他们所有的重要业务，他们不得不将一些对组织目标很重要的任务交给级别较低的成员来完成。因此，级别高的成员变得高度依赖他们的部下。如果下属做得不好，就表明他们老板的判断和监控能力很差。因此，在此职位上的下属可以通过努力完成这些重要使命，博得他们上司更多的好感，从而增加自己的权力。

杰克·加巴罗(Jack Gabarro)和约翰·科特(John Kotter，1980)通过对一些大公司中有效的上下级关系的细致研究，总结了几种非常有效的行动指南，可以指导你使自己的努力符合老板的利益。如表5-4所示，这包括不仅要评估你自己的需要和长处，还要理解你的老板的压力和关心的事情。对这方面的了解有助于你将努力用在刀刃上以提高绩效。

表5-4　管理与老板的关系

确保你了解你的老板，这包括： ● 老板的目标和希望 ● 老板受到的压力 ● 老板的优点、缺点和盲点 ● 老板喜欢的工作风格
评估你自己，这包括： ● 你自己的优点和缺点 ● 你的个人风格 ● 你对权威人士的依赖倾向
发展并维护这样一种关系： ● 使你们的需求和风格相匹配 ● 以相互的期望为特征 ● 经常向老板汇报 ● 基于相互信赖和诚实 ● 有选择性地使用老板的时间和资源

(四) 合理性

与广为接受的价值观体系相一致的行为会被其他组织成员认为是可信的或者

合理的。这些价值观被认为是理所当然的，不会受到质疑。因此，合理性(legitimacy)增加了可接受性，而可接受性也是个人影响力的关键因素。组织的领导者在保护组织的核心价值观，以及对新成员的思维和行动模式进行恰当的社会化方面十分警觉。新成员和外来者往往不能理解组织文化在表达和维护组织存在的理由方面所起的关键作用。

管理者知道，要使组织成为市场的领导者，前提是组织被认为是市场中独一无二的参与者，而不仅仅是又一个同类公司。他们努力创造独树一帜的特点来产生注意力。这些特点可能是优异的质量、经济、价值观、服务、对雇员的忠诚，或者对公益事业的热衷。这种独特性是内部组织自豪感和外部优越性的基础。这种观点最初被理解为组织的主要领导人(往往是创建者)的愿景，并且经过制度化而成为组织文化。它主要关注“如何”以及“为什么”用“正确”的方式从事商业经营。

综上所述，我们强调了个人权力的四种来源，从某种意义上说，依附于个体的组织资产正是这些，而不是他们所占据的职位或者获得的头衔。这些个人特征有一个共同点——它们都是信任的前提。“不会遭到怀疑”。因此，被同伴认为是值得信任的人，将是组织中拥有权力和影响力的职位的候选人，因为组织的权力掌握在他们的手里带来的威胁较小。表 5-5 列出了我们讨论的个人权力的四个基础和个人信任的要求之间的直接关系。基本上，个体的陈述、许诺或者忠诚的可信任度取决于两个因素：① 这个人能够履行他所说的承诺的可能性有多大；② 这个人将如何履行他所说的一切。

表 5-5　个人权力的来源与个人信任之间的关系

个人权力的来源	相关的个人特质	个人信任的要求
专业技术 努力 个人吸引力 合理性	可靠 可依赖 迷人的 可接受的	能力：他们**能够**很好地履行自己的承诺吗？ 动机：他们**愿意**很好地履行自己的承诺吗？

四、职位权力的来源

并不是所有的权力都来源于个人特征。除此之外，个人的职位和任务分工的特点也起着重要的作用，体现在处于不同等级岗位的人能支配多少钱或者能否行使否决权。下面是产生权力能量的四个重要的职位特征：**中心性**(centrality)、**灵**

活性(flexibility)、**可见性**(visibility)和**相关性**(relevance)(Fiol, O'Connor & Aguinis, 2001; Kanter, 1979; Pfeffer, 1992)(见表5-6)。

表5-6　职位权力的决定因素

特　征	描　述
中心性	可获得沟通网络中的信息的程度
灵活性	在此职位上拥有判断权的程度
可见性	任务绩效被组织中有影响的人看到的程度
相关性	所分配任务和组织优先目标的相关程度

(一) 中心性

励达管理顾问公司(Right Management Consultants)基于1993年以来收集的数据得出结论:"不能与同事和下属建立牢固的关系和协作是造成61%的新聘用人员升职失败的罪魁祸首。"(Fisher, 2005)这项研究指出,在组织中得到权力的最重要的方法之一是在广阔的任务和人际关系网中占据具有中心性(centrality)的职位。

任何人都不能拥有为达成他的愿望所必需的所有信息和资源。一项调查得出:区分绩效高低的关键因素是通过网络建立非正式人际关系的能力。在非正式网络中处于孤立地位,将无法收集到信息。资源承诺以及个人支出是出色完成重要任务的必要条件,那些在工作中建立广泛的社会网络的人,比那些拥有深入但狭窄的关系网的人能获得更高的工资。

权力依据个人在网络中的位置和功能,通过水平和垂直的网络关系而产生。水平的网络与拥有相似权力水平的职位相联系,而垂直的网络包含具有不同权力水平的职位。一个职位越靠近贯穿网络的信息流的中心,对网络中其他人的绩效的作用就越重要,就越能获得更多的权力。这种组织权力的观点被称为战略性接触(strategic contingencies)(Pfeffer, 1992)。每个人与他人绩效有重要关系的战略性接触的控制能力不同(如信息安全、专业知识和财会支持的不同),组织中权力会不均等分布。极少有重要的活动是孤立发生的,在一个单位中发生的事情会影响另一个单位。因此,某个职位的活动对整个组织的影响越大,其权力基础越巩固。

(二) 灵活性

构建权力基础的一个必要条件是灵活性(flexibility),或者称为决断力,即进行自我判断的自由。没有进行即兴创作的自由，或者不能把握主动权的人，将很难成为有权力的人(除了在强调对规则严格遵从的异常环境中，如空中交通管理员手中的减速牌)。在一个有灵活性的职位上，当管理者需要做出非常规的决定时，不需要寻求上级管理者的批准。灵活性倾向于与某种类型的工作任务相联系，尤其是那些具有高度变化性和新奇性的任务，处于这种职位上的人往往被分配集中不同类型的活动，其中每一种都需要运用很强的判断力。一个人被分配的日常工作越多、项目越少，就越容易事先计划，而减少自行决定。

(三) 可见性

一位明智的公司总经理曾忠告一位年轻、有抱负的MBA学员："晋升的关键是出色的绩效被别人知道。"当然，显而易见的糟糕绩效不能赢得晋升，这个劝告的真正含义在于：有出色绩效，但是不为人所知，同样也得不到晋升。要低调做人，高调做事。例如，芝加哥顾问卡罗鲁斯·斯梅佳(Karolus Smejda)频繁地被组织邀请去培训那些"有能力，但是不被看见"的年轻管理者。他说道："老板对我说，'卡罗鲁斯，这家伙是一名优秀的员工，但他就是不够显眼。'我的工作是使那个人明白这是一种需要。"(Gelman，1985)

可见性的测定指标之一是在你的组织中通常与你交往的人数。以人为导向的职位一般比任务导向的职位有更多的权力。当然，与组织中的某些成员的接触比其他人的接触更为重要。与上级官员的频繁接触是十分重要的，这可以通过积极参与公司内部或外部的项目、会晤和会议实现。许多年轻的员工通过在一次交易会或大型会议上做出精彩的报告而奠定了自己的职业基础。

由于认识到了这一点，某芝加哥大型联合企业的一名有抱负的初级经理把握住了一次能给董事长留下深刻印象的机会。经过一系列神奇的境遇，这名年轻的经理被要求顶替董事会秘书，在股东会议上做笔记。他早早到达会场，欢迎进入会议厅的每一个人，然后向房间里的其他人介绍每个人。这位青年能使每个人都感到很自在(更不用说他还能记住那么多陌生人的姓名)，这给董事长留下了深刻印象，以至于他频频提供机会让他在组织中得到迅速发展。

中心性和可见性之间有区别。在广阔的沟通网络中成为中心的目的是为了把握丰富的信息流，满足其他人对信息的需求。而可见性处于一个能与大量有影响的人进行交流的职位上，使你的成就显现在那些掌握资源的人面前，从而使你的权力增加。

可见性的价值在行政秘书的职位上得到了清楚的证明。例如，英特尔公司董事长的行政秘书简·琼斯(Jean C. Jones)负责决定每天的125个电话中有多少应该转给戈登·穆尔(Gordon Moore,英特尔的创建人之一),以及他应该看那堆30英寸厚的信件中的哪些。另外,Beatrice公司的凯瑟琳·卡尔莫(Kathleen Kallmer),在四年中将她的工作从董事长詹姆斯·达特(James L. Dutt)的行政秘书推进到助理副总裁这一事实,也体现了这种看门人的角色所固有的权力(Baum & Byre,1986)。

迄今为止,获得可见性的最好方法是通过直接的接触,而面对面的沟通是达成目的的最有影响力的手段。没有经验的管理者经常假定,提交出色的报告上去后,其荣誉自然就属于自己。不幸的是,现实并不总是如此。如果团体中的一个成员写了一份非常好的报告,而另一个成员在董事会成员面前就此报告做了很好的汇报,那么汇报者可能占去对这项工作的赞誉中很大的一块份额。对忙碌的经理们来说,那些在会议中看到的东西,往往比在办公室里读到的东西更能给他们留下深刻的印象。在会议中,他们很少受到干扰,并且在其他经理赞许的点头和微笑的影响下,对汇报人的一个很轻微的肯定可以转变为非常强的肯定评价。

另一个获取可见性的重要机会是加入问题解决工作组。这要求你具有将自己有价值的专业知识传递给他人的能力。更重要的是,如果特别工作组的报告得到上级的认可,因为这个"突破",你的名字将和团体责任联系在一起。用一种战略性接触模型的语言来说,可以通过帮助别人应付不确定性而得到权力。例如,从历史的角度上看,功绩显著的政府领导通常是那些在主要危机期间建议改革的人。温斯顿·丘吉尔通过帮助英国熬过第二次世界大战而得到人们的信任。小到一家商业公司,这种规律也是存在的。绩效的可见性与任务执行的显著性和所达成目标的知名度有直接的关系。

另一个可见性的来源是名字识别。被推选的官员们认识到在全体选民面前重复他们的名字的价值,所以他们将印有自己名字的标记放在州和城市的边界处,以及通往欢迎旅行者的公共交通入口处。在组织中,也存在提高你的可见性的类似机会。例如,如果你的办公室经常将信息传递给公众或其他部门,你可以试着在信息资料上加上一个署名的封面。如果你对组织来说是新成员,记得向其他的成员介绍你自己。如果你有好想法,亲自与相关人员进行正式的沟通,并在后续备忘录上署名。如果一个人最近完成了重要的任务,送去一封短信表达恭喜和赞扬。

(四)相关性

决定职位权力的第四个重要特征是相关性(relevance),是指要保持与组织的中心目标和事件直接有关的活动的联系。正如一位管理者所说,“因为我所管理的职责仿佛是组织的血液,所以我的同伴们都很尊敬我。我管理那些需要递交重要文件的人,因而,我在他们办公室出现意味着有这样或那样的重要任务需要他们处理”(Kaplan & Mazique,1983)。

著名的组织社会学家查尔斯·佩罗(Charles Perrow,1970)指出,在先进的消费者产品导向的经济环境中,销售和营销是大部分商务的中心任务。因为组织里的其他活动依靠销售收入,销售人员所进行的工作对组织的生存最为关键。

保罗·劳伦斯(Paul Lawrence)和杰伊·洛尔施(Jay Lorsch,1986)指出了采用多种技术的公司中的“主要竞争性事件”,这种主要的竞争性事件是那些最能增强公司对产业中其他成员的竞争力的组织活动。人们发现,运用技术流程形式的公司,如炼油厂或化工厂,对有效的行销最为依赖,因为他们需要大量的资本投资,而产品可变化的范围很小。与此相反,采用技术的标准化生产线模式的公司拥有稳定的生产线和已建立起来的客户群,他们最依赖生产过程的效率。最后,高科技企业或生产用户定制设计产品的企业,当具有出色的研发部时,公司最为成功。

五、将权力转变为影响力的3R策略

(一) 3R影响策略

当目标个体同意根据权力持有人的愿望采取行动的时候,权力就转换成了影响力。管理者为了得到他人的服从,所采用的影响策略可以归纳为三个R:**惩罚**(retribution)、**互惠**(reciprocity)和**劝服**(reason)(Allen, Madison, Porter, Renwick & Mayer,1979;Kipnis,1987;Kipnis, Schmidt & Wilkinson,1980)。表5-7列出了这些策略及实施的直接和间接途径。这些策略的具体运用例子见表5-8(Cialdini,2001;Marwell & Schmitt,1967)。

表5-7 影响策略

策略	直接途径	间接途径
惩罚:强迫他人按你说的做	强迫(威胁)	胁迫(加压)
互惠:使他人愿意按你说的做	交易(互换)	讨好(使承担义务)
劝服:帮助他人认识到为什么他们应该按你说的做	摆出事实(或需求)	迎合个人价值观(或目的)

对每个人而言，其中一些策略可能对你来说是有效的，而另一些可能是不恰当的，甚至可能是操纵性的或不诚实的。列出这些条目的目的并不是表明一个类别中的所有策略都应该被采用，而是为了便于你根据情况采用让你感到最舒服的策略，以及当别人企图影响你时，你能够了解这些策略。

这三个影响策略取决于不同的获取服从的机制。对惩罚的害怕基于个人威胁，它往往来自正式的权威。这种方法的直接形式包括，如果管理者的意愿没有得到遵从，通过施加明显的威胁来获取赞同。认识到老板能对自己施以处罚的可能性，下属通常会不情愿地服从。这种威胁通常包括拒绝给予期望中的奖励或施加惩罚。

胁迫是惩罚的一种间接形式，因为威胁是通过暗示给出的。在管理者有力的要求背后就是因不服从而造成的全组织范围的制裁，但这种要求的主要特点是一种人际间胁迫的风格。胁迫可以采取多种形式：经理公开地批评一位下属的报告，管理委员会的某位成员被有组织地忽视，或者下级经理被感觉自己的地位受到威胁的高级经理安排不可能完成的任务。

胁迫的行为通常伴随对权力持有者的强大权威的特别强调。任务分配一般以一种高度正式化的方式在老板的办公室下达，这就隐含着对目标可能的打击（例如，提及他的学历低或在组织中的任期短）。这为一个隐性的威胁铺好了道路（例如，“如果人们不愿为这个项目加班工作，公司总裁将减少我们的预算，这将使许多较年轻的员工遭殃”）。

表 5－8　运用影响策略的例子

惩罚（强迫和胁迫）	
一般形式	“如果你不做 X，你将为此而后悔。”
威胁	“如果你不服从，我将惩罚你。”
社会压力	“你的团体中的其他人都同意了，你的决定是什么呢？”
压力足够了吗？	“如果你同意，我将不再唠叨。”
感知的紧迫和时间压力	“如果你不立刻行动，你将失去这次机会/给别人带来麻烦。”
避免引起他人的痛苦	“如果你不同意，将对他人有害/不利。”
互惠（交易和讨好）	
一般形式	“如果你做 X，你将得到 Y。”
许诺	“如果你服从，我将给你回报。”
尊重	“如果你（不）服从，那些你看重的人对你的评价将更高（低）。”

续 表

预支	“我将为你做一些你喜欢的事,那么你能否为我做这件事呢?”
义务	“因为我过去给过你好处,你应该服从我。”(如果我服从了,将来就没有义务了。)
互惠承诺	“我已经降低了我的最初要求/价码,现在我希望你做出回报。”(不管你的最初要求是多么地不合理。)
承诺的扩大	“我只对一个很小的承诺感兴趣。”(但马上我会要求更多的承诺。)
劝服(基于事实、需求或个人价值观的说服)	
一般形式	“我希望你做 X,因为它是与……一致的/对……有利/必需的。”
证据	“这些事实/专家的观点表明我的立场/要求的优势。”
需求	“这是我所需要的,你能帮帮忙吗?”
目标达成	“服从将使你达到个人的重要目标。”
价值观一致	“这个行动同你对 X 的承诺是一致的。”
能力	“如果我们能依靠你的能力/经验,就可以事半功倍。”
忠诚	“因为我们是朋友/少数派,你会做这件事吗?”
利他	“这个群体需要你的支持,为了我们大家的利益做这件事吧。”

胁迫也可以通过同伴压力产生。如果一个管理者知道有多数下属支持一个有争议性的问题,就可以运用群体动力学来使少数派服从。可以通过如下说法来说服少数派:一个决策必须是全体通过的,通过获得全体成员的承诺来证明领导力是他们的义务。或者,管理者可以强调一致性、相互支持,以及为集体的共同利益而工作,从而给不服从者施加直接的压力。

获得他人服从的第二个策略是运用互惠规范。互惠所依据的原则是满足双方的自我利益。这种途径的直接形式是直接地讨价还价,在交互过程中双方都从中获利。在讨价还价中,双方都知道与这场交易相关的成本和收益,他们的谈判主要在于达到一个使双方都满意的共同点。另一方面,“讨好”这个策略更为微妙,它包括采用友谊和恩惠来引发社会义务。当人们被要求服从或支持时,过去得到的好处就成了他们的债务。

在组织中,互惠原则通过多种形式被采用。这其中包括同有影响力的观念领导者谈判,使他们支持一个新项目;以延长的周末假期让下属加班工作;帮老板一些小忙,这样可以偶尔延长自己的午餐时间;与职员进行正式的谈判,使他们接受不愉快的任务(Cohen & Bradford,2003)。

虽然惩罚和互惠策略都是基于管理者对那些被他人看重的结果的控制,但两者的动力学基础是不同的。惩罚策略利用了下属避免痛苦和不愉快事件的自然愿望,而采用互惠的策略是为了使管理者所期望的结果看起来对下属来说也是可取的、有吸引力的。惩罚策略不顾他人的权利和公平规范,而互惠策略却重视这两点。对惩罚的强调会导致对双方关系质量的忽视,而互惠原则表明了对加强双方相互依赖的认可。

第三种途径是基于管理者的说服能力。它不是通过向目标个人突出他们之间的关系来获得服从,而是强调劝服。管理者认为由于请求所固有的好处,服从是理所当然的。在这里,重点是让他人理解为什么你的想法是有意义的。说服的直接途径取决于支持它的事实的吸引力。一番有说服力的陈述常常伴随着一个具体的要求。例如,"如果你不加班工作的话,我们将损失价值 5 000 美元的产品。你能不能努力工作,帮我们解决这个问题?"管理者也可以采用一种间接的方式,强调其他人的个人价值和目标。这可能包括强调利他,一个忠诚的团队成员,被尊为专家,帮助工厂保持无工会状态,以及使顾客满意等。

因为说服有时会与操纵相混淆,这里有必要对两者加以区分。说服性请求是清晰和直接的,而操纵性的行为是隐晦和具有欺骗性的。说服者尊重决策者的自主性,相信他能够合理地对证据进行判断。相反,操纵者低估决策者的能力,并不相信他们能做出好的决策。操纵者与独裁主义的领导具有同样的目标,他们只不过运用了一些更为狡猾的策略。因此,操纵型管理者往往被那些不细心的观察者视为采用了一种民主化的领导。实际上,他们是"假民主主义者",因为虽然他们的行动看起来是民主的,但他们却没有分享权力的意愿。他们之所以采用一种民主的风格,只不过是因为这可以减少其他人的抵抗,从而在他们的权力攻势下变得更脆弱(Dyer,1972)。

(二)劝服策略的上行"推销观点"

有一种特殊的影响形式值得特别关注。关于"3R"的讨论在很大程度上都假定,影响企图总是包含一名同事或者下属。显然,在影响目标中,"老板"的角色被忽略了。坎特(1979)认为组织权力可以根据个体对"规则的例外"的控制力来测量,所以我们研究向上施加影响的策略也是很重要的。既然我们强调在组织中运用权力去营造一种积极的和有建设性的影响力,那么强调管理者通过施加向上和向下的影响力让下属获益也是非常重要的。如果下属认为自己的领导的影响力可以保护他们不受外来的干扰和压力，可以帮助他们消除人为的组织障碍以顺利完成工作，他们自然会倾向于加强他们老板的权力基础。

在这个双赢的过程中，协作是显而易见的。不幸的是，老板可以有效影响其上司的方式却不是显而易见的。有一种受到许多关注的方式，即观点推销(issue selling)(Dutton & Ashford，1993)。有效的推销方法能够吸引其他人关注这些观点和问题，尽管还有其他无数问题等着上司的关注。因此，有效的向上影响力意味着你需要说服你的老板相信你提出的观点是值得注意的。

领导力和变革管理中心的主任迈克尔·尤西姆(Michael Useem)认为，通常情况下，下属员工可以防止或扭转不良决策的制定，但是他们一般会保持沉默。在他的《如何领导您的上司——双赢策略》(*Leading Up: How to Lead Your Boss So You both Win*)中，尤西姆坦率地说，"如果人们害怕帮助他们的上司进行领导工作，那么他们的领导就会失败"。(Breen，2001)他针对自己所声称的"向上领导力"提供了几个技巧。首先，你要大声地抢着说。有好想法的人，或者拥有关于错误决策或被曲解报告的相关知识的人往往会保持沉默。他指出，即使在海军陆战队，如果上级下达了一个有缺陷的命令，他们也希望指挥官们能够指出来。其次，在向上领导之前，先要获得团队协作。当你提供的信息要求一个重要的转变过程的时候，与同盟一起工作尤其重要，特别是那些能够为你的论点增加可信性的人。再次，向上领导，而不是与上司争论。在提供一个相反观点的时候，不要令人不愉快地提出不同意见。通过树立没有偏见的、支持的和信任的典范，你提出不同意见的方式可能会成为你所传递的最重要的信息，尤其是在高压和存在冲突的时候。最后，试图面面俱到的人可能会一无是处。上级更愿意从那些判断力可以依靠、忠诚度无须怀疑的下属那里听到不好的消息。想让每一个人都高兴，或者从事的议程过多，都会干扰一个人的判断力，并导致其他人怀疑你的忠诚度。

表 5-9　向上推销的办法

原　则	说　　明
一致性	问题必须与你的职位或角色一致。由市场部门的人推销有关计算机的问题就不如信息专家有效。
可信性	问题必须以一种诚实、开放、非自我服务的方式提出。表明你对问题兴趣不仅仅是为了个人利益。看上去只对你自己有利的问题比较难推销。
沟　通	问题必须通过广泛的通信网络传达。使用多种沟通途径，包括面对面谈话、书面备忘录、电子邮件、会议或新闻剪辑等。

续 表

原 则	说 明
兼容性	问题必须与公司文化有兼容性。避免与公司文化冲突的问题。
可解决性	问题必须是可解决的。要清楚地说明问题是可以解决的。表明还有其他的备用解决方案。无法解决的问题不能引起关注。
盈 利	清楚地说明解决该问题可以为组织或管理者带来长期的好处。可能的益处越大,问题就越有可能受到关注。
专业知识	找出解决问题所需的专业知识。如果解决问题的专业知识在组织中是明确的,问题更有可能受到关注。
责 任	指出高层管理者解决问题要承担的责任。强调忽略问题或者不解决问题可能产生的负面后果。
表 达	确保问题以简洁的、积极的语言表达,并提供支持性的材料和新颖的信息。复杂而令人费解的信息无法引起注意,所以问题必须以简洁的语言表达。
捆 绑	将该问题与高层管理者感兴趣的其他重要事件捆绑起来。指出你的问题和其他已被关注的问题之间的联系。
联 合	问题必须得到愿意帮助处理这个问题的人的援助。与支持者建立联盟会使这个问题难以被忽略。
可见性	在公共场合而不要在私人会谈上表述和推销该问题。听到该问题的人越多,它被列入老板议程的可能性就越大。

六、软权力与硬权力

将前述的职位权力和影响力综合起来提高整体影响力。

(一)硬权力与软权力搭配使用

管理者有自身的各种各样的影响力。要想增强整体影响力,就必须把权力和非权力结合起来增加合力。

任何一个经理人都应注意这两种权力的搭配使用,如果只依靠硬权力是无法达到管理效果的:你处处靠威严、靠职权,员工可以不听你的,因为他不高兴就可以辞职,可以到别的公司去。必须正视这一现实,在使用权力时必须硬权力、软权力搭配使用。但针对不同的部门、不同的工作、不同的对象,这两种影响力的比例可以有所不同。

（二）尽量多用软权力，少用硬权力

有一个大趋势是不可抗拒的，那就是硬权力的作用在逐步减弱，软权力的作用在逐步增强。因此，领导者要尽量少用硬权力，而多用软权力。当一件事既可以用硬权力解决，又能用软权力解决时，我们就应当用软权力来解决。这样一来，领导者的软权力就会越来越大，即使硬权力不变，总的影响力也是会越来越大的。

为什么在 21 世纪会出现硬权力作用减弱的趋势呢？主要有以下三个原因：

1. 员工对经理的依赖性减少

事实上，权力就是一种依赖。下级为什么要听从上级？追随者为什么要跟随领导者？就是因为下级要依赖上级，追随者要依赖领导者。领导者为下级提供保障，提供服务，提供方方面面的满足；下级依赖领导者，所以下级就听从领导者，而且依赖性越强，领导者的权力就越大。但进入 21 世纪，员工对领导者的依赖性正在减弱，因此领导者的权力作用也相对减弱了。

2. 员工的自主意识在增强

在 21 世纪，各级领导者都应该敏锐地觉察到这样一个事实：被领导者受教育的程度正在普遍提高，业务能力强，整体素质高，而且有很强的自主意识和创新精神，他们在很多情况下知道干什么，知道如何干。他们不需要领导处处指手画脚地规定自己的行为，而是希望领导者在需要的时候给自己做出一个榜样，希望领导者利用软权力来影响自己的行为，激励自己的行为。被领导者是领导者自觉的追随者，领导者与追随者是平等的，前者对后者施加的主要是软权力，即无形的非强制性影响力。

3. 员工的工作能力在增强

21 世纪员工个人的工作能力在增强，个人的谋生能力也在不断地增强。一名大学毕业生或新员工进入企业时，已经具备了一定的专业技能，具有一定的谋生能力，对领导者的依赖随之减少，因此管理者必须减少硬权力的控制，增加软权力的影响力。

（三）软权力的四个特征

1. 双向性

硬权力的作用是单向的，永远都是领导者对被领导者施加作用力，被领导者只能接受影响力，只能被动地服从。而非强制性的影响力即软权力则是双向的，是领导者与追随者之间相互作用；领导者既是施力者，向追随者施加着影响力，同时又是受力者，主动地接受着追随者的影响力。

领导者的软权力是双向的，还告诉我们一个道理：领导者只有积极追随自己的追随者才可能成为真正的领导者；追随者只有积极追随自己的领导者才可能成为潜在的领导者。领导者与追随者是相互影响的，两者的界限正在变得越来越模糊。在20世纪，领导者与被领导者在大多数情况下都是单向影响的，两者的界限是清清楚楚的。领导者与被领导者界限的模糊化是21世纪领导关系真正的进步。

2．叠加性

领导者的软权力是多方面的，仅就自身的非强制性影响力而言，就包括个性的、品德的、专长的、艺术的、绩效的、资历的、情感的和关系的等多方面的内容。这多方面的影响力可以单独发挥作用，也可以叠加起来发挥作用。软权力一旦叠加起来就可以产生"1+1＞2"的放大效果。

领导者在某一个方面有鲜明的个性、突出的优势，于是就产生了个性的软权力。领导者廉洁奉公、品德高尚、全心全意为人民服务，于是就产生了品德的软权力。领导者业务能力强、知识面广、有一定的技术专长，是本部门的行家里手，于是就产生了业务专长的软权力。领导者领导水平高，善于用人，在沟通协调和激励凝聚方面具有高超的领导艺术，于是就产生了领导艺术和管理专长的软权力。

比如，毛泽东崇高的无产阶级革命家的英雄气概、刘少奇严谨的工作作风和令人称道的党性修养、周恩来的儒雅和忍辱负重、朱德的朴实无华、彭德怀的耿直刚烈等都在人民群众中产生了极强的个人影响力，产生了持久的魅力和软权力。邓小平举重若轻的领导艺术、周恩来举轻若重的管理艺术，各自都产生了很大的软权力。领导管理专长的影响力明显地大于技术业务专长的影响力。

领导者要善于发现和利用自身的软权力资源，关键是根据自身的情况，选择其中一个或几个影响力，然后把它们叠加起来以增强软权力的效果。

3．非连续性

领导者的软权力不但是与他的追随者密切地联系在一起的，而且是与他所面对的领导环境密切地联系在一起的，是与他所面对的领导事件联系在一起的。理解这一点对提高领导水平非常有用。

在20世纪，人们有一种普遍的误解，就是认为一个领导者的领导能力，即影响力是连续的、永久不变的，一旦拥有便永久拥有。而事实上，一个领导者的软权力是与领导环境相关的。领导者的软权力是随着领导事件的发生而发生，领导环境的变化而变化的。

比如，当一个领导者勤勤恳恳为群众办实事的时候，他就拥有软权力；当他虚心征求群众的意见和建议的时候，他拥有软权力；但是当他以权谋私的时候，当他饱食终日无所用心的时候，他就完全丧失了软权力。因此，影响力即软权力是非连续性的，有时候可能拥有，有时候可能丧失。

领导者要拥有并保持自己的软权力，就必须集中于一个又一个领导事件，就必须在每一个领导事件中有所作为，就必须在每一个领导事件中赢得追随者。领导者必须务实，必须不断地办实事，才能有软权力；领导者必须创新，必须不断地开创新局面，才能保持和增强自身的软权力。

软权力的非连续性是发人深省的，它至少告诉我们这样一个事实：领导者的软权力和硬权力一样是有限的，领导者只是在某一事件发生时才会发挥作用，软权力才会产生。当没有事件发生时，领导者实际上没有发挥作用，或者说在这个时候软权力根本就不存在。

4. 非对称性

软权力的最后一个特性就是非对称性。所谓非对称性，就是指领导者的软权力与追随者的软权力在方向、方式、大小等许多方面都是不同的。

领导者在施加自己的软权力时是一对一或一对多的，他有时候是对一个追随者施加影响，有时候是同时对多个追随者施加软权力；而追随者对自己的领导者施加影响力时则是一对一或多对一的，有时候一个人对单个的领导者施加影响，有时候是联合其他追随者一起对单个领导者施加影响。

领导者在对追随者施加软权力时可以借助于自己的硬权力，借助于体制和规范，因此其软权力的强度是很大的；而追随者在对领导者施加影响时却没有什么可凭借的。一般来说，为了扩大对领导者的影响力，追随者总是通过增加追随者的人数来达到目的。

领导者与追随者之间的软权力不对称的这一现象告诉我们，领导者在领导活动中不应只是被动地接受追随者的影响力，而是应该主动利用自己的优势，去积极影响追随者，将追随者分散的力量形成合力，从而实现领导者与追随者的共同目标。

（四）硬权力的运用

1.“权威阀”理论

人与人交往，常常是意志力与意志力的较量，不是你影响他，就是他影响你。而作为领导者，在运用硬权力时须建立自己的“权威阀”，树立自己的威严与影响力，并适当注意自己的身份。所谓“权威阀”理论，就是指作为领导者一定要给下级确定一个权力的限度，就像阀门一样。在一定限度之内，领导者给下级足够的自由，可是一旦到了这个限度，领导者就必须运用职位权力坚决地压制下来，要特别威严，毫不让步，让下级产生敬畏之心，这样才会使你位高权重，令行禁止。

所以经理人在应用硬权力时，最主要的是一定要让下级了解“阀门”在什么地方，“度”有多大。当然这个“度”要经过一段时间来调整，“阀门”太紧了，就会造成下级的自由度太小，经常会与管理者发生冲突从而造成人际关系紧张；“阀门”太松了，管理者大权旁落，下级会为所欲为。因此，经理人必须调整硬权力的“阀门”到一个比较适当的位置，一旦“权威阀”稳定下来，就不要经常改变。

2. 权责一致

运用硬权力的第二点是“权责一致”。权力与责任永远是一致的，领导者拥有权力的同时必须承担一定的责任，否则有权无责，权力缺乏监督，就会滋生腐败、滥用职权等问题；有责无权，工作无法正常开展。所以权、责、利一定要一致。

案 例

微软中国的权力更迭

微软中国区第一位女总裁——吴士宏。

1990 年代，她担任过最著名的两家外资企业 IBM 与微软在中国最高级的管理人员。1999 年至 2002 年，在全球最大的彩电生产企业——TCL 集团有限公司里当副总裁。她从一名北京椿树医院的一名护士，成为以下图书的作者《逆风飞扬》、《穷人的银行家》、《如何改变世界——社会企业家与新思想的威力》。

2000 年 4 月至 2002 年 4 月是高群耀时代，微软大中华区与中国区的矛盾就已经非常激化，高群耀引以为豪的“上海政府采购项目”，在向总部汇报的过程中，被大中华区贪功而去。

2003 年 7 月 29 日，唐骏留任微软中国公司总裁；2003 年 8 月 11 日，陈永正任微软大中华区首席执行官，唐骏大权遭削弱。2003 年 10 月 18 日，传唐骏在微软（中国）的职位被架空，2004 年 2 月 3 日，唐骏正式辞职申请已获批准。

陈永正担任更强势的“大中华区首席执行官”，唐骏很有些无奈，“如果想在微软中国有所作为，就必须要有绝对的控制权。这是工作的需要。陈总是全球副总裁，而且是大中华区 CEO。他拥有这种‘切蛋糕’的权力”。

2005年7月19日，正在带薪休假的44岁的微软全球副总裁李开复，闪电跳槽，火线加盟，仅用一天时间，就完成了从老牌软件巨头微软高管到互联网新霸主Google领军人物的跨越。李开复离开微软加盟Google，是为了得到权力。虽然李开复在微软的职位不低，但他一直没有进入核心业务领导层。在微软，李开复的地位属于一种“部门经理”的角色。对于微软中国的运营和研发，李开复在这方面只是一个光杆司令。

有组织的地方就有权力，权力的运作决定着组织的成败。挥霍权力，再成功终究只是一个大的独裁者，文明社会需要的是科学用权的管理专家。对于企业来说，谁拥有权力、他手中的权力有多大、他怎样使用手中的权力以及企业内部其他人是否认同权力拥有者对于权力的运用等问题，决定着企业能否稳定有序地发展。

有一段关于公司权力之争的话非常经典：请保姆的目的本来是为了让太太轻松一点，是为了把家务料理得好一点，但是如果这个保姆当了三天保姆之后也想当太太，那么，原来的太太还不如自己辛苦一点，就不要请保姆了，免得出事——这正是微软对待中国高管们的心态。

游　戏

公司办公楼需进行楼体玻璃幕墙安装工程，条件要求如下：

(1) 工期要求很紧；

(2) 对材料要求很高；

(3) 对施工方的资质要求严格；

(4) 工程量约5 000平方米。

备选的供应商信息：

厂家	资质	质量	材料	工期要求	价格（万元）	服务质量	付款方式
云霞	一级	优	进口	30天	420	优	付全款
凤翔	二级	优	国产	35天	380	良	可留5%质押金
霓裳	二级	良	国产	35天	360	良	可留5%质押金
绯岚	一级	良	国产	35天	320	优	付全款
兰溪	二级	优	进口	45天	400	良	可分两期付款

游戏说明：请同学们分成小组，每个小组都扮演该公司的高层管理团队，讨论选择哪一个供应商为最优方案。老师扮演公司的总经理，每个小组选择一个代表向总经理汇报决策的方案及原因。

测试评分要点与参考数据

1. a—5，b—1
2. a—5，b—3，c—1
3. a—1，b—5
4. a—5，b—3，c—1
5. a—1，b—3，c—5，d—2
6. a—1，b—5
7. a—1，b—5
8. a—3，b—3，c—5，d—2，e—1
9. a—1，b—4，c—5，d—3，e—3，f—2，g—1
10. a—1，b—2，c—3，d—4，e—5
11. a—1，b—2，c—5
12. a—5，b—4，c—1
13. a—1，b—5
14. a—5，b—1
15. a—5，b—1
16. a—5，b—3，c—1
17. a—1，b—5

总分 73～85：

你确实是一位具备影响力的人。你综合了身体特征、心理性格和政治态度，使人们遵从你，不管你是否在意，你是理所当然的权威人士。

总分 59～72：

你很具备权威人士的气质，你在这方面的天性并不完全像前一种人，你可能在你的专业方面有特殊的影响力。只是当你走进一个不舒适或不熟悉的环境时，你的影响力会下降。

总分 40～58：

你可能具有比你意识到的更多的影响力，有许多人被你的言行所影响。你属于那种被人尊敬的人。

总分 31～40：

你可能不是对你周围的人具有很大影响力的人，也许你喜欢保持一种低微的形象，或成为其他人施加影响力的人。

总分 17～30：

你最终是个替罪羊。别人要你做什么你就做什么。你有被别人摆布、被占了便宜的感觉。如果你是这样的人，那么，你首先应该学会如何说“不”。

第六章
冲突管理

本章目标

通过本章学习,掌握以下知识要点:

1. 绩效与冲突的关系。
2. 人际冲突的分类。
3. 冲突管理的策略。
4. 用协作方式解决人际冲突。

技能测试

冲突管理的测试

对于以下陈述,选择正确表述你状况的数字填入空格处。评估标准:很少(1分)、有时(3分)、总是(5分)。完成调查后,使用本章末的评分要点评估你的结果。

________ 1. 我固执地为自己的观点辩论。
________ 2. 我试着优先考虑其他人的需要。
________ 3. 我试着达成双方都能接受的妥协结果。
________ 4. 我力图避免卷入冲突。
________ 5. 我力求彻底和共同地调查问题。
________ 6. 我试图挑剔其他人的观点。

________ 7. 我力求促成和谐。
________ 8. 我通过商议使自己的建议获得部分认可。
________ 9. 我避免对有争议主题的公开讨论。
________10. 我在解决纠纷时开放地和他人共享信息。
________11. 我喜欢在辩论中占上风。
________12. 我总是赞同其他人的建议。
________13. 我宣召中间立场来解决不和。
________14. 我不对外流露真实情感以避免造成恶感。
________15. 我鼓励开放地分享忧虑和问题。
________16. 我不乐意承认自己错了。
________17. 我试着帮助其他人避免在冲突中“丢面子”。
________18. 我强调“平等交换”的好处。
________19. 我鼓励其他人带头解决争论。
________20. 我认为自己的观点只是一种看法而已。

技能学习

一、冲突与绩效

人际冲突是组织生命中基本的、普遍存在的现象。实际上，当今的商业越发倾向于劳动力的多样化、全球化，来自不同组织和文化的管理者处理冲突的方式，成为预测组织成功的重要标志。在重要事件上缺少分歧的组织，在竞争中往往会走向失败。其成员要么如此和谐，以至于他们的策略无法适应改变的环境条件；要么如此自满，因而看不到需要改善的地方。冲突起着鼓舞、促进和刺激组织的作用，它引发创造、刺激改革，并且鼓励个人进步。

英特尔前董事长安德鲁·格罗夫(Andrew Grove，1984)曾经说过：“许多管理者似乎认为无法公然对抗某个人或某件事，即使是在商业运作中。但是我们英特尔人相信的是，集团健康的基本要求是尽可能快地将存在的问题公开化，即使这样会带来冲突。冲突处理是任何商业管理的核心。因此，面临冲突、面对那些存在分歧的事情时的回避，恰恰意味着管理上的危险。工作中的问题在暗中滋生，永远也无法迎来阳光。”

然而，也有大量的证据表明，冲突常常会导致有害的结果。一些人对冲突的容忍程度非常低。无论这是由于家庭背景、文化价值观或是个性特点，人际冲突都会耗尽他们的能量，使他们精神不振。同时，某种类型的冲突，不管发生频率如何，都会导致功能失调的结果。

如图 6-1 所示，有些冲突是不可避免的，而且对组织是有益的(Brown，1983)。只要保持冲突的性质及其解决程度的稳定，一定水平的冲突对大多数组织是有益的。

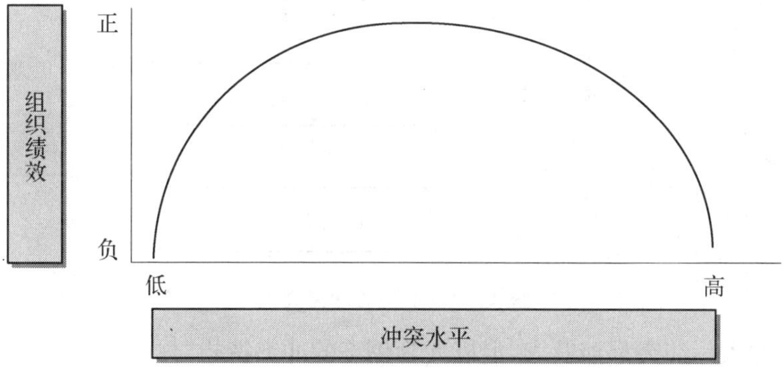

图 6-1　冲突水平与组织绩效的关系

二、人际冲突的类型

人际冲突的表现形式各异，首先要学会如何准确的诊断人际冲突。图 6-2 给出了一个诊断冲突类型的分类设计，它基于两个关键的识别特征：冲突的焦点和冲突的来源。通过了解冲突来自哪个焦点，我们可以识别争论的本质，知道是什么点燃了冲突，而通过对冲突的来源的了解，我们可以更好地了解冲突是怎样开始的，也就是冲突的导火索。

(一) 冲突的焦点

将组织中的冲突进行分类的一个常见方式，是根据它们是针对人还是问题。可以这样理解：它是一种针对竞争性的想法、建议、兴趣或资源的谈判式的冲突，还是一种来自不同党派之间的争论式的冲突？

根据以人为焦点还是以问题为焦点对冲突进行区分，可以理解为什么有些管理者相信冲突是他们组织的血液，而另一些管理者认为冲突会吸干组织的血。研究表明，以人为焦点的冲突会威胁到关系，而针对问题的冲突则会增进关系，因为人们对此感到舒服，并且感到可以有效地解决它（de Dreu & Weingart，2002；Jehn，1997）。因此，一般来说，当我们说到“有价值的冲突”的益处时，指的是以问题为焦点的冲突。

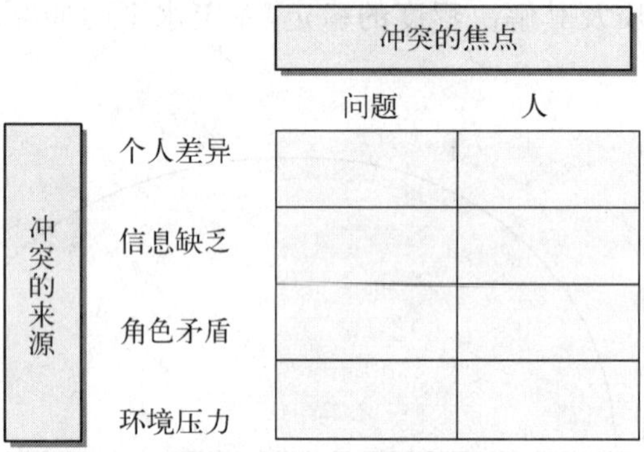

图 6－2　不同的冲突类型

所有的人际冲突都涉及人，但以人为焦点的冲突特指“你所面对”的一种摩擦，这种摩擦会对你产生很大的影响，而且通常由于道德上的愤怒而导致强烈的情绪唤醒。对于伤害的控诉、对于公正的要求和仇恨的感受，通常是这种个人纠纷的显著特征。因此，个人纠纷格外地难以解决，而且它对人际关系产生的长远影响可能是灾难性的。这种纠纷持续的时间越长，冲突双方的裂隙就越大，还可能在每一方都涌现出越来越多的支持者，他们团结一致，对抗另一方。

我们把以人为焦点的冲突看做情绪纠纷，而以问题为焦点的冲突（issue-focused conflicts）更像一种理性谈判，可以被看做一种“两个或更多的人达成如何对稀缺资源进行分配的人际决策过程”（Thompson，2001）。在以问题为基础的冲突中，管理谈判者更像是代理商那样行动，表达其部门、职能或项目的兴趣所在。虽然谈判者在怎样利用稀缺资源的优先权上存在冲突，但组织内部的大多数日常谈判被认为是为了找到令每一个部门都感到公平的和平解决方式所必需的。谈判的结果如果不是过程本身，也大都是公众所知的，谈判者都知道，不存在一次性的谈判。“世界很小，生命很长”，你不可能以不公平的方式从短暂的胜利中永远占取他人的便宜。

面对冲突要做好处理情绪上的摩擦的准备。在这个问题上，未经训练的新手往往试图把自己的挫折转嫁到他人头上，他们认为巨大的伤害是由于冒犯者的自私动机或不胜任行为导致的。当遭到“突然的人身攻击”时，没有技巧的反应是立即予以还击，这种反控或防御性的反驳导致了冲突的升级。这就是为什么有经验的调停者也认为，当矛盾“转向个人”时，它通常会变得棘手。

（二）冲突的来源

将诊断焦点从对于冲突类型或内容的理解，即“这是关于什么的”，转向冲突的源头，即“它是怎样开始的”。管理者，特别是那些对于冲突感到不适的管理者，经常把人际冲突当作人性缺陷来对待。他们给经常卷入冲突的人贴上“惹麻烦的人”或“坏家伙”的标签，并且可能会以调职或解雇作为解决冲突的方法。尽管某些人在最好的环境中也可能有捣乱的倾向，并且好像出于恶意，但是事实上，“坏秉性”只是组织冲突来源的一小部分（Hines，1980；Schmidt & Tannenbaum，1965）。

研究显示，管理者往往将低绩效归因于员工的个人缺陷，如怠惰、缺乏技能或动机不足。然而当员工被问及他们表现不好的原因时，他们通常认为问题在于他们所处的环境，如没有足够的支持或同伴不合作。这里显然包含保全面子的托词，但这一系列的研究提醒管理者注意一点，就是不要假定有不好行为的人就是不好的人。事实上，有时在人际冲突中观察到的进攻性的、粗野的举止，通常反映了当事人的挫折感，他们有好的意图，但是不懂得如何处理强烈的情绪体验。

表6-1提供了四种有关人际冲突的来源，即个体差异、信息匮乏、角色矛盾和环境压力。个体差异是冲突的一种常见来源，因为个体将不同的背景带入他们在组织中的角色里。他们的价值观和需求由不同的社会化过程塑造，取决于他们的文化和家庭传统、教育水平、阅历等。因此，他们对事件的解释以及对于在组织中同其他人关系的期待是非常不同的。基于不相容的个人价值观的冲突是最难以解决的问题，争论很容易演变成谁在道德上是正确的冲突。

表6-1　冲突的来源

个体差异	知觉和期望
信息匮乏	错误的信息和表达
角色矛盾	目标和责任
环境压力	资源缺乏和不确定

以人为焦点的冲突和以个体差异为来源的冲突之间的区别：把个体差异想象成组织中每个成员的镜子，他们通过这个镜子做出道德判断，得出孰对孰错、恰当

与否的结论。因为这些结论通常变成了冲突双方都坚定持有的信仰，因此很容易看出它是怎样引发人际冲突的。然而，一部分争论在形式上仍是有选择余地的，即究竟是针对问题（例如，冲突的观点反映了不同的价值观和需求），还是针对人的（例如，对能力、意图、承诺和理解的质疑等）。来自个人差异的冲突特别容易变成以人为焦点的冲突，理解两者的区别，可以帮助冲突者将他们的焦点集中于肇事的问题，而不是肇事的人。

组织成员间冲突的第二个来源或起因是信息匮乏。重要的消息不能及时被传达，领导者的指令被曲解，或者决策者由于使用不同的数据而得出不同的结论。由于信息匮乏或误解而导致的冲突基本上是“就事论事”型的。因此，澄清背景信息和及时更新信息通常能够解决争端。可以通过重述领导者的指令，调查不同的数据来源，或重新分派误投的信息来解决。这种类型的冲突在组织中很常见，也比较容易解决。因为它并没有挑战人的价值系统，所以这种冲突不那么情绪化。一旦信息系统故障得到修复，争论者通常能不留痕迹地解决他们的不和。

大多数组织所固有的复杂性使得其成员之间必然会产生矛盾，尤其是在那种任务互相依赖，但是工作角色互不相容的成员之间。这种类型的冲突的来源，是角色矛盾。其典型例证，就是发生在一线工人和管理层之间、生产部门和销售部门之间，以及市场部门和研发部门之间组织目标的相抵触。每个部门在组织内有不同的责任，因此他们在不同的地方对组织目标（例如，消费者满意度、产品质量、生产效率、遵守政府规则等）有不同的优先级。在那些拥有多种生产线，而各生产线之间要竞争稀缺资源的公司中，这种矛盾也很常见。

角色矛盾冲突可能与个体差异和信息匮乏导致的冲突有所重叠。成员带入组织中的个体差异通常处于潜伏状态，直到被组织催化剂触发，如相互依赖的工作任务。一名理性的员工通常能够感觉到，他们工作中的角色矛盾是有用信息来源的不同而导致的。他们与不同岗位的人沟通、涉及不同的报告系统，并且从不同的领导者那里接受指令。

冲突的另一个主要来源是环境压力。个体差异和角色矛盾带来的冲突会被充满压力的环境条件所激化。当组织被迫削减预算时，它的成员更有可能卷入对于职责范围和资源索取的争论。匮乏导致信任的降低，会增加民族优越感，并且减少对于决策的参与。这些都是培养人际冲突的温床（Cameron，Kim & Whetten，1987）。

另一个产生冲突的环境条件是不确定性。当个体总是无法明确自己在组织中的地位时，他们就会变得非常焦虑，而且容易与他人发生冲突。这种“挫折冲突”通常是由急速、频繁的改变带来的。如果在任务分配、管理理念、财务程序和权威指导方面经常发生改变，员工就会觉得难以应付由此产生的压力，进而在一些看似琐碎的事情上就容易爆发激烈、严重的冲突。这种类型的冲突通常很激烈，但是当变化转为常规、个体的压力水平下降时，这类冲突就很容易驱散了。

三、选择适当的冲突管理策略

人们对于人际摩擦的反应大致分为五类：强制、适应、回避、妥协和协作(Volkema & Bergmann,2001)。这些反应可以安排在两个维度上，如图 6-3 所示(Ruble & Thomas, 1976)。这五种对待冲突的方式反映了合作与武断(assertiveness)的不同程度。合作的反应是指倾向于满足对方的要求，而武断的反应则倾向于满足自身的需要。合作维度反映了关系的重要性，而武断维度则反映了问题的重要性。

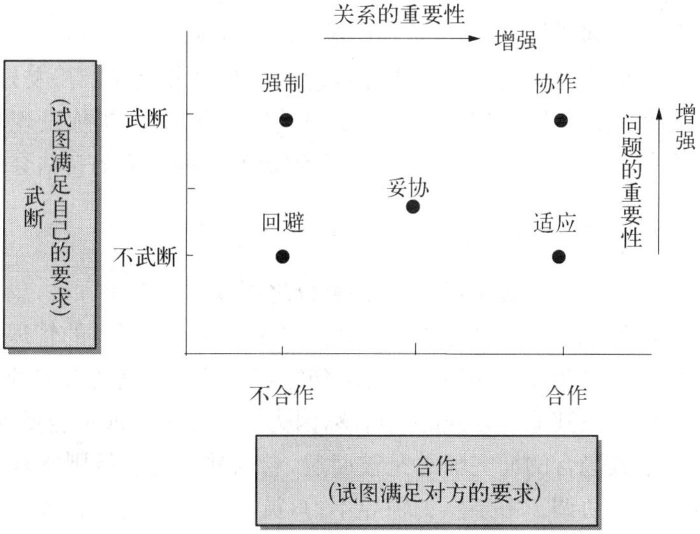

图 6-3　冲突行为的二维模型

(一) 强制反应(forcing response)

强制反应(武断，不合作)是企图以对方为代价，换得自己的需要，包括使用正式权威、身体恐吓、权术活动或忽略对方要求等方式。露骨地使用工作中的权威，如“我是老板，所以要照我说的办”。使用这些威胁方式，通常是缺乏肚量或自信的表现。运用权术或故意忽略则是自私自利的领导风格的反映。权术型的领导者时常显得很民主，他们通常建议将相互冲突的建议交给委员会来进行更深入的研究。然而，他们会确保委员会的决议反映了他们自身的利益和偏好，以致那些表面上是根据优势做出的选择，实际上还是一种独裁的行为。有些管理者使用的另一种相关手段是忽略威胁到他们个人利益的提议，如责备邮递员或新来的秘书，如此这般之后，下属们会渐渐了解什么是老板感兴趣的提议。

长期使用这类冲突的管理方式的问题在于，它会导致敌意和怨恨。虽然观察者有理由钦佩独裁或权术型的领导者，因为他们看似能完成大量工作，但是他们的管理风格从长期来看通常会导致低效，因为员工最终会对忍气吞声产生厌恶，并开始破坏这种权威领导者的权力基础。

（二）适应方法（accommodating approach）

适应方法（合作，不武断）着重于满足对方的需求而忽视自己的需要。对于那些忽略股东的利益和责任，去迎合管理层愿望的公司来说，这一策略的通常结果是双方都“输”。习惯性地使用适应方法导致的困难是过分重视维持友好关系，却以丧失个人利益和批评意见为代价。这会使得其他人利用你，当你发现自己被他人用来完成他们的目标，而你却无力推进自己的任何计划时，你的自信会降低。

（三）回避反应（avoiding response）

回避反应（不合作，不武断）通过对冲突置之不理或拖延的方法，忽视双方的利益。这时常是那种在情绪上没有准备去对付与冲突有关的压力的管理者的典型反应；或者，它也可以说明双方的关系没有强到能容忍激烈冲突所带来的冲击。反复应用这种方法将导致其他人强烈的挫折感，因为问题似乎永远不能得到解决，真正麻烦的问题由于其隐含的冲突而总是被回避，卷入冲突的雇员则常常被谴责为在暗地里破坏工作的协调。由于感到领导不力，员工会从四面八方来“填充”权力真空，结果在这一过程中导致严重的混乱和仇恨。

（四）妥协反应（compromising response）

妥协反应是合作水平和武断水平都居中的一种反应方式。妥协是企图获得双方满意的领导方式，即所谓的“半个面包”。为了做到这一点，这种方法要求双方都做出牺牲，以维持共同利益。这种管理方式对管理者有相当实际的吸引力，但是对它随意的应用将带来很多不良后果。如果员工被不断告知要妥协，他们可能由此推断，他们的管理者更感兴趣的是解决争论而不是解决问题。由此会创造一种权宜之计的气氛，这会鼓励员工和你要花招、敷衍塞责，比如向你进行双倍的索取。

公司合并中常见的错误是，为了显示公平，在裁减冗员这样的事情上，在两个竞争性的团体之间，也要达成政策和行动上的妥协。当决定的基础是"各打五十大板"或"你一半，我一半"，而不是基于各方优势时，"和气"就超越了"价值"。具有讽刺意义的是，在"以和为贵"的名义下组成的联盟，时常由于员工间持续的矛盾和冲突加剧而瓦解。

（五）协作方式(collaborating approach)

协作方式(合作，武断)是试图同时顾及双方的立场和观点，它通常被看做"问题解决"的模式。在这种方式中，主要意图是查找冲突的原因以解决问题使双方满意，而不是挑剔或责备。这样，双方能感到他们都"赢"了。这是五种策略中唯一能带来双赢的策略。回避方式的结果是"双输"，妥协、适应和强制的方法都会导致一输一赢的结果。虽然协作的方式并非在所有情况下都适用，但是如果运用恰当，它能使冲突双方都获得最大限度的利益。它在确认了竞争的情况下，鼓励合作和信任。它鼓励员工将注意力集中在他们的主题和问题上，而不是个别人身上。最后，它培养所需的自我管理技能，从而产生有效的问题解决机制。协作方式在开放、坦率和平等的环境中，能够获得最好的效果。

表 6-2 给出了五种冲突管理方式的比较。在表格中，列出了每种方式的基本原理，包括它的目标、如何用陈述的观点表述这一目标以及支持它的理由，对每种方式可能导致的结果进行了概括和比较。

表 6-2　协商和冲突管理策略的比较

方法	目　标	观　　点	原　　因	可能的结果
强制	开拓自己的路	"我知道什么是正确的选择，不要怀疑我的判断和权威。"	宁可冒险引起别人的反感，也不能放弃已做的选择	你感到自己很有道理，但是对方感到受挫，也许还会感觉受到羞辱
回避	避免去处理冲突	"我对此保持中立。""让我想一想。""那是其他人的问题。"	反对总是不好的事，因为会引起人与人之间关系紧张	人际冲突得不到解决，会引起长期的焦虑并通过各种方式表现出来

续 表

方法	目　标	观　　点	原　　因	可能的结果
妥协	迅速达成一致	“让我们找到一个双方都能接受的方法，以便工作能够继续下去。”	冲突使得人们耽误工作，并且引起烦恼和痛苦	人际问题没有得到解决，导致长期的摩擦，并以不同的方式显现
适应	不要激惹其他人	“在这件事上，我怎样才能帮助你感觉好一点？”“我的感觉并不重要，不值得为它去冒破坏我们关系的风险。”	我们最重要的目标是保持和谐的关系	其他人可能会利用你
协作	共同解决问题	“我的想法是这样的，你的呢？”“我正在力图找到最好的可能的解决办法。”“事实情况是怎么样的？”	双方的重要性是一样的(尽管观点可能存在差异)。决策的性质对双方都是同等的，决策过程也是公平的	问题最有可能得到解决，双方都对解决问题做出承诺并且对公平的对待表示满意

四、通过协作方式解决人际冲突

前面阐述了协作解决冲突是最好的整体方法。特别要注意的是，协作的方式对于以问题为焦点和以人为焦点的冲突都是适宜的“默认选项”。如果与持有不同观点的人合作，尽管会遇到一些麻烦，但人们仍认为是很自然的事情。然而，如果有人对你的胜任能力提出挑战，或者抱怨你“不够敏感”，或者控诉你处事不公，你再去和“敌人”进行协作的行为就没有那么自然了。人们自然的倾向是要么“逃跑”(回避或适应)，要么“剑拔弩张”(强制)。

强调协作方式，但是在任何情况下，它都是最难于有效实施的方法。在吉普尼斯(Kipnis)和斯密特(1983)早期的研究中，大多数管理者表达了对于协作方式的普遍支持，但是当事情看上去不是那么回事时，他们就转向了更具命令性的方式。同样，对于管理者而言，改变他们的意愿或许容易，但是解决采用协作的不正确方式则是一件复杂且费力的事。结果，当情景条件表明协作方式最为适宜时，缺乏技能的管理者通常会选择挑战性更小的方式。所以以下描述了采用协作的方式有效解决人际摩擦的行为准则。

（一）协作性问题解决的总体框架

当两个争论者统一采用协作的解决方式时，他们起码会同意分享相同的态度或价值观。例如，合作的双方不大可能使用不对称的优势资源（例如，权力、信息等）去迫使另一方接受己方的解决方案。但是，技能开发不仅限于态度上的调和——我们需要了解一些有效地解决冲突所需的实际能力。这就是将问题解决过程引入我们对于协作方式的讨论。问题解决过程给出了一个结构框架，它可以用来为争论的解决方案提供一个有序的、细致的、理性的过程，从而使争论双方更好地达成一致以便共同工作。当被用于以人为焦点的冲突时，这种结构化方式的优点更为突出。在这些情境中，使用一个框架来组织你的意思、理顺你的情绪是非常有帮助的。协作式问题解决过程的六步骤框架如下：

1. 建立长远目标

为了营造合作的气氛，争论的双方都要将注意力集中在他们的共同点上。突出他们在提高质量、降低成本、节省时间或者改善不同部门之间的关系方面的共同目标，这可以解决差异并避免陷于个人目标。下面这个问题突出反映了这一步："哪些共同的目标为我们的讨论提供了同一背景？"

2. 将人和问题分开

明确了成功的冲突解决可以给双方带来共同的利益之后，现在要把注意力集中于解决问题上。只有当问题解决者抑制了个人复仇或高人一等的念头，不再强调个人方面时，人际摩擦才更有可能得到一个令双方都满意的解决结果。换言之，另一方被看做不同观点的拥护者，而不是对手。问题解决者会说"这是一个没有道理的立场"，而不会说"你是一个不讲理的人"。

3. 集中于利益而不是观点

立场是要求或主张，利益则是藏在要求背后的原因。经验表明，假如更宽广、更多侧面地看问题，人们更易于在利益的基础上达成共识。这一步包括重新定义和广泛讨论问题，使其易于掌握。当主题被深入讨论后，各方将会更好地理解对方的观点，同时能够站在对方的角度看问题。

4. 为相互的利益创造机会

这一步集中于产生不同寻常的、有创造性的解决方案。通过使双方的注意力集中在头脑风暴、达成一致的解决方案上，人际互动自然从竞争转移到了协作上。另外，可能的选择和组合数越多，达成一致的可能性就越大。这一步可以概括为："既然我们已经充分了解了每个人的利益和目标，让我们共同开动脑筋，寻找双方都满意的解决方案。”

5. 应用客观标准来评估备选方案

不管协作的双方如何，总是存在一些互不相容的利益。与其将它们视作测试意愿的机会，不如决定什么意味着公平，这更有建设性。这需要双方检查怎样判定公平。从“得到我想要的”转到“决定什么是最重要的”，这种想法上的转移能够培养开放、合理的态度。当事人要避免对他们的初始立场的自负，应该问这样的问题：“有什么公平的方法评价我们观点的长处吗？”

6. 用真正的所得，而不是假设的损失，来定义成功

如果管理者寻求 10%的提高但仅仅达到了 6%，那么这一结果既可以被看做 6%的提高，也可以被看做 4%的失败。第一种解释集中于收益，第二种解释集中于损失。结果是相同的，但是管理者的满意程度却大相径庭。我们对结果满意与否取决于我们的判断标准，认识到这一点是非常重要的。因此，协作性的问题解决者依靠合理的标准判断解决方案的价值，利于协议的达成。

（二）协作性问题解决的四个阶段

保持整个问题解决过程集中于**共同的问题**和**共同的解决方案**。特别是当你利用协作方式来解决以人为焦点的冲突时，需要记住一些重要的原则。下面继续采用以人为焦点的冲突作为背景。

围绕问题解决过程(problem-solving process)的四个阶段展开：① 定义问题；② 产生解决方案；③ 制订和通过行动计划；④ 实施及跟踪。其中，第一、第二阶段是最重要的，也最难有效实施。如果你能够就问题是什么和怎么样解决它达成一致，那么协议的细节，包括追踪计划，也会自然而然地随之产生。

首先要明确争论中的各个角色，两人摩擦涉及两个角色，一个发起人(initiator)和一个回应人(responder)。例如，下属可能会抱怨加班的安排不公平或者生产经理抱怨销售激励在订单规格上的变化太频繁。两人摩擦对回应人提出更大的挑战，因为他们有责任将抱怨转变为问题解决的讨论。这需要相当的耐心和自信，因为没有经验的发起人常在讨论开始时因为问题而责备回应人。在这种情形下，没有经验的回应人很自然地会采取防卫并寻找机会“反击”。

如果这种双输局面维持下去，就需要调停人(mediator)使双方平静下来，重建建设性的沟通，并且帮助调和他们的差异。调停者的出现，减少了一些回应人的压力，因为一个公平的裁判员能协助将冲突转化到问题解决的阶段。

下列行为指导为发起人、回应人和调停人提供了一种方法以帮助解决问题。

1. 发起人——问题确认

(1) 保持问题的个人属性。当你感到焦虑和沮丧时，那是你自己的问题，而不是别人的问题，认识到这一点非常重要。你也许感到你的老板或合作者是你的问题的来源，但是解决问题是你最应该关心的。第一步是确认使你不快的问题。想象某人进入你的办公室后开始抽雪茄而不先问问是否可以吸烟。的确，你的办公室那一天剩下的时间里会充满了烟味，但是这种烟味却不妨碍你的烟鬼客人。决定问题归属的一种方法是搞清谁的需要没被满足。在本例中，你对清洁的工作环境的需要没有得到满足，因此充满烟味的办公室是你的问题。

为了使问题得到解决，问题回应人不应该从你对问题最初的表述中体验到威胁。可以在开始交谈时就要求回应人帮助你解决问题，例如，你可以说，“比尔，你有时间吗？我有个问题要和你谈谈”。

(2) 从行为、结果和感觉的角度简单描述问题。有效阐述问题的模型：“我有一个问题，当你做 X 时，导致了结果 Y，而我的感觉是 Z。”这个模型有助于理解“问题陈诉”中的三个重要元素。

第一，描述给你带来问题的具体行为 X。这有助于你在急于给出反馈时避免给出一种评价性的或泛泛的回答的倾向。第二，列出这些行为详细的、可见的后果 Y。简单明白地告诉他人其行为给你带来的问题，通常是使他们发生改变的有效刺激。在快速变化的工作环境中，人们通常对自己行为的后果感觉迟钝。第三，描述你对问题结果的感受 Z。重要的是，不仅要使回应人了解哪些行为妨碍了你，而且要解释它如何通过带给你挫折、愤怒或不安全等感受来影响你。

(3) 避免给回应人评价和赋予动机。当两者之间的争论白热化时，一方对另一方的行为的判断常常大相径庭。例如，每个人都相信自己是对方攻击行为的受害人。在国际冲突中，敌对的国家都相信自己是在防卫而不是在侵略。同样，在较小规模的冲突中，一方总是从自身的伤痛和进行防御的动机中得到扭曲的观点(Kim & Smith, 1993)。因此，在你提出你的问题时，应该避免指控、对动机或意图进行猜测，或将回应人的不当行为与个人的缺陷相联系这样的陷阱。例如，“你总是打断我”、“自从那天我在董事会上反对你以后，你就对我有偏见”和“你从没有时间听听我们的问题和建议，因为你对自己的时间管理不善”，这类陈述对问题解决没有作用。

另一个减少防御的关键是推迟得出解决方案的时间，直到双方对问题的看法取得一致。除了引发防御以外，以暗示一种改变来引发问题解决的主要不利之处在于，它阻碍了问题解决的过程。在完成问题澄清阶段以前，你已经通过假定你知道另一个人行为背后的所有理由和限制，而直接跳到了产生备选方案阶段。如果你在提出一个可能的解决方案之前，表达自己对问题的看法，并彻底就此进行讨论，你就能得到更好的、更易于被接受的解决方式。

(4) 鼓励双向讨论。对于建立问题解决的氛围来说，邀请回应人表达意见和提问这一方式是非常有效的。别人的烦扰行为可能是有原因的，人们看问题的角度可能从根本上存在差异。这样的信息越快被引入会谈，问题越有可能得到解决。依经验而言，发起人的问题阐述越长，双方在解决争端上花的时间也越长。这是因为问题的陈述越长，越可能引发防卫性反应。我们讲的越多，达成目的越难，越有可能违反支持性沟通原则。因此，另一方开始感觉受到威胁，并寻找反击的漏洞，并且不再以同情的态度倾听我们关心的事。一旦讨论陷入这种循环，协作的策略通常依情况不同而被适应策略或强制策略所取代。这时如果没有第三方的介入，双方不太可能共同满意地解决他们的问题。

2. 发起人——生成解决方案

产生解决方案时，将共同性作为引发变化的基础。问题一旦被清楚了解，讨论应转向解决方案生成阶段。多数争论者都会有一些相同的个人的或组织的目标，遵循许多相同的管理基础原则，并在实施过程中受到相同的局限。这些共同性能充当产生解决方案的起点。改变另一个人的令人不快的行为的最直接方式是请求。如果这种要求与公众利益相联系，更可以加强其合法性。这些可以是相同的价值观，如公平对待同事，坚持履行合同；或者是相同的限制，如按时交报告和严格遵守预算。当双方在过去难以取得一致时，这种方法特别有效。在这种情形下，指出回应人行为的改变将给你们的共同命运带来积极影响，会减少他人的防卫，例如，当某位同事不愿加班时，你可以说："简，在审计组里，我们尽力营造的东西之一是相互的支持。我们尽全力在下星期第三季度截止期限前完成工作，其余的组员觉得很难接受你不愿意为这件急事加班的态度。因为下面一个季度的分配会被我们当前的情况所影响，你能否重新考虑你的观点？"

3. 回应人——问题确认

现在我们将从回应人的观点考察问题澄清阶段。在工作中，问题可能是管理者的不现实要求、违反重大安全规则的新雇员，或不相信你的观点的同事。下列处理抱怨的指导方针显示了你应如何塑造发起人的行为，以创造建设性的问题解决过程。

(1) 通过表露诚恳的兴趣和关心来营造合作性解决问题的气氛。当有人向你抱怨时，不要轻视那些抱怨。如果你现在的时间很紧迫，使你无法集中精力，除非另一个人的情绪表明必须马上处理问题，否则你最好另外安排一个会谈时间。

在大多数的情况下，发起人会期望你为会谈定下基调。如果你反应过度或产生防卫态度，你会很快破坏协作的方式。即使你不同意对方的抱怨，而且感到它毫无道理，你也应该对发起人所阐述的问题表示同情。你可以通过你的姿势、音调和面部表情来传达你的兴趣和感受，从而做到这一点。

要想为你的讨论营造一种适宜的气氛，最困难的一个方面在于，你需要对发起人的情绪做出适当的反应。有时，在你涉及抱怨的实质之前，你可以先让当事人发泄一下。在某些情况下，表达对老板的消极情绪足以使下属满意。在高压力的工作情况下，这种事情经常发生，因为强烈的压力常常导致暴躁情绪。

但是，情绪爆发对于解决问题来说可能是非常有害的。如果一位员工开始对你或其他人进行言语攻击，并且显然是想进行私人报复，而不是解决人际间的问题，你就可以打断或插嘴以使问题能沿着协作的方向解决。你可以平静地对另一个人解释，你愿意讨论真正的问题，但是不会宽容个人攻击或当替罪羊，你很快就能够确定发起人的真实意图。多数情况下，他会道歉，效仿你的情绪基调，并且开始对问题进行有用的陈述。

(2) 通过发问寻找更多的信息，或对有关问题的信息进行澄清。如图 6-4 所示，未经训练的发起人的抱怨常常过于宽泛，而且有过多的评价，因此不是一种有效的问题陈述。你很难对一种宽泛的、模糊的评论做出反应，如“我们开会时你从不听我说”，再加上一个评价性、批评性的评论，诸如“你显然对我所说的内容没有兴趣”。除了无法对你的冒犯行为提供细节描述外，激动的发起人还常会从一些特殊的事件上对你的动机或个人的优势与不足做出归因。如果你们两个想将这种针对个人的抱怨转化为共同的问题，你必须对谈话的方向重新定位，从泛化的、评论性的控诉转向对具体行为的描述。

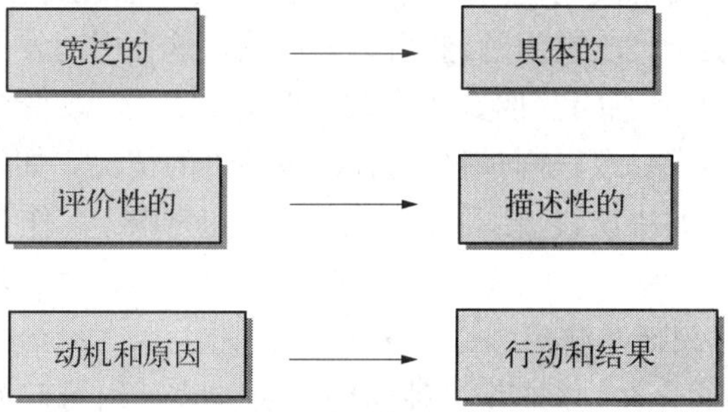

图 6-4　对谈话方向的定位

(3) 接受抱怨的某些方面。这一点很重要,但是有些人却难以接受,因为他们奇怪自己怎么可能同意某些自己都不相信的东西呢? 同时,他们也担心这样会对抱怨的行为造成强化。在应用过程中,这一步大概是考验回应人的最好方式了,看他们是否真正如所承诺的那样在冲突管理中采用协作的方式,而非回避、强制或妥协的方式。使用强制方式的人会先勉强自己咬紧牙关听发起人的意见,但同时在等候机会反击。或者他们只是简单回答:"对不起,我就是那么做的,你不得不习惯它。"妥协型的人先道歉并要求宽恕。回避冲突的人则会肯定和同意发起人的意见,但仅仅是在表面上,因为他们实际关心的是如何很快结束这场不愉快的谈话。

相反,协作型的人会同时表现出合作和决断的方面,寻找发起人意见中他们真正赞同的部分。你要学会在坚持自己立场的条件下接受对方的观点。甚至在最恶毒和敌对的言语攻击中(这种攻击更多地反映了发起人的不安,而不是你的无能),也存在真实的成分。有这样一个例子:一个商学院的很有能力的下级职员,在晋升审查中受到其高级同事的非常不公平的评价。然而下级职员知道该高级职员正处在严重的个人危机中,因此他没有对此耿耿于怀,而是认为这种批评不过是偏见,无关紧要。然而,有一句话——"人往往会钻牛角尖"总在不断地提醒他,下级职员觉得有些东西是不能忽略的。因此,他把怀恨责备变成有效的建议,做出了一个重大的事业决策,并取得了非常积极的结果。此外,他当众对高级同事的建议表示接受,也从实质上加强了他们之间的关系。

4. 回应人——生成解决方案

要求对可接受的备选方案给出建议。一旦你确定自己已经完全理解了发起人的抱怨,就可以通过询问发起人有什么解决方案来进入方案生成阶段。将注意力从消极转向积极、从过去转到未来,将触发讨论的重大转变。这样将你的看法传达给了发起人,这是共同解决问题的关键一步。一些管理者耐心倾听下属的抱怨,对反馈表达赏识,并表示将改进问题,然后结束讨论。这会引起发起人对会谈结果的猜测:你会认真处理抱怨吗? 你真的会改变吗? 如果是,改变会解决问题吗? 因此,要对行动计划达成一致,从而消除这种模棱两可的情况。如果问题特别严重或复杂,应当写下具体的协议,包括委派的人员和截止期限等,作为随后会面的检查记录。

5. 调停人——问题确认

(1) 确认冲突的存在,并推荐一种问题解决方式。纠纷双方在问题解决上没有成功时需要一位调停者,有效的调停首先需要的是建立一种问题解决的框架。

为了做到这一点，调停者必须认真对待双方的问题。如果他们感到彼此之间存在严重的问题，调停者不应轻视它的重要性。如“我很奇怪，你们两个那么聪明的人难道不能解决自己的问题吗？我们有更重要的事情要做，不能陷到这种琐事里”之类的话，将使双方变得有防御性并影响任何认真的解决问题的努力。也许你希望你的下属可以自行解决纠纷，而不要来打搅你，但现在不是说这件事的时候。在下属有很大情绪的时候，通过暗示其个人的失败来引发他们的内疚，会使参加者从手头实在的问题上分心，这无助于问题的解决。

（2）找到双方的出发点，对争论——如果不是问题——保持中立的态度。有效的调停需要公平。如果调停者在联合会谈中显示出个人对某一方的倾向性，另一方可能会扭头就走。但是，这样的个人偏见更可能在私下的会谈中出现。例如“我真不能相信他会那样”和“好像现在每个人都很难和查理一起工作”，暗示了调停人是站在某一方的，并且任何在联合会谈中表现公平的企图都会变成好像是在安抚另一方。这些做法可能是出于好意，但它们最终会破坏调停人的可信度。相反，有效的调停人尊重双方的观点，并且尽力使双方的想法都能充分表达。

（3）确保会谈的公平——保持讨论的问题导向，而非个人导向。调停人处理的关键在于关注问题和持续的冲突给绩效带来的影响。即使一方的冒犯行为明显出于个人原因，仍必须将讨论局限在行为上。对动机的归因或从具体时间泛化到个人气质上，都会使双方偏离问题解决的过程。调停人的另一项重要任务是保证两者都不会支配讨论。开始时的相对平衡能改善最终结果的质量。它也增加了双方接受最终决定的可能性，因为对问题解决过程的感觉与对最终结果的态度之间有很高的相关性。如果一方倾向于支配讨论，调停人可以通过直接询问被动的一方来保持平衡，例如，可以问：“我们已经听过比尔对那件事的看法，你怎么看呢？”或“这点很重要，布莱德，让我们看看布赖恩是否也同意。布赖恩，你是怎么想的？”

6. 调停人——生成解决方案

（1）通过利益，而不是观点来解决问题。如前所述，立场是要求，而利益才是要求背后潜在的需求、价值观、目标或关心的东西。通常，冲突的解决常常被不可调和的冲突观点所阻碍。这样的冲突可以通过指明立场之后的利益来调和。这些利益是冲突背后的驱动力，当事人最终需要满足的也正是这些利益。

调停人的工作就是寻找这些利益的共同点和分歧点。利益通常不被直说，因为当事人自己也不清楚。为了澄清双方的利益，可以问问“为什么”的问题：“为什么他们采取这种立场?”“为什么这和他们有关?”注意,这些问题大多没有单一、简单的答案。每一方都会有多个回答内容,每一条都和一个特殊的利益相关。

双方都已明确各自的利益后,帮助他们明确彼此一直和可以调和的地方。强烈冲突的双方常常会觉得他们在所有问题上都相反——几乎没有共同点。帮助他们认识到彼此一直和可以调和的地方,通常是解决长期不和的重大转折点。

(2) 务必使双方充分了解和支持解决方案,并且建立追踪程序。问题解决的最后两个阶段是:① 对一个行动方案达成一致;② 继续下去,实施该方案。这里将结合调停人的角色进行讨论,但其同样和其他角色有关。

无效的调停人常犯的错误是过早结束讨论,认为问题已经在原则上得到了解决,剩下的细节可以由争论的双方自行解决。或者,调停人可能会假定因为一方已经提出合理且可行的解决方案,另一方就会乐于实行。

为了避免这些错误,一定要坚持调停的过程,直到双方对行动计划的细节都达成一致。你可以使用熟悉的计划模板——谁、什么、如何、何时以及何处,作为确保计划完成的检查清单。如果你怀疑任何一方心怀犹豫,要仔细探究(例如,“汤姆,我感觉你对苏的提议不太热情。有什么困扰着你吗?”)。

当你相信双方都支持这一计划时,检查一下以确保他们意识到了他们各自的责任,然后形成一个监督机制。你可以计划召开另外一个正式会议,也可以要求双方提交进度报告。在不破坏已经取得的一致价值观的前提下,鼓励对提案进行一下“有价值”的修改以适应执行中不可预见的问题,是一个不错的主意。可以考虑随后召开会议来庆祝纠纷的成功解决,并讨论从中学到的可供未来借鉴的经验教训。

游　戏

一、丑橘贸易谈判

目的:在一个冲突的环境中实践谈判技巧。
群体规模:任意数量的小组,每组3人。
时间要求:45分钟。
练习进度

时间单元　　总时间

1. 结成小组　　5 分钟　　5 分钟

形成 3 人小组。其中一人扮演罗兰博士,另一个扮演琼斯博士,第三个人充当观察者。

2. 阅读角色　　5 分钟　　10 分钟

老师发放材料,罗兰博士和琼斯博士阅读对其各自角色的描述。只读你自己的角色描绘,观察者则两个角色都要读。

3. 角色扮演　　10 分钟　　20 分钟

老师宣布:"我是卡多萨先生,现存的牙买加丑橘公司的主人。我的水果出口公司是以南美为根基的,我的国家与你的国家没有外交关系——虽然我们有着很强的贸易关系。"

每个小组大约花 15 分钟时间来会见对方公司的代表并对行动的方针做出决定。准备回答如下问题:

a. 你计划做些什么?

b. 如果你想买这种橘子,你愿意出怎样的价格?

c. 橘子将运送给谁,以什么方式运送?

4. 观察者汇报　　10 分钟以上　　30 分钟

观察者汇报达成的解决方案,小组描述决策制定的过程。

5. 全班讨论　　10 分钟　　40 分钟

老师将引导对这一练习的讨论,强调如下问题:

a. 哪个小组具有最多的信任?它是怎样影响行为的?

b. 哪个小组共享了更多的信息资源?为什么?

c. 在谈判的过程中,信任和信息披露为何如此重要?

二、"迷失丛林"游戏

你是一名飞行员,但你驾驶的飞机在飞越非洲丛林上空时突然失事,这时你必须跳伞。与你们一起落在非洲丛林中的有 14 样物品,这时你们必须为生存做出一些决定。在 14 样物品中,先以个人形式把 14 样物品以重要顺序排列出来。

讨论:

1. 你所在的小组是以什么方法达成共识的?

2. 你的小组是否出现意见垄断现象，为什么？

3. 你对解决矛盾冲突的方法是否有更进一步的认识？

	A	B	C	D	E	F	G	H	I	J	K	L	M	N
供应品清单	药箱	手提收音机	打火机	3支高尔夫球杆	7个大的绿色垃圾袋	指南针(罗盘)	蜡烛	手枪	一瓶驱虫剂	大砍刀	蛇咬药箱	一盆轻便食物	一张防水毛毯	一个空热水瓶
第1步 个人排序														
第2步 小组排序														
第3步 专家排序														
第4步 个人和专家排序结果比较														
第5步 小组与专家排序结果比较														
第6步 个人得分(第4步的总和)														
第7步 团队得分(第5步的总和)														
第8步 最低个人得分(小组中)														
第9步 个人得分低于团队得分的总和														
第10步 个人平均得分														

测试评分要点与参考数据

强制		适应		妥协	
条目	得分	条目	得分	条目	得分
1		2		3	
6		7		8	
11		12		13	
16		17		18	
总分		总分		总分	

回避		协作	
条目	得分	条目	得分
4		5	
9		10	
14		15	
19		20	
总分		总分	

主要冲突管理策略(最高分)：________

次要冲突管理策略(次高分)：________

第七章 工作激励

本章目标

通过本章学习,掌握以下知识要点:

1. 如何诊断工作绩效。
2. 改善员工低能力的方法。
3. 改善员工低动机的方法。
4. 有效的激励计划因素。
5. 领导激励的具体技巧。

技能测试

下面的每个题目,都有四个选择:完全同意(3 分),有点同意(2 分),有点不同意(1 分),完全不同意(0 分),选出最能表达你看法的选项。

1. 员工工作做得非常好,其工资就应该增加。
2. 好的职务说明很有价值,它使员工知道该做什么。
3. 要员工记住:他们是否继续工作下去,要看公司能否进行有效的竞争。
4. 管理人员应该关心员工的工作条件。
5. 管理人员应该在人们当中尽力制造友好的气氛。
6. 工作绩效高于标准的员工,应该进行表扬。
7. 在管理上对人漠不关心,会伤害人的感情。

8. 要让员工感到他们的技能和力量都能在工作中发挥出来。
9. 公司员工福利和员工子女的安排是员工安心工作的重要因素。
10. 几乎每一种工作都可以使它具有激发性和挑战性。
11. 许多员工都想在工作中干得非常出色。
12. 公司在业余时间安排社会活动,这是对员工的关怀。
13. 一个人在工作中感到自豪,就是一种重要的报酬。
14. 员工希望在工作中成为佼佼者。
15. 非正式群体中的良好气氛是非常重要的。
16. 个人奖励会改变员工的工作绩效。
17. 员工要有机会和高层管理人员接触。
18. 员工一般喜欢自己安排工作和自己做决定,不需要太多的监督。
19. 员工的工作要有保障。
20. 员工要有良好的设备进行工作。

技能学习

一、诊断工作绩效问题

管理者倾向于把员工的低绩效归因于低动机(Bitter & Gardner, 1995)。这就是说,当员工没有达到期望的绩效水平时,管理者往往会认为责任在于员工努力不够,即常常从缺乏兴趣或者缺乏承诺的角度来看待。这种不假思索、自行假定事情为什么发生的倾向,被心理学家称为归因误差(Choi, Nisbeet & Norenzayan, 1999)。由于管理者一般相信如果工作努力一点,他们就能做得更好,所以他们认为这个经验对组织中其他的职位和环境也是适用的。这种问题诊断的错误在于将问题解决方法简单化了,正如一句谚语所说:"100 个人只知道乱砍病树的叶子,而只有一个人去俯身查看树根。"

我们来考虑一种越来越普遍的工作条件,它描述了对于员工低绩效"俯身看树根"的需要。据估计,1/3 的美国工人被分配了不规则的时间安排,常常包括夜班。而关于轮班工人的研究表明,我们需要超越对于不良行为的"低绩效等同于低动机和低承诺"的简单解释。例如,夜班工人一般比白班工人每夜少睡 2～3 个小时,并会因为在错误时间吃了错误食品而有高 4～5 倍的可能性患上消化系统紊乱病症;

80%的夜班工人报告说有长期疲倦感，75%的人报告说在工作中感到被孤立；在长期夜班工人中，滥用药品和酗酒的可能性是常人的3倍(Perry，2000)。

为了避免简单化的、信息不全的工作绩效问题诊断，管理者需要一个模型或者框架，众多组织学专家（如，Gerhart，2003；Steers，porter & Bigley，1996；Vroom，1964)将工作绩效的决定因素总结如下：

绩效=能力×动机(努力)

其中

能力=才智×培训×资源

动机=愿望×承诺

根据上述公式，**绩效**(performance)是能力(ability)与**动机**(motivation)的乘积，**能力**是才智、培训和资源的乘积，动机是愿望和承诺的乘积。这些公式中的乘法函数表明所有因素都是必要的。例如，让具有所要求100%的动机和75%的能力的工人去完成一项任务，他们可以取得平均水平之上的绩效。然而，如果这些人只有所要求能力的10%，那么无论多少动机都无法使他们令人满意地完成任务。

才智(aptitude)是指由一个人带到工作中去的天生的技能和能力。这涉及生理和心理能力，但对于许多以人为导向的工作，它还包括人格特性。我们大多数天生的能力可以通过教育和培训提高。事实上，我们在成年后许多所谓的天生的能力，都可以追溯到早期的体能提高的经历，例如模仿父母或哥哥姐姐的社会技能。尽管如此，将培训作为一个单独的能力因素来考虑仍是有益的，因为它代表提高员工绩效的一个重要机制。能力应当在根据工作要求筛选求职者期间进行评估。如果一个求职者在技能方面有较小的缺陷，但有许多其他可取的特性，则可以利用大强度的培训计划来加强求职者完成工作的资质。

我们对能力的定义比大多数人的定义更广泛。我们关注的是履行工作的能力，而非工作履行者的能力。因此，定义包括情境因素：足够的资源。具有高能力和良好培训的人常常被配置到会阻碍工作绩效的情形中去。具体地说，他们没有被赋予可以有效地完成所指派任务的资源(如技术、人员或政策)。

动机代表员工的意愿和承诺，它反映在与工作有关的努力中。某些人希望完成一项任务，但很容易分心或泄气。他们具有很高的愿望，但承诺很低。另一些人只是令人感动地坚持工作，但他们对工作却并没有热忱。这些人具有很高的承诺，但意愿却很低。

对于低绩效，管理者必须回答的第一个问题是，人们的低绩效是由于缺乏能力还是缺乏动机造成的。管理者需要四方面的信息来回答这一问题（Michener，Fleishman & Vaske，1976）：① 分配给下属的任务有多难？② 下属的能力如何？③ 下属试图成功完成工作的努力程度如何？④ 下属绩效能被改进的程度如何？

就这四个问题来说，低能力通常与非常困难的任务、个人整体能力不高、十分吃力的迹象，以及随时间推移缺乏改进等相联系。

"这是能力问题还是动机问题？"的答案已经超出了管理者—下属关系的范畴。对于这一方面的研究表明，如果管理者觉得一个人是故意不去实现所期望的绩效，而不是由于外部的、不可控制的因素而无法有效地实现绩效，那么管理者倾向于施加更多的压力给这个人。管理者在判断如何选择有力的影响策略时，依据的是下属是否态度恶劣、仇视权威，或者缺乏献身精神。

不幸的是，如果管理者的评估是错误的，如果由于拙劣的绩效与能力而不是与动机有关，增加压力反而会使问题更加恶化。如果低绩效的人觉得管理层对他们的问题是感觉迟钝的，并且他们缺乏资源、足够的培训，或者实现的时间表，他们可能会对任何旨在提高他们努力的战略采取反效果的回应。他们也很有可能产生一个动机问题——即他们的意愿和承诺将降低，以此作为对管理层迟钝的"铁腕"行为的回应。看到这种反应，管理层会觉得他们最初的诊断是正确的，而且他们会采取更强硬的方式施加影响，从而强迫其顺从。这一结果的恶性循环很难被打破，至少使得准确地对拙劣绩效问题进行诊断面临高昂的风险。

本章将更详细地考察绩效的两个要素。我们将探讨低能力和低动机的表现、形成的原因以及一些建议的补救方法。我们将会更关注动机，因为动机对于日常的管理者与下属的相互作用更为重要。能力在长时期内趋于保持稳定，而动机却是起伏不定的。因此，这需要进一步地监控和频繁地充电。

二、提高个人能力

一个人能力的缺乏可能会因为某些原因而抑制良好的绩效。能力可以在之前的雇佣筛选中受到不恰当的评估，工作的技术要求可能已经在根本上提高了，或者在一个职位上工作出色的人可能被提升到一个更高层次而要求过高的职位。另外，人力和物力的支持可能由于组织预算的减少而缩减了。

正如奎克（Quick，1997/1991）所说，管理者应当留心那些表现出能力衰落迹象的人。下面是管理职位的三种危险信号。

(1) 在某个专长上寻求逃避。当管理者不是用管理行为对情境进行反应，而是退却到用他们的技术专长时，这就是他们能力不足的迹象。当总经理感到问题超出了他们的专业和经验范围时，通常会发生这种情况。安东尼·杰伊(Anthony Jay, 1967)在《管理与马基雅弗利》(*Management and Machiavelli*)一文中将这种类型的管理者称为乔治一世，这位英国国王在登基之后，仍旧专注于他原来的所在地——德国汉诺威(Hanover)的事物。

(2) 专注于以往的绩效。另一个危险信号是按照过去的绩效或基于以前的标准去衡量一个人对组织的价值。第一次世界大战中的某些骑兵指挥官依靠的是他们过时的军事经验，结果他们在机械化战争中不幸失败了。这种过时的形式在组织中是很常见的——组织无法根据市场条件的变化改变自己的任务。

(3) 夸大领导角色。对自己的能力丧失信心的管理者，自我防卫倾向很强。这往往致使他们夸大他们的管理角色的某一个方面。这种管理者可能将他们的大多数职责委派出去，因为他们不再认为自己能很好地完成这些职责。或者，他们可能变成不顾实用价值而深究每一个细节的怪诞固执的管理者。还有一些人变成"魔鬼代言人"，他们不是去激发创造力，他们的消极主义妨碍了寻求变革的努力。

克服由于缺乏能力而导致拙劣绩效的方法有五种：再补充、再培训、再修整、再安置和解雇。我们将按顺序探讨这些管理者应当考虑的方法。

一旦管理者查明某人绩效拙劣的根本原因是缺乏能力，那么在再补充和再培训开始时，应当安排一次绩效复查面谈以探求这些选择。除非管理者有绝对的证据表明问题源于低的资质，否则最好在开始时假定问题是由缺乏资源或培训而导致的。这对于下属的疑虑是有益处的，而且可以降低他们可能对缺乏自制的评价的自我防御反应。

再补充(resupply)这一选择侧重于工作的支持需求，包括人员、预算和政策。问一句"你对于圆满完成这一工作有什么需要吗？"这使得下属能够讲出他们有关支持不足方面的困难。由于个体具有将所犯错误归于外部原因的自然倾向，因此，管理者应当详细地探察下属关于缺乏支持的抱怨，以确定他们的可靠性。但是即使员工夸大了他们的需求，你也应当以这种态度开始探讨低绩效，以表明你帮助他们从其观点出发解决问题的愿望，而不是从你的观点出发去发现错误。

下一个威胁性最小的选择是**再培训**(retrain)。那些拥有100名以上员工的美国公司用于正式培训的预算每年超过600亿美元。为了进行培训，这些公司在内部培训师身上花费了420亿美元，在商业培训师身上花费了143亿美元(Reese, 1999; Tomlinson, 2002)。这对美国公司来说是一笔可观的开销，但是其原因却是显而易见的。首先，技术的飞速发展使得雇员的技能迅速老化。据估计，50%的雇员技能3～5年就会过时(Moe & Blodget, 2000)。其次，员工在其整个职业生涯中通常会经历许多不同的职位，每一职位都需要不同的技能。最后，社会中人口结构的变化将导致老年劳动力数量的上升。为了保持竞争力，越来越多的企业必须再培训其年长的员工。

培训计划可以有多种形式。例如，许多企业在其教育中使用更多的计算机技术，这包括相互影响的技术指导以及模仿管理者在组织中所经历问题的商业游戏。更传统的培训形式包括大学进修课程以及技术或管理的内部讲习会。一些企业开始尝试企业休息日，让管理者或高级技术专家从工作压力中解脱出来，从而使他们可以集中充电。发展最快的培训形式是“远程学习”，通过互联网传授正式的课程(Moe & Blodget, 2000)。美国教育部报告说，1998年，1 680个学术机构提供了54 000种网络课程——共招收了160万名学生。这个数字比1995年增长了70%(Boehle, Dobbs & Stamps, 2000)。

在许多情形下，再补充和再培训无法满足挽救低绩效的需要。当出现这种情况时，下一个步骤就应当是对低绩效管理者的工作任务进行**再修整**(refitting)。虽然下属仍留在原来的工作岗位上，但要对他们的工作要素进行分析，并探索各种完成组织目标和提供有意义的奖励性工作的任务和能力的不同组合。例如，一个助理可能需要处理许多一线主管职位所处理的技术细节，这使得一线主管有更多的时间去关注人员开发，或者开发一个长期计划提交给更高的管理层。

如果对工作描述的修整不起作用或者不适当，那么第四种选择就是对低绩效者进行**再安置**(reassign)，或者将其调到一个职责较少的职位，或者调到对技术知识或人际技能要求较低的职位。例如，医院中的一个医学专家发现要跟上新的医疗程序越发困难，但是他显露出管理的才能，那么也许可以将他调到专职的管理职位上去。

最后一个选择是**解雇**(release)。如果再培训以及对所分配任务的调整不起作用，并且，如果组织中没有再安置的机会，那么管理者应当考虑解雇这个员工。这个选择通常要受到工会协定、公司政策、资历的考虑以及政府法规的限制。但是，往往一个应当被解雇的长期低绩效者不会被解雇，这是因为管理层不愿意选择可能会发生不愉快事情的做法。取而代之的是，所做的决定是要将这些人“束之高阁”，即让他们远离主营业务活动，安置到不会制造麻烦的地方去。但即使这一行动是出于人道的动机(“我认为他无法面对被革职的现实”)，也往往会产生反面的效果。对保护一个无能力的员工免于被解职的窘境所采取的行为，恰好可以取代被人忽略的羞耻感。显然,解职是激烈的行为,它不应当是轻缓地进行的。但是,在前四个措施被证明无效之后,应当根据对这些人及他们的同事产生的后果仔细权衡是仍然允许低绩效的员工留在岗位上,还是考虑解雇的方案。

这一处理能力问题的方法反映了 Stamp-Rite 的 CEO 温德尔·帕森斯(Wendell Parsons)的哲学。他认为管理的最大挑战之一是帮助员工认识到,工作的提高和进步并不总是可能的。因此,他认为:"如果一个长期雇用的雇员绩效下降,我会告诉他我是如何看中他的知识和经验,但也会指出他的绩效落后太多,以此来鼓励使他转变过来。如果产生厌倦感,而我又无法使雇员改变,那么我就鼓励他面对现实,并且考虑一下在他的有生之年做些别的事情。"(Nelton, 1988)

三、培育激励的工作环境

员工绩效的第二个要素是动机。固然,认识到下属对培训和支持的需要以及积极参与招聘和工作匹配过程对确保适宜的资质非常重要,但管理者的行为对下属日常动机的影响也同样是至关重要的。有效的管理者花费大量的时间专注于衡量并加强下属的动机,这反映了他们的努力和关心。

道格拉斯·麦格雷戈(Douglas McGregor)对管理思想的重大贡献之一是他应用**X 理论**来描述严密的监督(1960)。这一理论的基本假设是,人们本来不愿意努力工作或承担责任。因此,为了完成工作,管理者必须强迫、威胁、操纵并且紧密监督他们的雇员。相反,麦格雷戈对工人采用的是 Y 理论。他认为,工人从根本上希望完成好一项工作并承担更多的责任。因此,他认为,管理层的角色是通过有效地引导员工获得成功的动机,从而帮助他们实现其潜力。麦格雷戈认为,不幸的是,大多数管理者采用 X 理论来假设员工的动机。

X 理论主张的普遍性带来了一系列有关动机的有趣的问题。向管理者传播激励技能的目的是什么?管理者是否应当学习这些技能以使其可以帮助员工实现潜力?或者,我们是不是在教授这些技能,从而使管理者可以更有效地操纵员工的行为?这些问题自然会引出一系列有关员工与管理层关系的更广泛的问题。假设一个管理者觉得有必要保持一定的生产力水平,那么他是否也有可能关心员工的需要和愿望呢?换句话说,关心员工士气与企业生产率是相容的,还是相互排斥的?

现代研究以及受到高度称赞的组织激励计划的经验(Harter, Schmidt & Hayes, 2002),都支持关心士气和关心绩效是可以并存的这一观点。

有效的激励计划不但能够,而且必须关注满意度和生产率的共同提高。较多

强调满意度＼强调绩效	低	高
高	放任	综合
低	忽视	强制

图 7-1 满意度和绩效之间的关系

地强调满意度而不注重绩效，是对管理角色的不负责任的观点。管理者受雇于所有者去照管所有者的利益，这使得管理者有责任实现满意的业绩。强调满意度而排斥绩效的管理者会被视为老好人，但是他们**放任**(indulging)的管理风格损害了下属的绩效。

Ameritch 集团里直接对 CEO 汇报的内部改革代理小组的前任负责人鲍勃·诺灵(Bob Knowling)，1996 年 2 月加入 US West 集团，成为副总裁。他的新工作是领导涉及 20 000 多名员工的一场大规模变革，以改善集团对 2 500 万名客户的服务。

当被问到公司面临的最大挑战，甚至是成功的挑战的时候，他回答说："对我来说，将一种权利(entitlement)文化改变成责任(accountability)，文化是首先遇到的问题。在 US West 工作的第一个星期，我就发现，很显然没有人愿意对重塑操作过程负责。而且，此前也没有人对满足客户期望或者遵守某种成本结构负责。与预算不符是可以被接受的。服务水平有限，并且超出预算 1 亿多美元——然而人们并没有失去工作，他们仍然能够拿到所有或者部分红利。这与 Ameritech 集团过去的情形非常相似。当人们都无法高效工作时，我们就把他们转至人力资源部或者送他们去国际总部。当我到 US West 时，我觉得自己正在走入同一个糟糕的剧情里。"(Tichy, 1997)

过分强调绩效而排斥满意度同样是无效的。在这里，管理者不是放任而是**强制**(imposing)。在这种情形中，管理者很少关心员工对工作的感受。老板发出命令，员工就必须听从这些命令。被剥削的雇员是不愉快的雇员，而不愉快的雇员可能会到竞争对手那里去另谋工作。因此，剥削在短期内可能会提高生产率，但其长期影响会通过缺勤和人员流动率的上升等——在某些情况下甚至是恶意破坏和暴力,在总体上降低生产率。

在1995年接受Florida Aquarium执行理事一职之前,吉姆·斯图尔特(Jim Stuart)经营了好几家公司。他思索自己的人生经历是如何让他改变独裁主义的领导风格的:"我在哈佛商学院的同学称我为普鲁士将军:这是我许多年的领导方式。但是后来我经历了一系列个人悲剧和职业挫折:我的妻子去世了,我建立的邮购公司破产了。老天似乎故意要谦卑进入我的生活。我没有成立新公司,相反,我接受了朋友的邀请,做了坦帕的水族馆工程的负责人。接下来,我干了六年没有任何权力、没有钱的工作。形势逼迫我激发出更深层次的自我。在工程结束的时候,团队的绩效成绩非常好,几乎战无不胜。我开始自问,为什么我突然可以领导一支比过去更加灵活、更有创造性的团队?答案是:在对我的考验中,我开始像信任我自己一样信任员工。"(McCauley, 1999)

当管理者既不强调满意度,也不强调绩效时,他们就是在**忽视**(ignoring)他们的职责和眼前的事实,这种忽视表示缺乏管理能力。没有真正的领导,雇员既没有得到优待,也没有获得指导。管理者对强调绩效或满意度这两个相互排斥的事物之间的选择是麻木的,他们什么都不做。如果允许这种情况持续下去,结果可能最终会导致工作和企业的衰败。

综合(integrating)的激励策略既强调绩效,也强调满意度。有效的管理者能够将貌似竞争的事物组合到统一的协同的计划中。他们利用所组合要素的张力去创造性地塑造新的方法,而不是接受传统的常识判断,即相互竞争的力量必定相互排斥。但是,这并不是说在每个人的情形中都要充分地满足这两者的目标,一定的权衡会在工作进行中自然地出现。但从长远角度看,两种目标都应受到同等的关注。

综合激励的观点表明,尽管雇员对其所进行工作和所受待遇的良好感觉的重要性不能被忽视,但对这方面的关注不应该抹杀管理层保证员工应有的产出水平的职责。管理者应当避免双重陷阱,即单纯追求士气,或为了短期效果而牺牲长期承诺。最出色的管理者拥有对工作环境满意的高生产率的员工(Kotter, 1996)。

四、有效激励计划的要素

现在我们转入讨论的核心:一个创造综合、协同的激励方案的逐步计划。其思想基础是:雇员能够同时达到高绩效和个人满意感。所建框架的关键假设如图

7-1所示。

值得注意的是，组织学专家关于动机、满意度和绩效之间的关系的普遍看法，在过去几十年里已经发生了极大的变化。关于这个问题的第一堂学术课程里，人们就被教授了如下的模型：

满意→动机→绩效(即SMP模型)

然而，在工作的过程中，我们看到了如下对"满意的牛能产更多的牛奶"这个说法的批评。

首先，在研究者开始对绩效指标收集纵向数据的时候，他们发现SMP因果逻辑模型是错误的。基于我们后面会谈到的原因，现在大家相信模型应该是这样的：

动机→绩效→满意

其次，这三个变量的相关性非常低，这表明有其他许多因素需要加入这个基本模型。例如，我们现在知道，如果员工相信组织会通过将有价值的奖励与高绩效联系起来以强化高绩效，那么高绩效奖导致高满意度("我想要X，如果我干得好，我就有更大的可能性得到X")。换句话说，当与资历或资格相比，奖励是明显基于绩效的时候，绩效会导致满意。在绩效和奖励(更一般地是指结果)之间加入中间关系，可以显著提高我们对组织动力学的理解，而组织动力学是与工作绩效相关的，这样就产生了如下的修改后的模型：

动机→绩效→结果→满意

下面的内容主要描述过去几十年中工作激励模型这四个基本因素的改进。我们不仅更详细地讨论了这些核心变量的因果逻辑关系，还要引进其他一些变量，我们现在知道在全面激励计划中必须把它们包括进来。例如，在本章前面部分，我们介绍了人的绩效是他们的动机和能力的共同函数。这表明，我们需要在这个模型中加入能力作为有助于绩效的第二个因素(除了动机)。

全面激励方案的前两个要素关注的是动机→绩效。我们先关注管理者在建立清楚的绩效期望中的角色，然后再转向管理者使工作团队中的成员达到这些期望时的角色。

需要指出的是，我们谈论的并不仅仅是计时工人。励达管理顾问公司根据1993年以来收集的数据报告说，全部跳槽的经理人员中有1/3的人在开始新职位的18个月内就碰壁了(Fisher, 2005)。根据这项研究，想要获得一个好的开始，最佳的方法是询问你的老板他对你有何期望以及你需要在多短的时间内达成这一期望。事实上，一个人在组织中的职位高低与收到职位描述的可能性或具体的绩效预期间似乎存在负相关关系。老板的态度往往会是，“我付钱雇人就是为了不用下命令，他们就知道该干什么”。

关于目标设定的讨论常要参照《爱丽丝梦游仙境》中爱丽丝与柴郡猫(Cheshire Cat)的一段发人深省的对话。当面临交叉路口时，爱丽丝问柴郡猫，自己应该选择哪条路。这只猫反问她要去哪里。当发现爱丽丝脑海中并没有真正的目的地时，柴郡猫恰当地建议说哪一个选择都是可以的。令人奇怪的是，管理者是多么频繁地违背这一常识性的道理，即他们需要确保受其管理的人不仅应该明白他们要走哪条路，还应该知道是什么构成了这段旅途的可接受的路径。

记住这个故事，管理者应当通过询问“下属们是否理解并接受我的绩效期望”这个问题，开始对他们工作环境的激励氛围进行评估。一个有效激励方案的功能就是正确进行**目标设定**(goal setting)(Locke & Latham, 2002)。许多关于群体绩效的研究表明，设定目标的群体绩效显著高于没有设定目标的群体。目标设定理论说明目标是与提高绩效联系在一起的，因为它们激发努力和直接的关注，并鼓励坚持和策略开发(Sue-Chan & Ong, 2002)。目标设定的突出效果得到高度认同，以致它被整合到多种管理工具——如目标管理(MBO)之中。有效的目标设定有三个重要的成分：**目标设定过程**、**目标特性**和**反馈**。

“你做事的方法与你所做的事情同样重要”，应用到**目标设定过程**(goal-setting process)上，就意味着应当仔细地考虑目标设定的方式。最基本的原则就是如果希望目标是有效的，就必须使其能够被理解和接受。为了这个目的，研究表明，如果下属觉得他们是制定目标过程的一部分，他们更有可能会接受目标。有材料证明，选择自己目标的工作群体的绩效，高于被指派任务的群体的绩效(Sue-Chan & Ong, 2002)。

如果工作环境对于目标的实现是不利的，那么选择目标的激励潜力则尤为重要(Latham, Erez & Locke, 1988)。例如，一个目标可能与习惯做法是不一致的，需要新的技能，或者会导致管理者与员工关系的恶化。应当注意，如果工作条件对于实现目标有很大的促进作用，那么下属可能愿意对那些他们并没有参与制定的目标的实现做出承诺。但是只有当管理层表露出全面的理解和支持的态度时，这种接受通常才会发生。当管理层不表露支持的态度时，加强的目标或所分配的任务很可能被视为不受欢迎的要求。其结果是，下属对目标或任务的基本前提提出质疑，并且仅仅为了勉强应付要求而顺从。

有时候很难在制定工作目标的过程中涉及大范围的参与。例如，一个管理者经常接到关于新任务或工作期限的既定指标，必须遵照下达。但是，如果下属相信管理层在对其工作单位的各个方面的管理中充分考虑了其自主权，那么他们会更愿意接受工作任务中非任意支配方面的由上至下的指导。例如，一个计算机编程部门可能无权决定本部门所分配到的应用程序，或者将来的任务应先分配给谁。但是，管理者仍可以让该部门成员参与决定对于每一任务应配置多少时间（“完成这一任务的现实的目标是什么?”）或者由谁来承担所分配的任务（“你认为什么类型的程序富于挑战性?”）。

从过程转向内容的研究已表明，**目标特性**（goal characteristics）显著地影响着目标被实现的可能性（Locke & Latham，2002）。有效的目标是**具体的**、**一贯的**和**有适当挑战性的**。

具体的目标（specific goals）是可测量的、清晰的和可执行的。具体目标降低了对什么行为会得到奖励这一问题的误解可能。诸如“可靠地完成任务”、“努力工作”、“发挥主动性”或“尽你的全力”等忠告太一般化了，而且很难衡量，因此限制了激励的价值。举例来说，当一名新的经营副总裁被分派到一家钢铁厂时，他制定的三个目标是：将成品的退货率降低 15 个百分点（质量）；将平均运输时间减少 2 天（顾客满意度）；在 48 小时内回应员工的所有建议（员工满意度）。这便可称之为“具体的目标”。

目标还应该是**一贯的**（consistent）。在一个庞大的银行总部中，一名努力工作的助理副总裁抱怨说，她既不能增加一周中她所写的报告的数量，也不能增加她花费在基层去访问员工和客户的时间。目标是不一贯的，也就是说，同时完成这些目标在逻辑上是不可能的，或者不一致的；或者说，它们都需要如此多的努力，以致无法在同一时间内实现，而这会导致挫折感和精神错乱。当下属抱怨目标不一致或不一贯的时候，管理者应当保持灵活以重新考虑他们的期望。

目标最重要的特性之一是它们是**有适当挑战性**的（appropriately challenging）（Knight，Durham & Locke，2001）。简单来说，困难的目标比容易的目标更有激励作用。对此的一个解释是所谓的“成就动机”（Atkinson，1992；Weiner，2000）。根据这一观点，工人根据他们成功的机会和预期成就的价值来衡量新的工作。

如果仅以对成功可能性的认识为基础，人们将会预测，那些寻求成功的人将选择一个容易完成的任务，因为成功的可能性最高。但是，这些人将完成任务的价值纳入他们的决策之中。实现一个任何人均可以达到的目标，还不足以满足有较高成就动机的人。为了使他们感到成功，他们必须相信目标的实现代表一个有意义的成就。赋予他们成功和成就的意愿，毫无疑问，这些员工将会受到富于挑战性的、可实现的目标的极大激励。

虽然并没有单一的难度标准适用于所有的人，但重要的是要牢记：高期望通常会促成高绩效(Davidson & Eden, 2000)。正如一个有经验的管理者所讲的，“我们得到了我们所期望的”。《潜意识的阴谋：为什么领导者领导无方》(*The Unconscious Conspiracy: Why Leaders Can't Lead*)的作者沃伦·班尼斯(Warren Bennis)对此也表示同意，他说，“一项针对学校教师的研究证实，只要教师对其学生抱有较高的期望，就足以使学生的智商分数提高25分”(Bennis, 1984/2003)。

除了选择正确的目标类型，一个有效的目标计划还必须包括**反馈**(feedback)。反馈为澄清期望、调整目标难度以及获得认同提供了机会。因此，为个人提供确定他们应该怎样去做的标准非常重要。如果完成一项任务或达到一个目标所要求的时间很长，这些“进展报告”尤为关键。例如，反馈对于诸如编写庞大的计算机程序、为本地慈善机构募集100万美元等项目是十分有益的。在这些项目中，反馈应当与中间阶段的实现或具体目标成分的完成相联系。

五、领导激励的艺术

(一) 逆境激励的艺术

目标激励是一种正面激励，是用光明的前途、远大的目标去鼓舞人心、增强斗志。逆境激励则是一种负面激励，利用现实的困难、危机、忧患去唤起人心，凝聚斗志。在实际工作中，最好根据前面提到的“先正后负”的激励逻辑，把这两种激励艺术结合起来运用。

1. 把困难告诉下属

逆境激励首先要把组织群体面临的困难如实地告诉员工，使他们知道真实的情况和面临的处境，以便凝聚人心，激发下属克服困难的昂扬斗志。

把困难告诉员工时需注意以下几点：

(1) 实事求是，既不夸大也不缩小遇到的困难。把困难说过了头，容易使员工泄气；把困难说得太小，则难以引起员工的重视、难以使他们全力奋斗。

(2) 阐述全面，把遇到的各个方面的困难都一一告诉下属，使他们警醒。

(3) 讲清面临的形势不仅给组织群体带来困难，同时也给组织群体中的个人带来不利，尤其是讲清组织与个人的关系，使下属把个人利益与组织利益联系起来，进而自觉奋斗。

(4) 要选准时机，太早或太晚都不利于激励员工。

(5) 注意方式，一般先党内后党外，先领导层后普通员工，当然有时候也可直接把困难告诉普通员工。

2. 给下属指出光明之路

仅仅把困难告诉员工是不够的，重要的是在告诉困难的同时给他们指出机遇所在、光明所在，以提高其克服困难的勇气。毛泽东同志说过，“我们的同志在困难的时候要看到成绩，要看到光明，要提高我们的勇气”。这里讲的就是逆境激励的原则和艺术。

困难和光明、挑战和机遇往往是并存的，因此我们不能只见前者不见后者，只告诉困难而不指出光明。要知道，组织成员是不会自动提高勇气鼓舞斗志的，所以领导者在进行激励时要特别指出困难与光明的联系，指出克服困难达到光明的具体途径。

3. 同舟共济

逆境激励能否成功还取决于领导者、管理人员和普通员工的沟通、团结——要让组织成员感到领导者、管理者和自己同在一条船上，处境是共同的、心情是共同的、命运是共同的，克服困难的勇气也是一样的。如果只让员工出力流汗，克服困难，领导却袖手旁观，一味空谈，员工的积极性是绝不可能调动起来的。

20 世纪 60 年代初，我国遇到很大困难。为了克服暂时的困难，毛主席、周总理等中央领导同志带头降低自己的生活标准。他们的实际行动感动和激励了千千万万人民，全国人民齐心协力，艰苦奋斗，终于克服了困难，迎来了胜利。这一段真实的历史留给我们的精神财富是巨大的。实践证明，同舟共济，同心同德，就没有什么困难不能克服。

逆境激励艺术的秘诀就是激起人们的危机感、紧迫感、责任感和使命感，鼓起人们的斗志、勇气、热情和潜力，使领导者、管理人员和普通员工团结起来，共同奋斗。这就是一种领导力。

(二) 榜样激励

榜样激励在古今中外一直都行之有效，它是一种行为激励。通过榜样的示范来规范、引导下属的行为，从而形成合力，趋向共同的目标。运用榜样激励需要掌握以下几个方面的方法和技巧：

1. 掌握员工的比较心理

每个人每日每时都在行动着，他的行为是否合情合理呢？很显然需要一个判断的尺度。如果已经存在具体的准则和尺度，他就会以这些尺度来衡量自身的行为。如果没有明确的准则和尺度，他就会和周围的人比较。换言之，他将以他人的行为作为尺度来衡量、校正自己的行为。

一般来说，人们喜欢与周围熟悉的人比，与类似于自己的人比，与自己尊重和喜爱的人比，尤其是自觉不自觉地与自己的领导者比，看一看领导者在干什么，在怎样干。比如一个人围棋下得好不好，他心中无数，就会与周围熟悉的业余棋手比棋艺；而不会与聂卫平、马晓春等九段高手比，因为后者是职业选手，双方的棋艺差距甚大；同时他也不会与幼儿园的小围棋迷比，因为后者初学，棋艺不上档次，与他的差距也较大。再比如，少年英雄对少年有极大的激励作用，但对于青年、中年、老年的激励作用就比较小。为什么呢？因为英雄本身是个少年，在年龄上、气质上、心理上、思想上、特征上与广大少年类似，少年学起来很容易。

要树立不同的榜样，树立榜样要实事求是，要真实可信。最后，榜样不应搞终身制，不能几十年都是那一个榜样。时代在发展，社会在前进，环境变了，榜样也应随之更新。20 世纪的老劳模无愧于他们那个时代，到了 21 世纪，在改革开放的新形势下，有些老劳模可能已经难以适应新情况，难以继续充当广大群众今日生活、劳动的榜样，而一大批年富力强、思想解放、勇于开拓、乐于奉献的劳动者应运而生，成为各行各业人们竞相效仿的优秀榜样。

2. 掌握员工的向上动机

榜样激励是行为激励，而人的行为背后又总是藏着一定的动机，支配着人们的行为，因此要使榜样激励行之有效，就必须掌握员工的内在动机。

经验表明，在一个群体之内处于被领导地位的员工都有一种或强或弱的向上动机。他们愿意向领导者看齐，向领导者学习，愿意在工作中做出出色的成绩，渴望通过自己的努力在素质、能力、贡献、声誉诸多方面处于同行的前列，成为整个群体中的佼佼者。一旦有了这种向上的动机，员工就会自觉地向领导者学习，向榜样学习，甚至想赶上领导者，赶上榜样，超过榜样。说到底，人的向上行动总会使人与人之间产生积极的竞争。你能，我比你更能；你好，我比你更好；你强，我比你更强；你上，我比你更上一层楼。因此，榜样激励的结果是必将形成一个富有生气、富有效率的积极竞争的局面。

在向上动机的驱使下，榜样与非榜样之间是可以转化的。你是榜样，其他人向你学习，如果其他人在各方面超过了你，你就不再是榜样，就要反过来向其他人学习，以其他人为榜样了。如果其他人向你学习，你自身也在不断努力，始终走在他人的前头，那么你始终是其他人的榜样。这是一个很简单又很深刻的道理，然而有时候，在实际工作中情况却不是这样的。

3. 满足员工的正当需要

行为的后面是动机，动机的后面是需要，向上性动机的后面是人的复杂需要。因此，为了激发下属的向上动机，就必须满足下属的各种正当需要。

组织群体中的人之所以奋发向上是为了满足自己精神和物质诸多方面的需要。工作出色，处于上游，可以赢得领导和同事们的承认和尊敬，可以实现自己的人生价值，同时也可以得到更多的回报，比如精神上的鼓励和物质上的奖励。

在进行榜样激励时，除了要适度地满足榜样的精神需要和物质需要，以使他们保持并强化向上行的动机；还要适时适度地满足其他人的精神需要和物质需要，以促使并强化他们的向上性动机，鼓励他们的积极行为。

过去在满足员工需要和强化员工动机方面我们做得很不够，因此榜样激励的效果也始终都不怎么理想。今后，我们在运用榜样激励艺术时一定要在员工的行为心理、内在动机和合理需要等几个方面多下功夫。

总之，榜样的作用是示范的、引导的，是柔性的而不是刚性的。领导者要通过树立优秀的组织成员为榜样、通过树立自己为榜样来达到激励员工的目的。

（三）工作激励

工作激励艺术就是把工作本身作为激励的内容、手段，以提高组织成员工作的积极性、创造性的一种艺术。这种艺术不需要物质刺激，也不需要非常高超的激励技巧，因此经济实用。随着社会的发展和人们自身素质的提高，随着21世纪自我领导的普及，工作会成为人们的优势需要，因此利用工作本身进行激励将会变得越来越重要。

1. 工作的重要性

领导者在分派工作时要把工作的性质、特点、重要性直接告诉组织成员，让他们知道自己工作的重要性，从而激起工作的自豪感。比如让一群人抬石头，每人每天工资50元钱。如果你不告诉他们为什么抬石头，抬石头有什么重大意义，那么很可能他们抬了一段时间就会感到厌倦。如果你一开始就告诉他们，抬石头是为了修水库，是为了防洪灌溉，是为大家造福谋利，那么他们工作的劲头就会持久，就会更大，因为他们明白抬石头并不只是为每天的50元钱，而是为自己也为大家做一件十分有意义的工作。如此，激励他们抬石头的不仅仅是每天的50元工资，还包括抬石头这项工作本身具有的重要作用和重要意义。

一般来说，工作的重要性表现在以下几个方面：一是该项工作在全局工作中所处的重要地位；二是该项工作的难度，比如特殊的技能要求，一般人无法胜任；三是该项工作的特殊性，比如特别艰苦；四是该项工作带来的效益特别大，包括经济和社会效益；五是该项工作的关键性。把以上各个方面的意义告诉下属，他们就会实实在在地感觉到自己的工作是有价值的，感觉到自己为组织群体作了积极贡献，出力流汗也是完全值得的。

2. 工作的全程性

领导者要创造条件让组织成员尽可能自始至终地参与某项工作的全过程。工作的全程性能激发人们的责任感和荣誉感。比如一个公务员不仅参加了起草文件的第一稿的工作，而且参加了第二稿、第三稿的工作，这样他会感到自己在整个文件起草过程中的作用，从而就会产生一种自豪感。同时，由于起草文件的全部工作过程自己都参加了，一旦文件质量不合要求他就要负一定的责任，因此工作的全程性可以有效地激起工作者的责任心。需要指出的是，有的工作可以让一个人参加全过程，有的工作一个人不可能参加全过程，因此要根据工作的性质灵活掌握全程性工作激励艺术。

3. 工作的丰富性

工作本身的丰富性、趣味性能够有效地激励员工的积极性、创造性。领导者可以通过创造舒适的工作场所、多变的工作内容、有趣的工作方式等手段来激励员工。特别注意使工作符合员工的特点、兴趣，要特别注意挖掘员工的潜能，促使他们围绕本职工作开展各种创新活动。另外，还应注意配合本职工作开展一些丰富多彩的文体活动。

4. 工作的透明性

工作的透明性是指员工在工作时就知道自己的工作会带来什么后果——包括积极的后果和消极的后果，给个人带来的后果和给组织集体带来的后果。知道工作的后果，员工在工作时就会自觉调整自己的行为，加大对工作的投入，包括体力、智能、时间的投入等，从而提高自己工作的绩效。这实际上是一门变事后激励为事前激励，变事后领导为事前领导的艺术。

5. 工作的自主性

激励的重点是使员工在工作时有尽可能大的自主性。领导者对员工要充分信任，在交代了工作任务和工作原则之后就应放手让他们去干。员工有权决定自己工作的方式和节奏。

增强工作的自主性可以有效地激发员工的成就感、自豪感，激发员工的创造性和工作热情，激发员工你追我赶竞争向上的动机。一旦工作的自主性增强了，员工就会更容易通过自己的努力和创新来展示自己的智慧和技艺，展示自己的个性与风格,实现自己的理想与价值。一旦工作的自主性增强了,员工也就更容易成为一个自我领导者。

显然,工作的自主性激励要和工作的重要性、透明性、丰富性、全程性等激励结合起来进行。试想让一个人完全自主地去干一项一点也不重要的工作,他能有积极性吗?反过来也一样,让一个人干一项十分重要的工作,但他却没有任何自主权,可以肯定的是他也不会自觉努力地工作。

6. 工作的参与性

参与激励主要是通过让员工在许可的范围内参与管理、参与决策、参与一切可以参与的活动,来激发他们的主人翁意识,增加他们的满足感、成就感,从而增强他们的工作积极性和创造性。

因此,要营造一个良好的环境,使组织成员有可能自我管理、自我领导,使他们感到自己在人格上和领导者是平等的,感到自己真正在当家做主,是真正的主人。此外领导者还要创造与员工交流的渠道,完善这方面的制度,使员工有机会、有渠道发表自己的见解,发挥自己的才智,行使自己的权力。只有组织成员充分地参与,组织群体才能真正团结协调,组织的目标才容易达到。比如搞些小革新、小建议、技术比赛、业务比赛等活动,开展文体活动、联谊活动,搞些讨论、辩论活动等,以便员工投身其中,发挥自己的聪明才智。

参与激励要特别注意发挥员工个人在工作中的独特作用。一个优秀的领导者既要注意发挥整个集体的作用,又要注意发挥组织中每个人的作用——要让每一个员工都能感受到自己在这个组织中是重要的一员,是别人所不能取代的。

(四)尊重激励

如同要激励别人必须首先激励自我一样,领导者要尊重员工就必须首先培养自尊——一个自尊自重的领导者才可能赢得员工的尊重。同样,一个自尊的员工才可能赢得同伴和领导者的尊重。尊重是相互的,自尊是最重要的。尊重激励包括以下几个方面的内容:

首先,领导者要把注意力从自己的身上转移到员工身上,转移到有热情、有才干的第一线的员工身上;承认每一个人的能力、每一个人的业绩;倾听每一个人的意见、每一个人的呼声、每一个人的需求,并及时给予积极反馈,这就是尊重。

其次,领导者要善于发现员工的长处,要真正信任员工,承认每一个员工的差异,要学会认同。避免对员工约束太多、控制太多、管理太多、指导太多。领导者要与员工一起培养工作的自觉性和主动性,知道自己在干什么,知道自己为什么在干这个工作,知道自己的工作是如何与组织的总目标联系在一起的,知道自己的工作是如何与外界、他人以及社会联系在一起的,知道自己的工作创造了多少价值,这就是尊重。领导者要正直诚实,讲信誉,对员工要讲礼貌;勇于承认错误、敢于向员工道歉、敢于承担风险和失败的后果,这就是尊重。善于同员工达成共识,通过"深度会谈"形成"共同愿景",让员工切实感受到自己的想法已反映到引导领导者的决策之中。领导者要善于"挽起衣袖",与员工一起奋斗,一起去分享喜悦,一起去品尝痛苦,同舟共济。尊重不是手段而是目的,领导者如果想通过表面的"尊重"来激发员工的潜能和热情,则是不现实的。

案　例

彼得原理

1969年,美国著名的管理学家劳伦斯·彼得在分析了数百个工作上不能胜任的案例后,公开了他的著名的"彼得原理"或称为"彼得公式"。他的这个深刻的社会学和心理学发现,对于当今各类企业和机构的人力资源管理,仍有很好的参考价值和警示作用。"彼得原理"若用一句话来表述,就是:"在层级组织里,每位员工都将晋升到自己不能胜任的阶层。""彼得原理"所揭示的现象无处不在:一名称职的教授被提升为大学校长后,却无法胜任;一个优秀的技术人员被提升为主管研发的经理,而无所作为。即一旦员工在低一级职位上干得很好,组织就会将其提升到较高一级的职位上来,一直到将员工提升到一个他所不能胜任的职位上之后,组织才会停止对他的晋升。结果本来可以在低一级职位上施展优秀才华的人,却不得不处在一个自己所不能胜任而级别却较高的职位上,并且要在这个职位上一直熬到退休。这种状况不仅不是对本人的奖励,反而使其无法很好地发挥才能,也给企业带来损失。

对一个企业而言,一旦相当部分人员被推到其不称职的职位,就会造成企业的人浮于事、效率低下,导致平庸者出人头地、企业发展停滞。因此,企业要改变单纯地根据员工的贡献大小来决定晋升的机制,不能因某人在某个岗位上干得很出色,就推断此人一定能够胜任更高一级的职务。一定要全面地考虑晋升者的综合素质。一个人被提拔到更高的职位,并不意味着就具备胜任职位的能力和素质。你可能在中层岗位上是一流的人才,但被提到高层位置上时就可能很不称职,甚至变成一个平庸者、一个废物。

在中国企业里，一个人不可能干得好就被重用、被提升。因为每个人干得好就提，即使不胜任、不称职仍占据较高的职位，以至于最后整个企业、整个组织的每一个职位都被一个不称职的人所霸占，而真正胜任的人却因为没有机会、没有位置而得不到晋升。“彼得原理”强调学习的重要。如果一个人不学习、不提高素质，那么就会停留在原来的素质和职位上；相反，如果能在较低职位上加强学习，提前主动学习，不断提高个人素质，就有可能得以晋升，并胜任更高一级的职务，成为一个名副其实的称职者。

请联系实际对“彼得原理”进行深层次的分析与思考。

游　戏

一、个人发展盾形图

形式：先以个人形式完成，然后再以五人一组的形式进行交流。

时间：15 分钟。

材料：个人发展盾形图表。

游戏目的：对自己有一个更清晰的认识，从而了解自己在个人发展方面的真正需求。

游戏程序

1. 发给每位参与者一张“个人发展盾形图表”。
2. 让每位参与者把答案以图画的形式画在相应的空格中。
3. 10 分钟之后当大家都画完了，就安排大家进入小组，而后在小组中进行交流。

讨论：

1. 这个练习是否能帮助你增强对自己的认识？
2. 与小组成员讨论的过程中，在哪些方面受到启发？

“个人发展盾形图”游戏指导

以图画的形式在盾形图中做相应的回答：

第一部分：描绘出你的最大优势是什么；

第二部分：描述你打算从哪些方面着手提高自己；

第三部分：描述是什么动力推动你迈向成功；
第四部分：描绘你打算向哪一位著名的人物学习；
第五部分：画一幅能够说明你的重要价值的图画；
第六部分：画一幅能够说明你如何对压力做出反应的图画；
第七部分：描绘出你个人的十年发展前景。

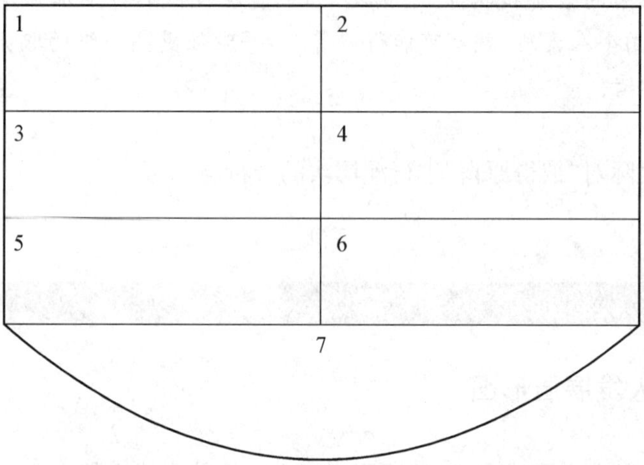

二、有效的想象

这项活动由两项有效的想象练习组成。它可以随时进行，以鼓舞参与者保持积极的自我评价，并激励他们朝着目标而奋发努力。

活动只需花费几分钟时间。首先在小组内，指导参与者共同进行想象练习。一旦掌握了练习技巧，他们就可以在任何合适的时间进行练习。

告诉参与者：想象是一个强有力的工具，可以帮助他们实现每次努力想要达到的目标。所有成功的事情都源自超凡的想象力！以下列一项或两项方法作为想象练习的指导。指导时要语速缓慢、镇定自若、发音清晰地将意念传达出来，并且要有逻辑地做出停顿，从而使听者集中精力想象。然后让他们静坐一分钟或更长时间。

以后可以在任何喜欢的时候重复练习。

想象一：

坐姿端正，紧闭双眼。把自己想象成一个是人类生活日新月异的专家，此时正在进行一项重要的工作；想象自己信心满怀、风度翩翩地走进办公室；想象自己的穿着跟你想让别人看到的一模一样，装扮得体，面带微笑，精力充沛；想象你正与同事积极地交流、满腔热情地工作。

想象二：

闭上双眼，想象自己向往的几个目标——可以是物质上的，如一辆新车或一次度假；也可以是升职或工作上的其他成就。想象一下你的高兴劲儿，就像你真把它们实现了一样。

建议：鼓励参与者把这些想象以书面或可视化形式（如图片）放在工作台上，以随时提醒自己在工作时牢记目标。

测试评分要点与参考数据

总分：

41～60分：十分了解激励对于管理的重要性，而且运用得很好。

21～40分：知道激励对于管理的重要性，但还是做得不够。

0～20分：不知道如何激励员工，这是十分危险的。

第八章
团队和授权

本章目标

通过本章学习,掌握以下知识要点:

1. 有效团队的基本特征。
2. 团队的发展阶段。
3. 权力与授权的差异。
4. 有效授权的五个核心维度。
5. 如何进行授权。
6. 何时进行委派。

技能测试

团队开发行为

第一步:在阅读本章内容之前,请对下面的陈述做出回答,把正确表述你态度的选项数字填在左栏(学习前)。你的回答应该反映你现在的态度和行为,而不是你希望它们应该如何。请诚实作答。这一测试的目的在于帮助你评估自己的自我意识水平,借此确定你所需要的特定学习方法,完成调查后,参考本章末的评分方法,从而确定在本章的讨论中对你最为重要的、应该掌握的技能领域。

第二步:当你完成本章的阅读和练习后,遮住你先前的答案,对同样的陈述再做一次回答，这一次把答案填在右栏（学习后）。完成调查后，采用本章末的评分方法测量你的进步情况。

评估尺度：完全不同意（1 分）、不同意（2 分）、比较不同意（3 分）、比较同意（4 分）、同意（5 分）、完全同意（6 分）。

学习前	学习后	
		当我成为一个团队的领导者时：
______	______	1. 我知道如何在团队成员中确立信任和影响。
______	______	2. 稳定行为与我所持的价值观一致并且展示高度的诚实。
______	______	3. 我非常清楚并坚持我所想要完成的。
______	______	4. 我通过对他人持有乐观和赞扬的态度来创造积极的力量。
______	______	5. 在执行任务前，我要在团队中达成一种普遍的共识。
______	______	6. 我鼓励和指导团队成员，帮助他们进步。
______	______	7. 我与团队成员分享信息并且鼓励参与。
______	______	8. 除了具体的短期目标外，我还向团队描述可以实现的清晰的、鼓舞性的愿景。
		当我是团队中的成员时：
______	______	9. 我知道很多促进团队完成任务的方式。
______	______	10. 我知道很多帮助团队成员建立牢固关系并保持凝聚力的方式。
______	______	11. 我直面并且帮助他人克服负面的、不良的或者阻碍性的行为。
______	______	12. 我的角色在促进团队任务完成和帮助成员间建立信赖关系之间转换，取决于团队发展需要什么。
		无论我是领导者还是成员，当我期望我的团队能做得很好时：
______	______	13. 我了解大部分团队发展所经历的不同阶段。
______	______	14. 在最开始，我帮助确定清楚的期望和目标，并且帮助团队成员彼此感觉融洽。
______	______	15. 我鼓励团队成员如同对他们的个人成功一样，对团

队的成功全力以赴。

________ ________16. 我帮助团队成员致力于团队的愿景和目标。

________ ________17. 通过确保不同意见在团队内的充分表达，我帮助团队避免“群体思维”。

________ ________18. 我可以辨别和利用我的团队的核心能力或者独特优势。

________ ________19. 我鼓励团队既寻求巨大创新，又保持持续的进步。

________ ________20. 我鼓励高水平的绩效和远远超出预想的结果。

技能学习

一、有效团队的基本特征

大雁的飞行很有特点，它们总是以“V”字队形飞行。采取这种队形的原因是，队列前面的大雁拍动翅膀，可以对后面的大雁产生上升气流。相对于独立飞行，大雁的这种“V”字队形增加了71%的飞行距离。在长途飞行中，当领头的大雁在前面飞行了一段时间之后，它会退到“V”字队形后面去，这个位置飞行起来比较容易。另一只大雁占据了领头的位置，这里是飞行最辛苦的地方。如果一只大雁飞到了队列之外，它很快就会回到“V”字队形中，因为它会感觉到没有其他大雁的翅膀拍打作为支持时的阻力。大雁的另一个值得注意的特点是它们飞翔时的高声鸣叫。加拿大大雁从来不会安静地飞翔。由于它们的吵闹声，它们在飞行时人们总能注意到它们。但是，大雁并不是随意鸣叫。鸣叫是由队列后面的大雁发出的，用以鼓励领头大雁。领头大雁并不鸣叫。如果有一只大雁被枪击、生病或者落在队列之外，就会有两只大雁打乱队形，尾随受伤或生病的大雁来到地面，它们将留在那里，照顾同伴，直到它身体康复回到大部队中或死去。

这个引人注目的现象是团队合作的一个象征。从飞行时的“V”字队形学到的经验，可以帮助我们认识到有效团队及高水平团队合作的重要特征：

(1) 有效的团队拥有相互依赖的成员。与大雁一样，整个团体的生产率是由所有成员的互相协助和互相影响所决定的。

(2) 有效团队中成员比单独工作时更有效率。与大雁一样，有效团队的绩效甚至比最佳个体的表现还要出色。

(3) 有效的团队运作良好，并以此创造了自己的吸引力。与大雁一样，因为成员所获得的好处，人们愿意加入团队。

(4) 有效的团队并不总是有相同的领导。与大雁一样，领导经常轮换，由团队成员轮流担任。

(5) 在有效的团队中，成员互相关心、互相照顾。谁也不会受到贬低或轻视，所有人都被视为团队中密不可分的部分。

(6) 有效的团队拥有支持和拥护领导的成员。每个成员都互相给予或接受鼓励。

(7) 最有效的团队中，成员之间具有高度的信任。成员为人正直，并对他人的成功表现出与自己成功一样的兴趣。

在一张都市报纸上并排出现了两个招聘同类岗位的广告，如表 8-1 所示。这两个广告都没有负面或不合适的地方，但稍有不同。你更可能接受哪个工作？你更喜欢为哪家公司工作？对于我们中的大多数人而言，注重团队的工作似乎更加令人向往。本章的重点在于帮助你在这些团队情境中获得发展和成功。

表 8-1　一个团队取向的招聘广告和一个传统的招聘广告

我们的团队需要 具备多样技能的优秀的维修伙伴 我们的团队中缺少一位优秀的参与者。请加入我们这个具有多样技能的“维修伙伴”群体，支持美国汽车制造公司的装配团队。我们寻找一位具有以下一种或几种技能的多面手：能够架设并操作各种焊接机械，拥有电焊或 M. L. G. 焊接的知识，愿意长期从事复杂的项目，拥有全面的汽车制造流程知识。你必须愿意学习所有的维修技巧。你必须是一位真正的团队成员，具有出色的人际技能，愿意在高度参与性的环境中工作。 请将申请材料寄到： AMM 美国汽车制造公司 P. O. Box 616 Ft. Wayne，Indiana 48606 请提供电话号码，我们会回复所有应征者	维修技师/电焊工 一流的汽车制造公司寻求维修技师/电焊工。这一职位要求应征者具备架设并操作各种焊接机械的能力，拥有全面的汽车制造流程知识。需要职业学校毕业或 3～5 年岗位工作经验。薪酬优厚、福利完善并报销学费。 面试定于 5 月 6 日(周一)举行，在 Semple 路 3000 号，南方假日酒店，上午 9:00 至下午 7:00 举行。请携带工资单据作为以往职位的证明。 NMC 全国汽车公司 5169 Blane Hill Center Springfield，Illinois 62707

二、团队的发展和形成

各种形式的团队与团队合作遍及人们的日常生活。大部分人都是下列团队的成员：讨论团体、朋友、邻里、运动队甚至是完成任务或发生人际交流的团体。团队，换句话说，是那些在执行任务中由互助个体组成的简单群体，通过人际互动影响相互的行为，并且把整个团队看成一个独特实体。

有很多因素可以影响绩效和团队的有效性。团队并不是只要存在就肯定有效。例如，一期体育杂志的封面故事把 NBA 的洛杉矶快船队评为历史上最差的一支专业运动球队（Lidz，2000）——由此证明把一群聪明的人集合在一个团队中并不表明他们就能发挥良好。哈克曼（1993）指出了一套影响有效团队绩效的普遍性错误，包括奖励并认可个体而非团队，不能维持团队成员的长期稳定性，不向团队提供自主权，不培养团队成员之间的相互依赖性以及未能适应所有的团队成员。与团队使用的普遍性观点相反，维雷斯佩（Verespei，1990）观察到：时常发生的事情是，公司首脑看到了成功的故事，就命令自己公司采用工作团队，但是工作团队并不总是有效，而且在某些有问题的情境中，甚至会是一个错误的办法。

从 20 世纪初开始，就有研究发现了可预测团队发展模式的证据（Dewey，1933；Freud，1921）。实际上，尽管这些研究所调查的团队的组成、目的和时限不同，但令人惊奇的是，它们所揭示的群体与团队发展的阶段却很相似（Cameron & Whetten，1984；Hackman，2003；Quinn & Cameron，1983）。研究显示，团队往往有四个独立的发展阶段，这些阶段最早被塔克曼（Tuckman，1965）定义为**形成**（forming）、**动荡**（storming）、**规范**（norming）、**执行**（performing）。这四个划分阶段被广泛使用。

表 8－2 概括了团队发展的四个主要阶段。为了能使团队有效，同时使团队成员最大限度地从成员身份中获益，团队必须在经过前三个发展阶段后才能进入第四阶段。在每个阶段都有占据主导地位的独特挑战及问题，只有成功地诊断和解决这些问题和挑战，团队才能成熟，变得更加富有效率。对于这四个阶段中每一个阶段，我们首先确定主要的团队成员问题，然后确定管理反应，从而帮助团队有效地跨过这个发展阶段。

在高效率的团队中，成员行为是互相依赖的，个人目标都服务于团队目标，个体表现出对于团队成员身份的承诺和渴望。即使个体在形式上被指定成为一个团

表 8-2 团队发展的四个阶段

阶 段	特 征
形成	团队需要熟悉团队成员、团队目的和界限；建立关系并且确立信任；团队领导者需要明确方向
动荡	团队需要面对争执、相互对峙，以及管理冲突；挑战包括对团队规范和期望的破坏以及克服群体思维；团队领导者需要促进进程改善、认识到团队成就并且促进双赢关系
规范	团队需要创造凝聚力和整体性，区别角色，确定对成员的期望，并且强化承诺；团队领导者需要提供支持性的反馈并促进承诺
执行	团队需要不断进步、创新、速度和发扬核心能力；团队领导者需要支持团队成员的新观点、协调他们的工作并且促进超常绩效的实现

队，但如果他们为自身争取更多的荣誉，完成自己的目标而非团队目标，或者保持独立，那么无论称谓如何，他们都不是真正的团队。如果对于某项共同任务，个体之间没有先前互相承诺的经历，关键的挑战是发现创造有一个有效团队的元素和途径，这些元素包括：互相依赖、效率、吸引力、共担的责任、互相的鼓励和责任。

创造有效团队的一个重要因素是领导者的角色。然而正如哈克曼(2003)所指出的，领导者的风格并不会产生太大的差异。多样的领导者风格都可能是有效的，没有哪个风格一定会优于其他风格。相反，造成有效与无效的团队绩效的是领导者的技巧和能力，或者说是实践中的工具和方法。团队领导要在团队成员间发展可信性和影响力，并为团队设立激励人心的愿景和目标。

三、授权

在团队中存在如何授权的问题。授权意味着把自由给予员工，以使他们成功地完成他们想要完成的工作，而不是要求他们完成你想要他们完成的工作。授权的管理者消除了对员工的控制、制约和界限，取而代之以激励、指导或者刺激他们的行为。

然而授权也可能产生两难问题。一方面，证据表明被授权的员工有更高的生产力、满意度和创造性，并且相对于没有授权的员工，他们的产品质量与服务要好得多。当劳动力被授权时，组织的管理也更为有效。另一方面，授权意味着放弃控制，让他人决策，设定目标，完成任务并且获得奖励。尽管向他人授权不是简单的自然的事情，但是实际上也并不一定要求管理者做出很大的个人牺牲。恰恰相反，通过真正的授权，管理者实际上能提高自己的效率。

授权意味着帮助个体产生自信，意味着帮助个体克服无权或者无助的感觉；意味着鼓励个体付诸行动；意味着调动内部驱动力去完成任务。向个体授权不仅给予个体完成某个任务的资源，还使得他们思考其自身与授权之前的区别。

授权与仅仅把权力给予他人不同。与授权类似，权力意味着促使事情发生的能力。但是权力和授权不是一回事。个体可以同时拥有权力和被授权。尽管某人可以给予他人权力，他必须自己接受授权，你不能自我授权，你只能创造环境让自己给自己授权。

表 8-3　权力和授权的差异

权　　力	授　　权
外源性	内源性
根本上为少数人拥有	根本上是每个人都能拥有
让其他人做你所希望的事的能力	让其他人做他们所希望的事的能力
更多的获得意味着从其他人那里夺取	得到更多，但不影响其他人得到多少
导致竞争	导致合作

权力的获得基于几个个体因素和特定的职位特征。在每种情况下，他人必须承认你的权力，接受你的领导，并且默许你的影响力，你才能拥有权力。你的权力的潜在来源是他人。例如，你可能因为自己比他人拥有更多的资源或政治支持而享有权力，因此你可以奖励他人从而享有奖励权。你也可能因为自己的力量而具有惩罚或制裁他人的权力，从而拥有处罚权。你的职务可能让你拥有高于他人的权力，从而使你享有传统权。你可能拥有比他人更多的知识或信息，从而使你享有专门知识权。或者，你可能具有个人魅力，从而享有感召权。

在授权时，即使没有人承认其个体特征或职位，个体仍然能被授权。弗尔克兰、曼德拉和圣雄甘地就是那些虽然缺少权力特征，但在逆境中仍维持全面授权的例证。这是因为授权的来源是内在的，个体为了自己而接受它。

如果我变得更加有权力，这通常意味着你变得更没有权力。如果我拥有让他人去做我所希望做的事的权力，但是这与你所希望的不同，我的权力和你的权力就会发生冲突。这就是为什么最终只有少数人拥有权力，以及为什么这会导致冲突。

权力游戏变成一场意愿的冲突或战争，看谁最后占据优势和获胜。但是，每个人都能在不影响他人的职务或地位的情况下被授权，这就使得我们每一个人能够实现我们的选择。事实上，授权更有可能带来合作而不是冲突。

四、授权的维度

授权具有五个维度。为了使管理者能够成功授权，他们应注意以下五个方面的问题。有技巧的授权意味着使别人产生：① 自我效能感；② 自我决定感；③ 个人控制感；④ 意义感；⑤ 对他人的信任感。当这五个授权维度得到满足时，经验证据就非常地明显了：个体的表现更加出色，组织的表现也比平常更加优秀。

表 8-4　授权的五个核心维度

维　　度	特　　征
自我效能	一种个体能力的感觉
自我决定	一种个体选择的感觉
个人控制	一种拥有影响力的感觉
意义感	一种在活动中有价值的感觉
信任	一种安全的感觉

如果管理者能强化员工的这五种感觉，那么他们就是对员工成功地进行了授权，他们就创造了一种高度授权的条件，或者说让其他人更容易地得到授权。当然，没有人能够强迫其他人被授权，但是营造一个满足上述五个因素的环境会使人更有可能愿意接受授权。接受授权的人不仅能够有效地完成任务，而且能够对自己有个崭新的看法。他们更加自信，感觉更加自由，觉得自己更加重要，而且在工作中以及工作场合会感觉更加舒适。

（一）自我效能

当员工被授权以后，他们会有一种**自我效能感**，即感觉到自己拥有成功完成任务所需的能力。被授权的员工不仅会有**胜任感**（competent），他们也很**自信**（confident），认为他们能够妥善地完成任务。

班杜拉（Bandura，1977）认为以下三种情形对于人们产生自我效能感是必需的：① 他们有完成任务所需能力的信念；② 他们能够付出足够努力的信念；③ 没有外部障碍能够阻止他们完成任务的信念。换句话说，当人们拥有一般水平的胜任力和能力，拥有为完成任务付出努力的意愿，并由此发展出自我效能感时，他们就觉得被授权了。

（二）自我决定

被授权的人会有一种**自我决定**（self-determination）感。自我决定是指一种拥有选择的感觉。当人们自愿、有意识地投入某项任务，而不是被迫或被禁止加入时，人们能获得自我决定感。他们将自己看成控制源，而不是感到他们的行为是被预先决定、外部控制或不可避免的。有授权感的人最可能是内控性的，也就是说，他们感到自己在控制着自己的行为。

自我决定与有权选择完成任务的方法、花费的努力程度、工作的节奏、完成任务的时间限制有最直接的联系。因为被授权的个体能够决定怎样完成任务、何时完成任务，所以他们对任务有一种所有者的感觉。拥有选择权是自我决定中最关键的因素。

（三）个人控制

被授权的个体相信自己能够通过影响工作而影响结果。假设某个装配线上负责安装螺母的工人出现错误，装配线上负责后面工序的人会予以改正，那么这位工人就会感觉不到自己对最终产品有何作用或者自己的努力能够对终端产品有何影响。他会觉得自己对结果具有很少的个人控制能力。相反，拥有个人结果感的人则相信花费努力能够有结果。个人控制可以通过某项具体工作得到开发。

（四）意义感

被授权的人有一种意义感。他们认为自己所从事的活动是有价值的。被授权的人信任和关心自己行为的结果。他们在行动中投入了心理和精神的能量，并从投入中感受到了自身的价值。因此，有意义是指对价值（value）的一种知觉。

在行动中加入意义使人们产生一种目的性、热情和使命感，它是能量与热情的源泉。如果仅仅是为了赚钱或仅仅是做一项工作，对大多数人来说都不会产生一种有意义的感觉。为他人服务尽管不能带来个人报酬，但它可能远比那些能够获得一张大额支票的工作更有意义，而缺乏意义将会导致自我疏离。与那些意义感较低的个体相比，拥有意义感的被授权个体也会更加具有创新精神、影响力和效率。

（五）信任

被授权的人会有一种信任感，他们相信自己会被公平对待。甚至当他们处于较低职位时，他们也确信他们行动的最终结果会是公平的、有益的。这意味着他们相信那些有权威或拥有显赫地位的人不会危害他们，并且他们将被公平对待。信任意味着拥有一种个人安全感。被授权的人坚信，作为这种信任的结果，他们根本不会受到任何伤害。

对信任的研究发现，信任的人更善于用直接和亲近取代肤浅和表象；更倾向于开放的、诚实的和言行一致，而不是欺骗的或浅薄的。他们更具探索取向性和自我决定性，更加自信和愿意学习。与那些只具有低水平信任的人相比，他们在人际关系中有更大的能力，在团体中表现更高水平的合作和风险承担。有信任感的人更乐意与其他人相处，更愿意成为团体中的一员，他们更愿意暴露自我，在自我交流中更加诚实，更加仔细地倾听别人的谈话，他们变革的阻力更小，也更能处理那些突如其来的变故。愿意信任别人的人也更可能信任他们自己，并保持更高的道德标准。

五、怎样进行授权

当人们感知到正处于受威胁、不清晰、过度控制、胁迫或孤独的情景中，体验到依赖或不充分等不适感觉，感觉到完成自己愿做的工作的能力受到约束，不确定该如何行动，感觉到某些负面结果不可避免，或感觉到未获报酬或欣赏时，他们最需要被授权。

但是多数大型组织会在员工中激起这样的情绪，规则、传统和习俗限制人们的行为，压抑人们的创造力和判断力。因此，在大型组织中特别需要授权。在大型机构以外的环境中，授权也很关键。例如，研究表明在儿童成长、学校教育、个人应急和改变个人习惯过程中，授权也能产生积极影响。

尽管授权适用于很多不同的情境，但我们的讨论只关注管理者向员工授权的方法，主要将授权看做一种管理技巧。为了使授权行为达到更好的效果，在授权的过程中，应该尽量避免出现不该发生的行为发生。授权的过程中我们应当注意以下几个方面的问题：

（一）根据下级的能力来授权

由于组织活动的多样性和专业化的特点，领导者不可能事事精通，因此只有把权授予具有管理能力的专才，才能完成组织目标。常言道："养兵千日，用兵一时。"养兵并非随便地养，兵必须在平时经常得到锻炼，到用时方能显出威力。授权的事前准备也是同样的道理，上级必须在平时大胆将一些小项目交给下属独立完成，时时刻刻注意培养他们独当一面的能力，使之有资格、有经验来承担未来可能面临的突发性任务。

（二）根据管理的幅度来授权

管理者授予下属权力一定要是实权，且必须具有重要性。实权是为了完成某项重要的工作，并非什么小事都让下属代办。所以管理者一定要根据管理的幅度来决定是否授权以及授权的大小：管理的幅度太宽了，管理者自己忙不过来，就可以多授权给下级；管理幅度有限，就应该少授权给下级。授权是一个变数。

（三）授权应经常加以监督

在授权以后，领导者首先不应该对下属负责范围内的事务进行随意干预，但是这并不意味着领导者不必知道下属负责的具体事务。许多领导因事务缠身，对授权过程不重视，授权的全过程就是简单的一句话："这件事交给你负责了。"其实，这是一种不负责任的授权方式。

（四）授权应收放自如

所有授出去的权力都可以随时收回，授权者不会永久性丧失自己的权力。领导者应当充分信任下属的能力，放手让他们全权处理该任务的各种问题。但在授权下属之前，一定要深思熟虑，合理安排，切忌由于考虑不周，随意收回权力。领导者如果平时不注意培养下属的工作能力，一旦有突发任务，让下属贸然顶上，发现其经验不足后再马上将其撤下来，结果是对领导者本身能力的一种否定，也是对下属自信心的打击。

（五）授权给第一线的人

授权给那些工作在第一线的人，而不是简单地授权给下级。当然，有时候完成这些工作的人就是下级，但他是最直接的现场人员，最需要做这件工作的人。要把权力授给那些直接担负责任的人。

六、委派工作

（一）委派与授权的关系

当工作必须有他人参与完成的时候，需要委派。如果是一个人单独完成一项工作，并不需要知道如何对他人进行授权。但是，管理者不可能一个人执行完成组织使命的所有工作，所以工作和执行工作的责任必须委派给他人。因此，管理者如果想完成组织的任务，必须对员工进行授权。没有授权与委派，组织和管理者不可能取得长期的成功。委派包括将工作分配给他人，这是与所有管理职位都有内在关系的一种行为。

委派通常意味着分配任务，它是针对工作的。相反，授权是针对个人的，与个人对自己的看法有关系。知名的管理学者厄威克指出："缺乏正确委派的勇气以及如何操作的知识，是组织失败的一个最普遍的原因。"此外，对委派的研究至今仍是很少的，与其他许多管理技巧相比，我们对委派与管理有效性之间的关系了解较少。

有技巧地使用**授权委派**（empowered delegation）可以给组织、管理者和接受任务的员工带来显著的利益。

表 8－5　委派的优点

时　间	增加管理者可以自由支配的时间
开　发	开发受委派人的知识和能力
信　任	表明对受委派人的信任和信心
承　诺	增强受委派人的承诺感
信　息	为决策提供更好的信息
效　率	增加决策的效率
合　作	通过管理者的合作加强工作的整合

(二) 委派的时机

首先,授权委派包括决定何时向他人委派任务,何时去实施。要决定何时授权委派是最合适的,管理者应该回答五个基本问题。研究表明,根据这些问题决定何时委派,其成功率是没有考虑这些问题时的四倍。无论是向团体还是单一个体委派工作,这些问题同样有效。

(1) 下属是否有必需(或者更多)的信息或专业知识?在很多例子中,下属实际上可能比其上司更善于做决策或完成某项工作,因为他们更熟悉顾客偏好、潜在成本、工作流程等,他们更接近日常的实际工作。

(2) 下属的承诺对成功完成任务是否很重要?让下属参加决策过程可以增加他们对最终决策的承诺和合作。通常下属的参与会增加决策所需要的时间,但实施决策所需要的时间将会大大降低。

(3) 下属的能力在这项任务中能充分发挥吗?委派应该是始终如一的,而不是只在工作超负荷时才进行。它应该是一种重视员工发展的管理哲学的体现。在委派任务时,核心动机应该是增加下属的能力和兴趣。

(4) 下属与管理层之间及相互之间是否有共同的价值观和看法?要为下属提供一个清晰的任务和目标。管理者必须要清楚为什么要做这项工作。库恩拉德发现,重要人物总是告诉人们为什么,而较不重要的人总是告诉人们做什么、怎么做以及什么时候做。告诉员工工作的意义可以产生更多共鸣。

(5) 是否有足够的时间有效地完成工作的委派?管理者必须花费充足的时间去解释任务、讨论可接受的程序和观点。必须留出充足的时间进行培训、讨论问题和答案,并检查工作的进度。

授权委派取决于对以上五个问题都有正面的答案。如果在考虑委派时,任何一个条件都没得到满足,委派无效的可能性很大。可能浪费更多的时间,产生更低的质量,经历更多的困难,并且授权发生的可能性更小。但是,对上述任何问题的负面答案并不必然意味着委派不可能实现,因为管理者可以改变环境使员工获得更多的信息、形成共同的看法、有足够的时间接受委派,等等。

(三) 委派的对象

在决定委派一项任务后,管理者必须考虑是投入一个员工还是一个由下属组成的团队。如果确定建立一个团队,还要决定给团队成员多大的自主权。例如,管理者应该决定团队是仅仅调查问题并获得解决方案,还是做出最终决定。另外,管理者必须考虑他们是否将参加团队的讨论。

图 8-1 展示了一个模型，帮助管理者决定谁将接受委派的任务：个人还是团队，以及在团队成立后管理者是否应该积极参与。管理者先提问题，依照每一个问题的答案，沿着指定的路径移动直到获得最终答案。

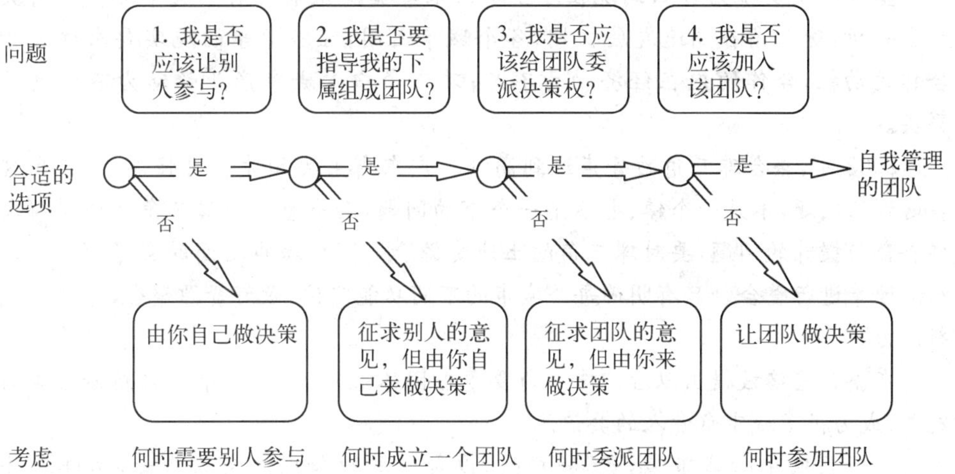

图 8-1 工作委派模型

案 例

从只想当单打冠军，到争当团体冠军

——解读珠江三角洲发展规划

整合资源、形成合力，共同参与区域竞争，已成为珠三角城镇群的共识。由广东省七个市组成的珠三角地区，面积为 4.17 万平方公里，经济总量占全国的 1/10。两院院士周干峙认为，珠三角已经发展成为高密度的连绵网络状的大都市地区，这是我国城市化发展到当前的最高形式。

然而在珠三角，与快速发展相伴的是，“赚钱的大型生产性设施项目，各地争着上马，超过整个地区的需求总量；而污水、垃圾处理等‘不来钱’的大型环保设施，却能拖就拖；跨市过镇的公共环境保护和资源利用问题十分突出……”在规划中，专家们总结的九大问题，制约着珠三角的进一步发展。

"广东要寻找新的突破口,出路在于整合资源、形成合力,共同参与区域竞争。"广东省城市发展研究中心副主任宋劲松说,"《规划》取得的第一项成果就是明确了珠三角城镇群协调发展的总目标,也就是全面提升珠江三角洲城镇群的整体竞争实力,建设成为世界级的制造业基地和充满生机活力的城镇群。"

整合的重要性为什么到现在才显示出来?据广东省发展和改革委员会有关人士分析,珠三角在高速发展初期,各个城市之间,经济竞争的现实要求远大于合作的动机,合作的内在经济动力不足;珠三角中心城市产业带动力不强也是事实。

2003 年,整合珠三角的呼声达到高潮。广东省主要领导一再强调,珠三角现在遇到的问题,不是一个镇、也不是一个市的问题,而是整个珠江三角洲城镇群怎样整合与提升的问题,要对珠三角的土地资源、水资源、城市之间的交通、信息、污水治理等进行整合。只有明确每个城市的不同功能定位,做好资源整合,才能迸发新活力。

在整合思路被提出以后,"珠三角要争当团体冠军,不能个个都只想着当单打冠军"成为很多城市负责人的共识。

重新找回中心城市"感觉"的广州,以聚集与辐射珠三角为背景,不断地修改广州市快速轨道交通系统。专家们评价说,广州市规划快速轨道交通系统时已着眼于珠三角,涵盖了珠三角,在一定程度上就是珠三角的快速轨道交通系统。

佛山市面积、人口、经济总量等指标均位于广东第三位。但佛山并没有以第三自居,而是将城市定位于广(州)佛(山)经济圈的一个组成部分。如佛山公路网规划中,明确提出围绕一个中心,即以广州为中心,接受广州的辐射。

从"一主(广州)+两副(深圳、珠海)",到"两主(广州、深圳)+一副(珠海)"。珠三角"龙头"之争,在新规划中得到了明确,广佛、深港、珠澳三大都市圈将挺起珠三角的"脊梁"。

在区域经济合作中,龙头的带动作用、中心城市的核心作用至关重要。关于谁来担当珠三角的龙头,接受采访的专家观点各有不同。一是"单龙头"论,持此观点的代表是广东省社会科学院刘品安教授。他认为,香港是大珠三角地区乃至整个华南经济当之无愧的龙头,广州、深圳则是香港带动珠三角,辐射华南、中南、西南地区经济的重要战略伙伴。二是"双龙头"论,持此观点的代表有深圳市社科院院长乐正博士。他认为,深圳不能甩开香港单独谈中心。珠三角应是"双轴心组合",或称"二龙戏珠"。深港都会圈是一个龙头,广佛经济圈是一个龙头。

从小珠三角范围讲，广州是老牌的区域中心。但在20世纪90年代中期，广州市国企改革举步维艰，城市交通设施老化，经济增长速度连续几年低于广东全省平均水平4～5个百分点。一时间，广州不行了的声音传开了。

在不被人们看好的关注下，广州又"变"了：大规模城市交通设施建设，新白云国际机场、南沙新港区的竣工，以及大批"亚运"设施的立项，确定了广州在珠三角乃至整个华南地区的枢纽地位。

而在珠三角的东岸，作为中心城市的深圳，其实力有目共睹，但正面临着前所未有的挑战。广东省社科院研究员丁力的看法在当下很有代表性：这种挑战随着深圳长期依赖的政策优势的消失而逐步增强。

谁是中心城市，《规划》的表述耐人寻味。深圳市城市规划设计研究院院长王富海说："《规划》一改1995年珠三角中心'一主（广州）＋两副（深圳、珠海）'的提法，提出两个主中心（广州、深圳）＋一个副中心（珠海）。"

宋劲松的解释是，珠三角城市集群中，广州、深圳的地位最为突出，尽管主中心有两个，但职能各有不同，是错位发展——以广州为主体的广佛都市圈核心功能区，是未来珠三角最重要的区域中心，是未来大珠三角区域中与深港都会区发挥同样辐射带动作用的区域中心，也是华南的中心城市；深圳在珠三角区域的作用则主要是外向型、国际化的区域中心和最重要的对外门户城市。

"表面上看，《规划》确定的是双中心，但实际上是一条国际都市带。"王富海对《规划》的解读是，香港—深圳—东莞—广州，"分开看是四个城市，合在一起，就是国际大都市地区。实际上四个城市是一个组合城市。这条带不仅对珠三角意义重大，对泛珠三角也是控制力强、影响力大的核心区域。"宋劲松说，从单中心到多中心，再到网络，是城市发展的必经之路，只是各自城市承担的分工不同。

《规划》正在报请广东省人大通过的过程中，珠三角西岸的横琴岛又成了热点地区，泛珠三角各省区正紧锣密鼓地筹划共同开发这一地区。规划中的珠三角副主中心——珠海，又遇发展新契机。

对此，王富海说，珠三角的"脊梁"，东岸是存在的、现实的，西岸是要打造的；东岸需要发挥市场机制的作用，西岸则需要政府扶植。

有专家评说，广佛都市圈、深港都市圈的两个主要的中心城市集群，加上珠澳都市圈，将真正构成珠三角三个极为重要的发展旗舰。中心城市之争，将演变为多足鼎立之势，真正挺起珠三角的"脊梁"。

（《人民日报》2005年2月25日）

根据以上案例分析以下问题：

1. 团队精神在中国经济发展中的表现形式。
2. 如何发挥团队精神在城市和区域经济发展中的作用。
3. 中国长三角和珠三角的经济发展比较。

游　戏

囚徒困境：一个群体内的竞争。

游戏目的：探索群体成员之间的信任和对它的背弃；示范人际竞争的影响。

参与规模：每个群体的人数不能超过 8 人。

时间要求：50 分钟。

房间安排要求：要有足够的空间让两个对手群体能够单独见面，不能让其他人听见。

游戏步骤	单元时间	总时间
1. 教师解释在这个游戏中将会发生什么，并将人员分组	5 分钟	5 分钟

组建两个团队，分别叫做红队和蓝队（每队人数不得超过 8 人）。每个团队不得用任何方式与另一团队交流——无论是语言的还是非语言的交流——除非是教师让他们这样做的时候。

2. 给群体成员一定时间看囚徒困境的计算表

3. 第 1 轮	3 分钟	8 分钟

每一个团队有 3 分钟做团队决策。当教师说时间到的时候，写下你的决策。

4. 宣布选择	2 分钟	10 分钟

宣布团队第 1 轮的选择，得分进入计算表。

5. 第 2 轮	5 分钟	15 分钟

第 2 轮如第 1 轮那样做（重复步骤 3 和 4）

6. 第 3 轮	5 分钟	20 分钟

第 3 轮被宣布是特殊的一轮，在此收益值翻倍。每一团队被告知派一名代表到房屋，在协商 3 分钟之后，他们回到自己的团队。此后，团队都有 3 分钟的时间做。

7. 第 4 轮和第 5 轮	10 分	30 分钟

第 4 轮和第 5 轮如第 1、第 2 轮那样做(重复步骤 3 和 4)

8. 第 6 轮　　6 分钟　　36 分钟

第 6 轮被宣布是特殊的一轮，在此收益值要被平方(让它们自乘；比如得分为 4，计分将为 4×4=16)，负号必须保留(比如，−3×3=−9)。团队代表协商 3 分钟之后，每个团队有 3 分钟时间开会。在教师发出时间到的信号后，团队写下他们的选择，然后这两个选择将被公布。

9. 第 7 轮　　6 分钟　　42 分钟

第 7 轮和第 6 轮一样，收益值要被平方。

10. 结束　　8 分钟以上　50 分钟

公布每个团队的总分，计算出两个团队总分的和，并将其与最大的正结果或负结果比较(+108 或−108)，接下来将是对输赢条件、竞争等的讨论。

囚徒困境的计算表

说明：对于连续的 7 轮，红队将选择 A 或 B，而蓝队将选择 X 或 Y。团队在每一轮的得分由两队所做的选择模式决定，依据收益表。

收益表

AX：两队同获 3 分。

AY：红队失去 6 分，蓝队得 6 分。

BX：红队得 6 分，蓝队失去 6 分。

BY：两队同时失去 3 分。

计分卡

		选　择		总　分	
轮　次	时　间	红　队	蓝　队	红　队	蓝　队
1	3				
2	5				

续 表

轮 次	时 间	选 择		总 分	
		红 队	蓝 队	红 队	蓝 队
3* 4	3(代表协商) 3(团队协商)				
5	3				
6**	3(代表协商) 3(团队协商)				
7**	3(代表协商) 3(团队协商)				

*这一轮中收益值翻倍

**这一轮中收益值要被平方(保留负号)

测试评分要点与参考数据

评分要点

技能领域	项 目	学习前	学习后
领导团队	1—8	______	______
做一名有效的团队成员	9—12	______	______
诊断并促进团队发展	13—20	______	______
	总分	______	______

参考数据(N=1 500 名学生)

将你的得分与三个对比标准进行对比:

1. 可能的最高分 = 120 分;
2. 同班其他同学的得分;
3. 1 500 名商学院学生的平均得分数据:

学习前得分				学习后得分
96.97 分	=	平均值	=	104.07 分

105 分或以上	＝	前 25％	＝	113 分或以下
98～104 分	＝	25％～50％	＝	106～112 分
90～97 分	＝	50％～75％	＝	98～105 分
89 分或以下	＝	后 25％	＝	97 分或以下

第九章
领导变革

本章目标

通过本章学习，掌握以下知识要点：

1. 领导与管理的区别。
2. 经典的权变领导理论。
3. 领导积极变革的框架。
4. 如何阐述富裕的愿景。

技能测试

马基雅维里主义量表（Machiavellianism Scale —— MACH IV）

下面每一个陈述代表一种观点，答案没有正确或错误之分，你可能不同意其中的某些观点，但同意另一些观点，你需要表达出对这些观点同意或不同意的程度。仔细阅读每一个陈述，然后在该陈述前面填写正确表述你态度的分值，不同分值有不同的含义：完全同意（3分）、部分同意（2分）、略微同意（1分）、略微不同意（－1分）、部分不同意（－2分）、完全不同意（－3分）。

1. 决不要告诉任何人你做某事的真正原因，除非你另有目的。
2. 与人相处的最好方法是说出他们想知道的事。
3. 只有确信符合道德时才能采取行动。

4. 多数人基本上是好的和善良的。
5. 最安全的处世原则是假定所有人均有邪恶的一面,如有机会人们的邪恶就会暴露出来。
6. 在任何情况下诚实均为上策。
7. 没有任何理由对别人撒谎。
8. 一般来说,没有压力人们是不会努力工作的。
9. 总而言之,地位卑微和诚实优于地位显赫和欺骗。
10. 当你求别人帮忙时,最好告之以真正的理由而不是编造更有说服力的理由。
11. 世界上成功的人大多过着清白和道德的生活。
12. 完全信任别人等于自讨苦吃。
13. 犯人与一般人的最大区别在于他们由于愚蠢而被抓住。
14. 多数人是勇敢的。
15. 奉承大人物是明智的做法。
16. 在各方面都优秀是可能达到的。
17. “每分钟都有傻瓜降生”这种说法是不对的。
18. 不走捷径就很难成功。
19. 患不治之症的人应该有权利选择无痛苦的死亡。
20. 多数人能轻易忘记父亲的亡故,却不容易忘记财产的损失。

技能学习

一、领导与管理

领导力(leadership)经常被当做描述管理人员想要获得的任何行为的一个万能词汇。“良好的领导力”常常被用于解释各种积极的组织绩效的取得——从公司业绩的持续走高,国家宏观经济形势的好转,以及让下属获得幸福感等方面。许多媒体会广泛宣传有成效领导的显著成就,而且组织绩效的或好或坏的表现通常被归于处于最高地位的人。但从理性上来讲,领导力只是影响组织取得良好成就的重要因素之一。

在许多的研究中,领导力和**管理**(management)的概念是被区分开来对待的

(Kotter，1999；Tichy，1993/1997)。“领导力”经常被用于描述一些在变化条件下领导者的行为。当组织处于变革状态，正在经历改革的时候，人们就会表现出领导力。相反，管理在传统上经常与现状联系在一起。维持稳定性是管理人员的工作。领导者要将精力致力于设定方向、发起变革，以及创造新事物上面，而管理人员则要维持稳定的状态、控制变动，并改善当前的绩效。领导力被等同于动荡、振动性和感召力；而管理则被视为预测、均衡和控制。因此，领导力经常被界定为“做正确的事情”，而管理则经常被界定为“把事情做正确”。

但是，最近的研究表明，对于领导力和管理之间的这种区分，在过去几十年里可能是合适的，但现在不再有任何作用了(Cameron & Lavine，2006；Cameron 和 Quinn，1999；Qilnn，2000，2004)。如果不能成为优秀的领导者，管理人员就不可能取得成功；同样，如果不能成为优秀的管理人员，领导者也不可能取得成功。组织和个人再也不可能有幸保持现状，不可能把事情做正确而同时不需要做正确的事情，不可能保持系统的稳定而不进行变革和改进，不可能维持目前的绩效而不创造新事物，不可能全神贯注于均衡和控制，而不重视活力和感召力。有效的管理和领导力在很大程度上是不可分离的，在拥有一种技能的同时必须拥有另一种技能。在后工业化的、动荡的 21 世纪，如果一个组织没有同时拥有管理能力和领导力的人，是很难生存下去的。领导变革与稳定性管理，设定愿景与实现目标，打破常规与合规性监管，尽管是自相矛盾的，但都是必须成功做到的。有效的管理人员大多数时候也是优秀的领导者。成为有效的领导者所需要的技能与成为有效的管理人员所需要的技能在本质上是一样的。

奎因(2004)曾经提醒过我们，没有一个人会是永远的领导者，领导力是特定的技能和能力被表现出来的时候，领导力就是这样存在的。当技能和能力没有被表现出来的时候，领导力就是不存在的。

本章着重强调的是领导力的最普遍的行为——领导变革。当领导变革的时候，领导力的最显著状态就会被显示出来。无论领导者具有怎样的英雄形象，每个人都可以被培养领导变革所需要的技能。在某一点上，每个人都可以成为领导者，而且大多数人确实成为了领导者。

二、权变领导理论

我们生活在一个急剧变化的世界中，没有人可以准确预测到未来的十年内世界是什么样子。世事瞬息万变，无疑，变革确已发生。到 2006 年 9 月为止，聚友网

(MySpace)已有超过1.06亿注册用户。如果把聚友网当做一个国家,它将是世界第十一大国(介于日本和墨西哥之间)。据估计,2006年全世界将产生1.5艾(百亿亿,10的18次方)字节新的不重复的信息,这比过去5 000年产生的总和还要多。新技术信息的数量每两年翻一番。对于想完成四年制的技工类或大学学业的学生来讲,这意味着第一学年学的内容有一半在第三学年已经过时。不仅如此,到2010年,新技术信息每72小时就会翻一番。

在着重关心领导者特质与领导变革之间的关系时,有三种管理理论：管理方格理论、费德勒模型和赫塞-布兰查德的情景理论是必须要介绍的。

(一) 管理方格理论

管理方格理论(Management Grid Theory)是由美国得克萨斯大学的行为科学家罗伯特·布莱克(Robert R. Blake)和简·莫顿(Jane S. Mouton)在1964年出版的《管理方格》(1978年修订再版,改名为《新管理方格》)一书中提出的。管理方格图的提出改变了以往各种理论中"非此即彼"式(要么以生产为中心,要么以人为中心)的绝对化观点,指出在关心生产和关心人的两种领导方式之间,可以进行不同程度的互相结合。

管理方格图是一张纵轴和横轴各9等分的方格图,纵轴表示企业领导者对人的关心程度(包含了员工对自尊的维护、基于信任而非基于服从来授予职责、提供良好的工作条件和保持良好的人际关系等),横轴表示企业领导者对业绩的关心程度(包括政策决议的质量、程序与过程、研究工作的创造性、职能人员的服务质量、工作效率和产量),其中,第1格表示关心程度最低,第9格表示关心程度最高。如图9-1所示。

管理方格图中,"1.1"方格表示对人和工作都很少关心,这种领导必然失败。"9.1"方格表示关注重点放在工作上,而对人很少关心,领导者的权力很大,指挥和控制下属的活动,而下属只能奉命行事,不能发挥积极性和创造性。"1.9"方格表示重点放在满足员工的需要上,而对指挥监督、规章制度却重视不够。"5.5"方格表示领导者对人的关心和对工作的关心保持中间状态,只求维持一般的工作效率与士气,不积极促使下属发扬创造革新的精神。只有"9.9"方格表示对人和工作都很关心,能使员工和生产两个方面最理想、最有效地结合起来。这种领导方式要求创造出这样一种管理状况：职工能了解组织的目标并关心其结果,从而自我控制,自我指挥,充分发挥生产积极性,为实现组织的目标而努力工作。除了那些基本的定向外,还可以找出一些组合。

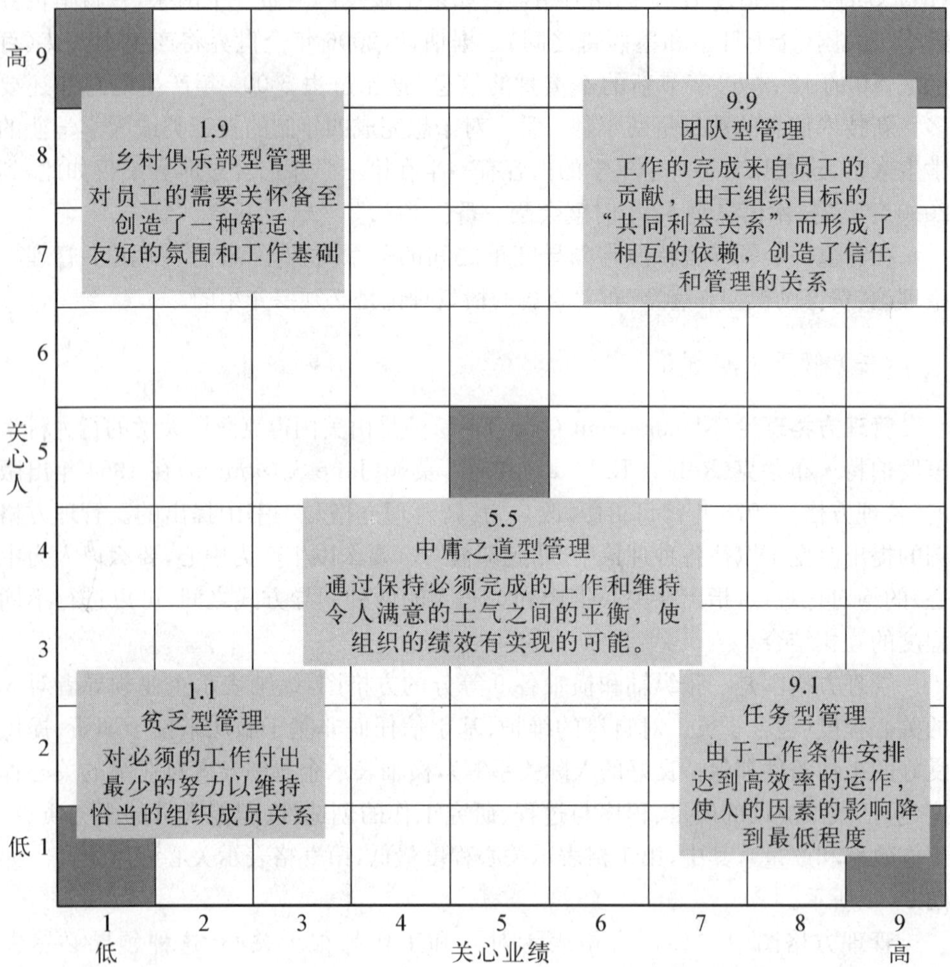

图 9-1　管理方格

比如，“5.1”方格表示准生产中心型管理，比较关心生产，不大关心人；“1.5”方格表示准人中心型管理，比较关心人，不大关心生产；“9.5”方格表示以生产为中心的准理想型管理，重点抓生产，也比较关心人；“5.9”方格表示以人为中心的准理想型管理，重点在于关心人，也比较关心生产。此外，如果一个管理人员与其部属关系会有 9.1 定向和 1.9 定向，就是家长作风；当一个管理人员以 9.1 定向方式追赶生产，而在这样做的时候激起了怨恨和反抗时，又回到了 1.9 定向，这就是大弧度钟摆；还有平衡方法、双帽方法等。

（二）费德勒模型

费德勒权变模型(Fiedler contingency model)是指，有效的群体绩效取决于两个方面的恰当匹配：其一是与下属发生相互作用的领导者风格；其二是领导者能够控制和影响情境的程度。该模型假设：在不同类型的情境中，总有某种领导风格最为有效。这一理论的关键在于界定领导风格的不同以及不同的情境类型，然后建立领导风格与情境的恰当组合。

领导者在指挥下属时，可以有两种方式：一是明确指令下属做什么和怎样去做；二是让他们一起来参与决策，从而与组织成员共同分担领导工作，共同承担责任。这两种方式各有优劣，不能说哪一个就一定比另一个好。它们对领导者来说都是有用的，问题是应当在不同的场合或情境下使用不同的领导方式。可以有两种方法来达到领导方式与情境相一致：第一种方法是先对要实施领导的工作环境进行考察，看究竟是哪种方式更适合领导开展工作，然后再去选择具有这类领导方式的人或是培养出这种领导方式的人来担任领导；第二种方法是先选出或培养出具有某种领导方式的人，然后再去改变工作环境或领导情境，通过改造环境来与领导方式相一致。

菲德勒对 1 200 个团体进行了调查分析，最后概括出两种领导方式或领导风格：一种是“以任务为动因”的指令型领导方式，领导的注意力主要集中在完成任务方面；另一种是“以人为动因”的宽容型领导方式，领导的主要注意力集中在得到别人的支持和尊重。

菲德勒运用 LPC 评分表来测定领导者的两种动因系统，LPC 表上具有双极的语义差别标度，可以请领导者回想所有曾经与他共同工作过的人，并对其中最难相处的人加以描述，从而进行评分。一般来说，以任务为动因的领导对其难以相处的下属进行描述时，往往使用非常消极、否定的字眼。因为在他看来，工作做不好的人，其个性是讨厌的。而以关系为动因的领导，仍能把一个工作不好的人看做是令人愉快的、友好的或有帮助的人。一般来说，凡是关心人际关系的、宽容的、民主式的领导，其 LPC 表上的分值就高；凡是专制型的、以工作任务为中心的领导，其在 LPC 表上的得分就低。

菲德勒在论述了组织领导的方式类型之后，又进一步研究了与领导方式有着紧密关联的领导环境或领导情境问题。他认为尽管可以根据一定的领导方式创造领导工作环境，但是，领导方式的发挥不考虑具体的领导环境是不行的，某种领导方式只有在一定的、与之相一致的环境中才能运用自如。

菲德勒模型利用三个权变变量来评估情境。领导者与成员关系或好或差，任务结构或高或低，职位权力或强或弱，三项权变变量综合起来，便得到八种不同的情境或类型，每个领导者都可以从中找到自己的位置。

（1）领导者—成员的关系：即领导者是否受到下级的喜爱、尊敬和信任，是否能吸引并使下级愿意追随他。

（2）任务结构：指工作团体要完成的任务是否明确，有无含糊不清之处，其规范和程序化程度如何。

（3）职位权力：即领导者所处的职位能提供的权力和权威是否明确充分，在上级和整个组织中所得到的支持是否有力，对雇佣、解雇、纪律、晋升和加薪的影响程度大小。

菲德勒模型指出，当个体的 LPC 分数与三项权变因素的评估分数相匹配时，则会达到最佳的领导效果。菲德勒研究了 1 200 个工作群体，对八种情境类型的每一种均对比了关系导向和任务导向两种领导风格，他得出结论：任务导向的领导者在非常有利的情境和非常不利的情境下工作得更好。也就是说，当面对Ⅰ、Ⅱ、Ⅲ、Ⅶ、Ⅷ类型的情境时，任务导向的领导者干得更好；而关系导向的领导者则在中度有利的情境，即Ⅳ、Ⅴ、Ⅵ类型的情境中干得更好。如表 9－1 所示。

表 9－1　菲德勒模型

情境类型	Ⅰ	Ⅱ	Ⅲ	Ⅳ	Ⅴ	Ⅵ	Ⅶ	Ⅷ
关系导向 LPC 任务导向	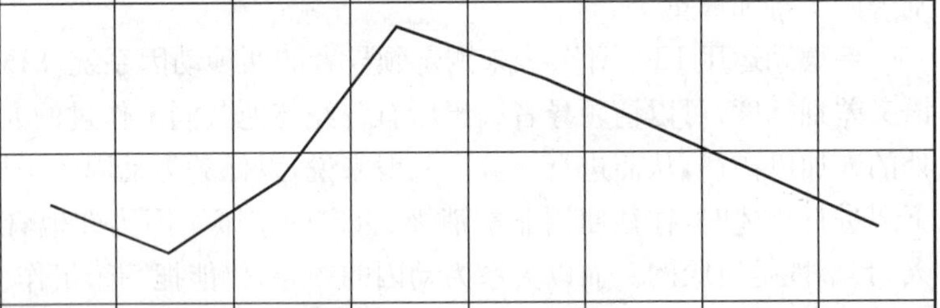							
上下级关系	好	好	好	好	差	差	差	差
任务结构	明确	明确	不明确	不明确	明确	明确	不明确	不明确
职位权力	强	弱	强	弱	强	弱	强	弱
环　境	有利			中等			不利	
有效领导方式	任务导向型			员工导向型			任务导向型	

（三）情境领导理论

保罗·赫塞(Paul Hersey)和肯尼斯·布兰查德(Kenneth Blanchard)共同开发的“情境领导模式”一经提出即受到了企业界的大力追捧，热度一直持续到今天。情境领导模式理论认为在领导和管理公司或团队时，不能用一成不变的方法，而要随着情况和环境的改变及员工的不同，而改变领导和管理的方式。管理的重点在于领导者自身。

情境领导理论(Situational leadship theory)认为：领导的效能取决于下属(或雇员)接纳领导者的程度；领导者所处的情境是随着下属的工作能力和意愿水平而变化的；领导者应对下属的特征给予更多的关注和重视，根据下属的具体特征确定适宜的领导风格。因此，这一理论是一个重视下属的权变理论。

1. 成熟度

成熟度(Maturity)是对下属特征的一个度量。赫塞和布兰查德将其定义为：个体对自己的直接行为负责的能力和意愿。它包括两个要素：第一，工作成熟度，包括一个人的知识和技能。工作成熟度高的下属得到良好的教育和培训，拥有足够的知识和能力，经验丰富，能够不需要他人指导而独立完成工作任务。第二，心理成熟度，指一个人做某事的意愿和动机。心理成熟度高的下属自信心强，工作积极主动。他们不需要太多的外部激励，而主要靠内部动机的激励。

2. 个体成长的四个阶段

赫塞和布兰查德将下属的成熟度划分为由低到高的四种类型(或阶段)：

第一阶段为 M1:“没能力，不愿意并不安”；

第二阶段为 M2:“没能力，愿意或自信”；

第三阶段为 M3:“有能力，不愿意或不安”；

第四阶段为 M4:“有能力，愿意并自信”。

相对于员工的四个不同阶段，领导应采取四种不同的领导风格。针对不同阶段采用的四种领导风格，即 S1、S2、S3 和 S4，当员工处在第一阶段 M1 时，领导者要采取“告知式”来引导并指示员工；当员工处在第二阶段 M2 时，领导者要采取“推销式”来解释工作从而劝服员工；而当员工处在第三阶段 M3 时，领导者要采取“参与式”来激励员工并帮助员工解决问题；如果员工到了第四阶段 M4，领导者则要采取“授权式”来将工作交付给员工，领导者只需作监控和考察的工作。如图 9-2所示。

随着下属成熟水平的不断提高，领导者可以减少对下属活动的控制，而且还可以减少关系行为。在员工成长的第一阶段，下属需要得到明确而具体的指导。在第二阶段，领导者需要采取高任务—高关系行为。高任务行为能够弥补下属能力的欠缺，高关系行为能够使下属在心理上领会领导者的意图，或者说能够给下属提高技能和能力的愿望以更大的激励。在第三阶段，领导者运用支持性、非指导性的参与风格，能够有效地满足下属的参与欲望，消除其现实的挫折感，从而向下属提供更强的内在激励。在第四阶段，领导者无须做太多的事情，因为下属既愿意又有能力完成工作任务。

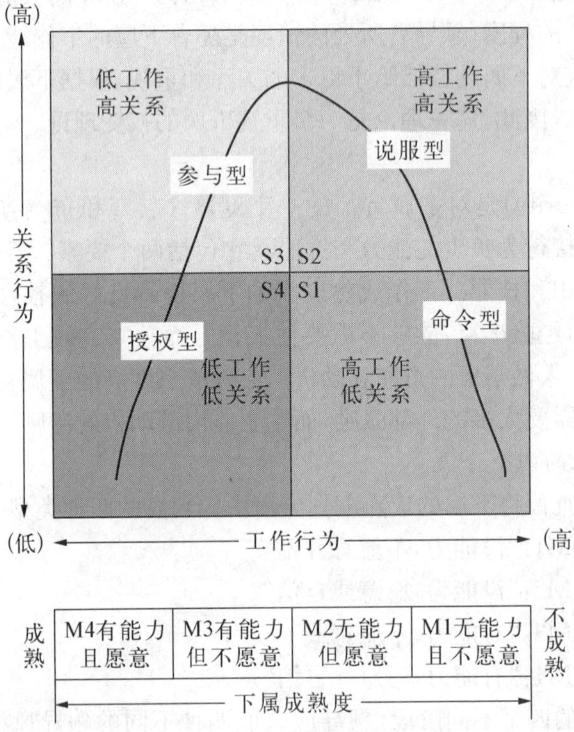

图 9-2　赫塞和布兰查德的领导模型

三、领导积极变革的框架

领导积极的变革(leading positive change)是一种旨在释放积极的人类潜能的管理技能。积极的变革能够使个人在其工作中感受到增值、协作、活力和意义。它旨在创造富裕和人类的康乐状态；它能制造积极的偏离；它认为人的心智都能发生积极的变革。

在变革发生或组织管理的过程中,框架(framework)或理论可以帮助在不断的变革中提供稳定性和秩序。框架可以澄清复杂或模糊的情形。熟悉框架的人可以有效地管理复杂的情形,因为他们只需要对少数几个例外做出反应就可以了;不熟悉框架的人需要把每一条信息都当做一个独特的事件或例外来反应。最好的管理人员会掌握大多数最有用的框架。当他们遇到一种新情况的时候,他们不会不知所措,因为他们拥有框架,而框架能够帮助简化和理清他们不熟悉的事物。

(一) 创造积极的氛围

领导积极变革的第一步,也是最重要的一步,就是通过创造积极的气氛来确立舞台。因为所有的组织都处在不断地变化之中,大多数的管理人员在大多数时间都把注意力集中于变革消极的一面或者有问题的方面,能够把注意力放在变革积极方面的领导人极为罕见和珍贵。

鲍迈斯特(Baumeister)、布拉特斯拉夫斯基(Bratslavsky)、芬肯纳尔(Finkenauer)以及沃思(Vohs,2001)指出,消极事件对人们的影响比积极事件对人们的影响更大,持续时间更长。如果有三个人对你进行了赞赏,而只有一个人对你进行了批评,那么这一个批评比那三个赞赏影响更大。相对于积极的现象而言,人们更倾向于注意那些消极的现象。一般消极的事件是会有危险的,而错过积极的事件只会让你感到遗憾。因此人们就会倾向于注意消极的事情,而不是积极的事情。管理人员必须有意识地选择去注意积极、乐观和繁荣的一面,否则,消极的倾向就会压倒积极的倾向。换句话说,领导积极的变革就是违反人的本性。这不是人们天生就会做的事情,它需要技能和实践。

甘地(Mahatma Gandhi)的陈述说明了积极性的重要性,尽管真正做到是很难的:保持积极的思想,因为思想会成为语言;保持积极的语言,因为语言会成为行为;保持积极的行为,因为行为会成为习惯;保持积极的习惯,因为习惯会成为价值观;保持积极的价值观,因为价值观会成为命运(Gold,2002)。

为了在组织中创造积极的氛围,管理人员必须至少帮助创造三个必要的条件:① 积极的能量网络;② 富有同情心、宽恕和感激的氛围;③ 关注优势和最好的自我。

1. 创建积极的能量网络

最近的研究发现,人们在与别人相处的过程中,可以被分为"积极增能者"和"消极增能者"(Baker, Cross & Wooten, 2003)两类。积极增能者(positive energizers)是那些能够增强与创造活力和生命力的人。消极增能者(negative energizers)是耗尽他人的美好感觉和热情,并让他人感觉被贬低,或精疲力竭的人。研究表明,与消极增能者相比,积极增能者是更高级的执行者,能够让别人表现得更好,并且更能帮助他们的组织取得成功(Baker et al,2003)。从别人那里汲取能量的人一般爱挑剔,表现出消极的观点,不能融入别人,并且比积极增能者更容易以自我为中心。成为积极增能者的人一般对于人际关系保持敏感,值得信任,对别人进行支持性的评论,主动参与社会交往,在思考问题时灵活且能容忍别人,不自私。他们不一定具有超凡的魅力、令人眼花缭乱或盲目乐观。积极的能量创造者是乐观和愿意付出的,围绕在他们身边的人会感觉非常好。这就是它在领导积极变革中如此重要的原因。

韦恩·贝克(Wayne Baker,2001)研究了组织中存在的网络的种类。大多数的研究都会调查两种网络——信息网络和影响力网络。如果你处在信息网络的中心,它就意味着经过你流传的信息和沟通要比其他人多,你能接触到的信息要比其他人多得多。可以预言的是,处于信息网络中心的人比处在外围的人拥有更高水平的绩效,在他们的职业生涯中更容易取得成功。处于影响力网络中心的人也是这样。拥有影响力的人不一定拥有声望很高的头衔,但是他们一般都是能够影响别人、让别人完成事情的人。最近的研究发现,在预言成功方面,积极的能量网络(positive energy networks)比信息网络或影响力网络更有效。一个组织中的积极增能者成功的概率是拥有重要头衔或高级职位的人的四倍。换言之,表现出积极的能量将是个人和组织取得成功的重要预示变量。

有效的管理人员能识别积极增能者,并确保形成与这些增能者有关的人员网络。积极增能者被安置的位置应该是其他人能够与他们联系并且能够受他们影响的位置。研究的发现很清楚,即与积极增能者相联系的人能够表现得更好,就像积极增能者本身所做到的那样,所以,要确保你和其他人都能与积极增能者并肩作战。除了要形成积极的能量网络之外,有效的管理人员还要通过下列途径培养其他人的积极能量:① 自己示范积极的能量;② 找出能够示范积极能量的人,并予以奖励;③ 为个人提供在工作中建立友谊的机会,这通常是积极能量的产生诱因。

2. 确保一种富有同情心、宽恕和感激的氛围

积极氛围的第二方面是在组织内适当地体现出同情、宽恕和感激。最近的研究发现,它们是预测组织成功的重要指示器。在这些特征上得分很高的公司会比其他公司表现得好很多(Cameron,2003b)。也就是说,当管理人员在员工中培养

出富有同情心的行为，原谅失误和错误，并对积极的事件表现出感激的时候，他们的公司在赢利能力、生产率、质量、创新和客户保持方面都会胜过其他公司。重视这些德行的管理人员更容易成功实现关键结果。

关注这些概念就是承认员工在工作中会有作为人的顾虑——他们在工作和个人生活中会感到疼痛，会遇到困难，并且会遭遇不公平。许多组织都不允许员工的个人问题干扰工作。人的问题被置于工作问题之后。不管个人发生了什么事，其工作责任和绩效预期都保持不变。但是，为了领导积极的变革，管理人员必须创建这样一种氛围，在这种氛围中，要承认人的问题，并要让其得到治疗和恢复。因为变革经常产生痛苦、不舒服和破裂，积极变革的领导者要对那些破坏许多变革努力的个人问题非常敏感。如果不保留商誉和积极的情感，那么几乎所有的变革都会失败。因此，释放人们的内在脾性，让他们感觉到同情，宽恕错误，并表现出感激，都将有助于建立成功地进行积极变革所需要的人力资本和人力储备。

(1) 同情心。卡诺(Kanov)及其同事(2003)发现，当管理人员在组织内培养出下列三种行为的时候，他就在组织内构建起了同情心：

① 集体的注意(collective noticing)：当人们遇到困难时，第一步注意到的是要知道发生什么。例如，思科系统(Cisco Systems)内部有一条铁一般的规则，就是当任何思科员工或其家庭成员去世或得了严重疾病的时候，必须在48小时内通知首席执行官约翰·钱伯斯(John Chambers)。人们在注意需要帮助的同事。② 集体的情感(collective feeling)：第二步是让集体的感情得以表达。策划一些人们能够分享情感的活动有助于建立富有同情心的氛围。③ 集体的注意(collective responding)：第三步是集体的反应，在员工需要治疗或恢复的时候，管理者要保证做出适当的反应。

(2) 宽恕。大多数管理者都认为在工作环境中不会存在宽恕。因为存在高质量标准、消除错误的需求，以及“第一次就做正确”的要求，所以管理者认为他们不能够容许犯了错误而不进行惩罚。他们的结论是，宽恕错误只会让人们更加粗心和不加思考。然而，宽恕和高标准并不是水火不相容的。这是因为宽恕与原谅、赦免、借口、忘却、抵赖、减轻或信任是不完全一样的(Enright & Coyle，1998)。宽恕并不意味着解除对冒犯者的处罚(例如，原谅)，或者说冒犯是可以的、不严重的，或是可以忘记的(例如，赦免、借口、抵赖、减轻)。宽恕并不是要忘记冒犯。相反，一个组织的宽恕涉及摒弃由冒犯产生的怨恨、痛苦和指责的能力，以及对受到的伤害或损害采取积极的、向前看的态度的能力(Cameron & Caza，2002)。

例如，由于小小的冒犯和意见不一致几乎在所有的人际关系中都会发生，尤其是在亲密的关系中，所以，大多数人都是很老练的宽恕者。没有宽恕，关系就不可能维持下去，组织就会陷入争吵、冲突和敌对之中。欧洲经济联盟的建立、美国和日本之间在第二次世界大战后达成的相互谅解，其中最重要的一个原因就是宽恕(Glynn，1994)。

当管理人员做到下列各点的时候，宽恕在组织内就会得到加强：

① 承认其组织成员所受到的创伤、损害和不公平，但是把这种伤害性事件的发生界定为一种向新的目标前进的机会。

② 把组织的成果(例如，它的产品和服务)与更高的宗旨联系在一起，这种更高的宗旨对于组织成员而言要有个人意义，并能通过对更高目标的关注来替代对自身的关注(例如，报酬、自怜自哀)。

③ 维持高标准并传达宽恕，并不等同于容忍错误或降低预期这一事实。通过宽恕，不再把焦点放在事情消极的一面上，而是放在如何取得优异的成就上。

④ 宣传在组织优先考虑的事情中，人的发展和福利与财务底线一样重要，并提供支持。这种支持能够帮助员工走出过去的伤害，看见前进的曙光。

⑤ 注意语言的使用，使宽恕、同情、谦逊、勇气和爱等词汇容易让人接受；这种语言可以提供一种人文主义根基，是大多数宽恕发生的基础。

(3) 感激。观察到富有同情心和宽恕的行为可以让人产生一种感激的情愫。感激(gratitude)在组织中是至关重要的，因为它能形成互惠的行为、权益和公平(例如，接受帮助之后的回报，因为有过美好的经历而做好事，公平对待)。西默尔(Simmel，1950)把这种感激描述为"人类在精神上的记忆……如果每一次感激行动……都突然被消除，那么社会(至少在我们看来)将会四分五裂"。

感激的情愫对于个人和组织的绩效具有巨大的影响。例如，埃蒙斯(Emmons，2003)通过布置学生写一个学期的日记来引导学生的感激情愫。有些学生被要求每天或每周都记下"让人感激的事情"。他们要写下在一天(或一周)中所发生的让他们有感激之情的事情。其他学生则被安排写下让他们沮丧的事情，另外还有一些学生被安排写下一些近乎中性的事情。与记录令人沮丧的事件或中性事件的学生相比，写感激日记的学生所经历的头痛、感冒等身体上的症状更少、对生活感觉更好、对未来的一周更加乐观，在注意力、决心和能量方面的状态更好，从事更多的帮助别人的行为。除此之外，他们迟到和旷课的比例更低，平均分更高。

通过经常且明显地表达自己的感激之情，即使是对很小的动作和微小的成功也要感激，通过记录做对了的事情，并表现出对它们的感激，管理者可以很简单地在组织内创造充满感激的氛围。

3. 关注优势和最好的自我

识别人们的优势（或者他们做对了的事情），并对其进行增强，能够比识别人们的弱势（或他们做错了的事情）并予以纠正创造更多的利益。例如，在组织内最优秀的员工（而不是最差的员工）身上花费更长时间的管理人员，可以获得双倍的生产率。在员工有机会“每天都做他们最擅长的事情”的组织内，生产率是正常组织的 1.5 倍。与得到弱势反馈意见的人相比，得到优势反馈意见的人会更有参与感，并且会有更高的生产率。得到关于其才能的反馈意见的学生，与没有得到这种反馈的学生相比，逃课的天数更少，迟到的次数也更少，而且会获得更高的平均分。在为了提高阅读而设立的速读班中，原本阅读速度就很快的学生会比原本阅读速度很慢的学生提高得更多（Clifton & Harter，2003）。

增强积极的优势要比克服缺点更加有效，洛萨达（Losada）和希菲（Heaphy，2003）研究了 60 个高级执行官团队，根据六个绩效衡量指标，如公司的赢利能力、生产效率、管理能力等，团队被分成三组。这三组分别是：表现好的一组、表现一般的一组，以及表现不好的一组。为了解释这些小组之间的差异，研究人员特别对小组人员的沟通方式进行了监控和分析。预测成功的一个最重要的要素（它对成功的预言比其他要素有效率高四倍）是积极评论与消极评论之间的比率。积极评论是那些表现出感激、支持、有帮助或称赞的评论；消极评论则表现出批评、不同意或指责。研究的结果非常具有戏剧性。在高绩效团队中，积极评论与消极评论之间的比率是 5∶1。在中等绩效的团队中，这个比率是 1∶1。在低绩效的团队中，这个比率只有 0.36∶1。换言之，在低绩效团队中，与每一个积极评论相对的有三个消极评论。

这些结果所表明的是，高绩效团队所做的积极评论比消极评论多很多。有效的团队比无效的团队更愿意称赞和支持别人。这些团队并不是完全不进行纠正和批评，不是一直都盲目乐观，只不过积极的评论以 5∶1 的优势压倒了消极的评论。表现一般的团队所做的积极评论与消极评论数量差不多，而表现不好的团队所做的消极评论要比积极评论多。顺便提一下，在成功的婚姻中，也产生了相同的比率。在坚固的婚姻中，积极的交流与消极的交流之间的比率是 5∶1。而在以离婚收场的婚姻中，消极交流要多于积极交流。

显然，积极变革的有效领导人所展现出来的管理技能是将他们的沟通偏向积极的支持性的评论，而不是消极的批评性的评论。这个比率不是 100∶1，也不是

5∶0。也就是说，批评、对抗和较正面的评论也是必需的，不容忽略。有效的管理人员会把注意力集中在积极的沟通上，而不是集中在消极沟通上。

管理人员可以用来增强积极性和关注优势的一种技术叫做“得自他人的最佳自我反馈”(Quinn，DUtton & Spreitzer，2003)。这种技术是由密歇根州商学院(Michiganbusiness School)开发和广泛使用的，最近被哈佛商学院、麻省理工学院和几个大型公司采用。它的目的是为人们提供有关他们的优势及独特能力的反馈。这样的信息即使曾经有人提供过，也是不经常的，但是，收到这样的信息却能使个人以积极的方式增强他们的独特优势。

我们大多数人都有很多弱势——没有开发的领域、我们不知道的领域，以及我们不擅长的领域。大多数反馈系统提供的信息都是关于这些领域的，以及在这些领域，我们与其他人的能力相比如何。还有一些领域，是我们有能力做的，而且做得很好——虽然不是一流的，但已足够好。这些被标记为能力(competence)。第三种是技能开发得很好的领域。在某些领域，我们表现得很杰出。我们拥有特殊的才能，我们比大多数人做得更好，这是优势(strength)领域。最后，还有一些领域，在其中我们是独一无二的。如果不贡献我们的所有，或者，如果我们不共享我们的能力和天赋，就没有他人有这个能力去做。我们的才能或技能是特殊的。我们把这一领域称为独特性(uniqueness)领域。研究表明，加强我们的优势和独特性比试图克服弱势更能取得成功——尽管弱势更多、更明显(Clifton & Harter，2003)。

在一个技能评估中，每个人都被要求找 20 位熟悉自己的人。他们可以是朋友、同事、邻居，或家庭成员这些熟悉你的人都被要求写三个故事来回答下列问题：“你见过的我状态最好时是什么时候？或者你什么时候见过我作出真正的贡献？我表现出了什么优势？”换言之，这 20 个人要写出三个关于他什么时候表现出最佳自我的故事。通过这 60 个故事，可以发现这个人的关键优势和独特才能——这种信息既稀缺又珍贵。收到故事的人要对这组信息进行分析，并总结几个关键的主题。这些主题就代表这个人的最佳自我优势和独特性。反馈是以事件和故事的形式给出的，而不是数字或曲线，所以是与这个人在过去的行为直接相关的，并且是可以在将来进行重复和强化的。它既有情感和感觉，又有故意的行为，这些都是可以增强和强化的优势和独特性。这种反馈甚至不会提到弱势或缺点。它不是为了激励人们克服不擅长的领域而给出的，相反，它强调的是积极的方面，有助于人们制订策略来利用它。

当然，完全地忽略弱势和不足也是不健康的。从长期来看，只关注积极方面而忽视弱势领域是不健康的。只是大多数人，以及大多数组织，几乎都只注意消极方面，从而忽略，至少轻视了积极的方面。得自他人的最佳自我反馈技术是一种扭转这种趋势的方法。

并不是每一个人，或者说只有很少的人能够生活或工作在一种可以体验到积极能量的组织氛围中。因此，积极变革领导者的作用，就是培养和创造这种氛围。

成为积极能量的来源和创建积极能量网络都有助于取得更高水平的个人成功和组织的成功。类似地，在组织中表达同情、宽恕和感激之情，也有助于取得优异的绩效，不管是个人还是组织。此外，关注优势和才能(例如庆祝成功，赞扬做对了的事情，认可做得好的人)也能产生优异的绩效。因此，作为领导积极变革的第一步，创造一种积极的氛围是至关重要的先决条件。没有它，抵抗和消极就会带来许多重大障碍。大多数人都会倾向于关注与变革有关的问题、挑战和消极方面。但是，当有了积极的氛围之后，积极变革就更有可能成功。

收到关于优势和成功的反馈可以产生充满感激和富有同情心的情愫，反过来，这种情愫又能产生积极的能量。每一种要素都会直接影响绩效，同时又能够与其他要素相结合，共同影响绩效。

（二）做好进行变革的准备

除了创造积极的氛围之外，个体还必须感觉到进行变革的必要，并理解它的重要性和紧迫性。积极的氛围是至关重要的基础，但是，领导积极的变革还要求个体参与变革的实际流程。因此，领导积极变革的第二步，就是让参与变革的人做好准备。这里介绍三个关于这方面的技能。

1. 以最好惯例为基准，并把当前的绩效与最高标准进行比较

做好变革准备的一种方式就是把当前的绩效水平与你所能找到的最高标准进行比较。找出别人的令人惊奇的绩效水平，有助于设定让人向往的标准，也就是找到了一种机会目标。这被称为“寻找基准”，即找到最好的惯例，仔细研究，并计划超过这个绩效，其原理类似于“枪打出头鸟”。找出最好的惯例并不意味着要抄袭它，而是向它学习，然后超越它。计划的绩效必须超过最好惯例，否则寻找基准就只是模仿。而且，有几种不同的最好惯例标准可供比较：

(1) 比较标准：把当前的绩效与类似的个体或组织进行比较。例如，“这是与我们最大的竞争对手相比我们的表现”。

(2) 目标标准：把当前的绩效与公开声明的目标相比较。例如，“这是与我们

设定的目标相比我们的表现”。

(3) 改进标准：把当前的绩效与在过去所做的改进进行比较。例如，“这是与我们去年的改进相比我们的表现”。

(4) 理想标准：把当前的绩效与理想或完美的标准进行比较。例如，“这是与零缺陷标准相比我们的表现”。

(5) 利益相关者的预期：把当前的绩效与顾客、员工或其他利益相关者的期望进行比较。例如，“这是我们在满足客户需求方面的表现”。

当然，哪一种比较标准最适合依赖于存在什么机会，哪一种标准最适合组织成员，以及哪一种标准是可以实现的。这些比较的目的是通过寻找更高的绩效水平并显示其实现的可能性，来凸显可以获得的机会。

找出基准标准有助于帮助确保可以引进新信息、新想法和新观点，以及在实现之前被认为不太可能的标准。可以赞助来访者，举办学习活动或会议，组建学习团队，以及安排到其他地方访问，去向做同样工作但比你做得好的人学习。目标是通过学习可能存在的更好的方式，把人们从对过去的惯例的依赖中解放出来。

2. 设立象征性事件

积极变革的领导者必须通过一定的象征性符号来标记旧方式的结束和新方式的开始。这意味着，要用一件事来表示积极的变革的开始或新的未来。象征性事件应该是切实可见的，并且要与即将进行的积极变革保持一致。

例如，20 世纪 80 年代，克莱斯勒(Chrysler)经历了一段黑暗的日子，公司濒临破产，没有人知道公司能否挺过难关。李・艾柯卡(Lee Iacocca)是走马上任的新首席执行官。数以万计的汽车被搁置在“销售银行”(克莱斯勒对停放在空地上的汽车的称谓)等待出售。在艾柯卡对公司高级管理人员进行的第一次内部演讲中，他宣布要废除“销售银行”，停放在“销售银行”中的所有汽车都将以“处理价格”出售。“但是，”他说，“我希望留下——你们都知道当人们付清抵押贷款时他们会怎么办；他们会在前面的草地上把它烧掉，我要在总部前面的草地上把最后一辆汽车烧掉，这样，全世界的人都知道它结束了！”(Cameron，1985)。实际上，这就是一个象征性的事件——“销售银行”中的最后一辆汽车被烧掉了，标志着艾柯卡领导下的新时代开始了。

在同一场演讲中，艾柯卡要求所有的高级管理层成员都拿出一张纸，在纸上写下他们在过去的 12 个月里在克莱斯勒所取得的成就。在他们写完之后，他又要求他们把纸撕碎，并扔掉。然后再拿出一张纸，写下他们在未来的 12 个月内将要为公司做的事情。这就是艾柯卡让他们悬挂在墙上并向他们的合作者解释的文件。这同样具有象征意义，艾柯卡在传达这样一种信息：“你在过去可能获得过成功，但未来是从现在我们付出努力开始的。”具有象征意义的形象所传达的信息要比在演讲中单纯地说话更有力量。因为具有象征意义的形象既可以抓住人的心，又可以抓住人的头脑。这是积极变革得以发生的必要资源。

3. 创造一种新的语言

为变革做好准备的另一种方式是帮助组织成员使用不同的语言来描述过去的事情。当使用新的语言时，观点就会改变。例如，迪斯尼公司主题公园部的主要目标是提供世界上最好的服务。问题是，在夏季的几个月中，迪斯尼主题公园的大多数员工都是做临时工的在校大学生，他们好像不太情愿成为公园的清洁工，或者作为露天出纳。迪斯尼通过向所有新员工灌输一种他们都是由表演中心雇来的，而不是由人事部门雇用的思想，来解决这个挑战。他们是表演者，而不是迪斯尼的员工。他们穿的是演出服，而不是工装。他们服务的是客人和观众，而不是游客。他们工作在吸引人的地方，而不是在长廊。在剧组中他们有角色，要扮演人物（即使是场地管理员），而不只是在做工作。在工作时间内，他们是在舞台上，如果要休息、吃饭或社交的话，他们必须走下舞台。

使用这种替代语言的目的是为了改变这些员工对他们的工作的看法，要把他们置于一种不会有其他想法的精神状态中。在迪斯尼，夏季员工负责表演任务——在舞台上扮演角色，为观众表演。改变语言有助于消除旧的解释和创建新的解释。本尼斯(Bennis)和南诺斯(Nanus，1984)观察到，在教育、政府、商业、艺术和军队中取得成功的大多数领导者都是那些创造过特殊语言的人。最明显的特征是，在他们的语言中都没有“失败”这个词。这些人似乎不会让他们自己，或者围绕在他们身边的人接受失败的可能性。他们会使用可以替代的描述语，像暂时减速、错误的开始、失误、错误、大挫折、失足、混乱、障碍、失望，或者不成功等。这些领导者使用这种替代性语言的目的是为他们的组织解释现实，培养一种再次尝试的意愿，以及创造进行积极变革的倾向。这种语言传达了这样一种信息，即失败不是我们想要的选择，成功正在不远的未来。

做好准备是旨在动员组织的个体主动参与积极变革流程的一个步骤。它所涉及的不仅仅是释放人们。让人们感到不舒服是使人们做好变革准备的常用方法，而这种方法经常是有用的。然而，让人们感到不舒服通常会涉及惯例为基准、积极的象征，以及新的语言是做好准备的三种切实可行的方式。

当然，如果不能清楚地了解积极变革要走向何处，那么创造积极的氛围和做好变革的准备都没有什么用。这就是为什么在框架的第三步提出要阐述一个清楚的、鼓舞人心的富裕愿景。

（三）阐述富裕的愿景

如果领导者不能阐述一种富裕的愿景(vision of abundance)，可能就不会发生积极的变革。所谓的富裕，是指关于人们最为关注的积极未来、欣欣向荣的环境以及传统的愿景。这种愿景可以帮助释放人们的潜能源泉，因为它提出了一个基本的人类愿望——做一些与众不同的事、一些比一个人的生命还持久的事，以及具有不朽影响的事。富裕愿景与目标实现愿景或有效性愿景(如赢得一定百分比的利润，成为市场中的龙头，或获得个人的声望)不同，它们是直击人的心灵和大脑的愿景。

例如，位于美国俄亥俄州克利夫兰(Cleveland，Ohio)的 Finast 超市公司的首席执行官理查德·波格蒙内(Richard Boyomolny)的愿景，是改善克利夫兰环境恶劣地区的居民的生活质量，他们几乎没有以合理的具有竞争性的价格定价的杂货店。他在贫穷的市区投资建设了新的、现代化的超级市场，货架上摆满郊区商店不太常见的各个民族的食品，并且提供了一种安全洁净的购物环境，而价格也足以和郊区的购物中心相媲美。现在，Finast 的商店成为整个社区的社交集会场所，为长期失业的人们提供了培训和就业机会，同时，它还成为公司利润很高的一笔投资(Boiller，1996)。没有领导者对富裕愿景的明确陈述，障碍和消极反馈的倾向就会毁掉积极的变革。

大多数组织都有一些使命陈述或既定目标，但是，愿景陈述(visionstatement)跟它们是不一样的。愿景包括指导人们行为的普遍价值和原则。它提供了一种方向感，有助于识别未来会怎样；预示了可能性的出现而不仅仅是提供可能性；激发了比使命陈述或目标更为深刻的意义，并提供了乐观和希望。

例如，号召提高 20%投资回报率的目标、改进产品质量的目标、缩短客户反应时间的目标，或者降低成本的目标，对于组织而言都是非常珍贵和重要的。然而，它们不是愿景，它们只是组织想要实现的目标实例。而愿景则主要是帮助个体以不同的方式思考自己和未来。他们拥有几个重要的特征，对于积极的变革流程至关重要。

1. 兼顾左右脑的特征

大脑左半球控制身体的右边，还控制着理性的认知活动，如连续思维、逻辑、演绎、数字思维等。像阅读、解数学问题和理性分析这样的活动都是由左脑思维控制的。大脑的右半球控制着身体的左边以及非理性的认知活动，如直觉、创造性、幻想、情感、图画以及想象。创作音乐、讲故事和艺术创作几乎都是与右脑思维联系在一起的。

当然，两个半球彼此之间并不是完全独立的，一项复杂的任务会同时需要两种精神活动，这正是重点所在。领导者的愿景陈述必须包括理性的目标、目的和行动计划（左脑成分），同时也要有比喻、丰富多彩的语言和形象（右脑成分）。不幸的是，大多数管理人员和大多数组织在他们的使命陈述或战略规划文件中都只强调左脑成分（例如，他们关注的是提高市场份额，成为行业的龙头老大，或提高质量标准）。很少有人会描绘未来的图画，使用令人兴奋的语言，以及提到成员的想象力。

最鼓舞人心的愿景陈述——例如，丘吉尔的“永不放弃”演讲，是既包含左脑要素，又包含右脑要素的。积极变革的领导者在阐述他们的愿景陈述时应该注意这两个方面。

2. 让愿景陈述趣味横生

默里·戴维斯（Murray Davis，1971）发表了一篇非常经典的文章，内容是关于某些信息被判断为有趣或无趣的依据是什么。根据戴维斯的观点，信息的真实性与它是否有趣的判断没有什么关系。相反，信息的有趣性依赖于信息与获得微弱支持的假设相矛盾的程度，以及挑战现状的程度。如果新的信息与大家已经知道的内容相一致，那么人们就会将其视为常识而不再考虑。如果新的信息与获得强烈支持的假设很明显地相互矛盾，或者，如果它很嚣张地挑战组织成员的核心价值观，它就会被认为是可笑的、愚蠢的。有助于创造看待本来的新方式的信息，挑战事情的当前状态（但不是核心价值观）的信息，会被视为是有趣的。因为这种信息会让人们思考，或者揭示一种新的思考方式，所以就产生了新的洞察力，而人们也会被吸引到这种信息中来。

鼓舞人心的愿景陈述是有趣的，它包含挑战和刺激，会与人们对过去和未来进行思考的方式产生对抗，并会改变它们。它们的信息本身并不古怪或傲慢，只是富有煽动性。例如，CH2MHill（一家大型的环境和工程公司）的首席执行官拉尔夫·彼得森（Nalph Veterson）指出，“公司的永存”是公司的最终目标。这意味着公司的成果持续的时间要比任何个人的生命还长。罗思·佩罗在作为通用汽车（General Motors）董事会成员之一时，曾经阐述过如果他掌舵的话，新的通用汽车的愿景将会是什么样子的：“从这一刻起，通用人将在市场中奋斗，而不是在彼此之间争斗。从今天开始，通用人将携手共进，利用我们的大脑、智慧、创造能力和主动性来代替金钱。从今天开始，当通用进行改革的时候，所有的牺牲都会从高层开

始。”(1988)

当然，列举这些例子的目的不是说它们是最好的愿景陈述，甚至不是能够激励你的愿景陈述。但是，在每一个例子中，它们都包含对于所提到的组织成员而言是强烈且鼓舞人心的信息。它们有助于描绘心智图。最主要的原因之一是，这些愿景是有趣的。它们所传达的信息是人们所关心的，并且挑战了人们对事情的正常认知。这些陈述是与现状相对抗的，并且提供了一种新的方式来思考人们在组织中每天所做的事情。它们之所以有趣，是因为它们吸引了注意力，且具有积极的能量。

3. 激情和准则

有效的愿景是以组织成员都坚信并且对其充满热情的核心价值观为基础的。如果人们很在意公司的核心准则，那么这样的愿景陈述就能提高人们参与到组织中去的愿望。因此，在愿景中所体现出来的准则，必须是有关个人的。一个关注“提高生产率”的愿景，与一个基于“改变人们生活”的愿景相比，就不那么鼓舞人心。“获得赢利能力”就不如“让人们幸福”那么有吸引力。除此之外，这样的准则最好使用最高级的短语来表达。请看下面的对比，注意你有什么不同的感觉。“显著的成绩”与“成功”，或者“充满热情地参与”与“效忠于”，或者“爆炸式的增长”与“令人满意的进步”，或是“杰出的产品”与“有用的物品”。以前面的词汇为基础的愿景要比以后面的词汇为基础的愿景更能激发热情和激情。

阐述鼓舞人心的、充满激情的、以准则为中心的愿景时，有两个具体线索：

首先，确保愿景陈述再次强调了你感觉很强烈的核心价值观。愿景陈述不应该关注最后的结果，如利润的增长、市场份额的扩张、客户满意度的衡量，或者目标的实现等，而应该与人们能够感觉到激情的某些最基本的东西联系在一起。就像与人类的繁荣、人际关系，或最终的利益联系起来——也就是说，与那些让生活值得继续的事情联系起来。这些事情比一个人的生命还要长久，或者能够产生一种连锁反应，从而它的影响会远远超越当下的情形。像帮助人类，有助于让生活或工作更加有价值，提高个体的自由，或者改进生活质量这样的结果要比工具性的结果更有吸引力、更能激励别人。对于这类愿望，人们充满热忱。

第二，愿景陈述必须直接、简单。领导者在阐述愿景的时候经常犯的一个错误就是过于复杂、冗长、多面。大多数伟大的领导者都承认，他们的心中只有 3～4 个主要目标，他们的愿景能够帮助人们把精力集中起来。美国前总统罗纳德·里根(Ronald Reagan)、迪斯尼前首席执行官迈克尔·埃斯纳(Michael Eisner)、通用汽车前首席执行官杰克·韦尔奇(Jack Welch)、微软创始人比尔·盖茨(Bill Gates)、办公家具商 Steelcase 首席执行官吉姆·哈克特(Jim Hackett)都是公开支持简单且直接的愿景(通常只有三个或四个关键部分)的典型。与他们形成对比的是惠而浦(Whirlpool)公司的前首席执行官和主席,他写了一篇长达 15 页的文件来描述他对公司的愿景。员工都抱怨说,他们根本看不懂他想要什么,或者公司要走向何方。要为这 15 页签约承担义务是很困难的。一位高级管理人员抛开了文件,因为"他的愿景太多了"。只有当愿景陈述被精简为三四个关键要点时,它在组织中才会有公信力。

4. 为愿景贴上一个标志

有效的愿景陈述都会与一个标志相联系,这不仅仅是为变革做好准备的那种标志性事件,而且是人们必须把愿景与他们看得见或听得见的某种事物联系起来。愿景不仅为个体的日常活动提出了预期、提供了方向,并且要通过一个标志的表现被人们铭记于心。这个标志可以是一句标语、演讲中的一个短语、一面旗帜、一种物质结构,或任何可以提醒组织愿景的几件事物。

5. 为愿景做出承诺

一旦阐述了这种富裕的愿景,领导者就有必要帮助组织成员为愿景做出承诺,签署承担义务的合约,采纳愿景视如己出,并为它的实现而努力工作。愿景的目的是为了激发实施愿景并受其影响的个体的能量和潜力。下面讨论激发人们为愿景做出承诺的**应用娱乐原则**。

查克·库恩拉特(1985)发现了一个非常有趣的事实:"人们更愿意为了工作的特权去付钱,而不是去工作以获得报酬。"换句话说,在某种情形下,人们更愿意从事会让他们花钱的工作,而不是做可以让他们获得报酬的工作。有时候,当人们不做可以获得报酬的工作时,他们会付钱去工作。这是怎么回事呢?在什么情况下会发生这样的事呢?

考虑下面这个假设的例子。假设现在是冬天,你住在犹他州,当你到了办公地点后,你发现暖气炉坏了。当温度下降到 18℃时,你穿上了大衣。到 15℃时,你开始抱怨太冷了,以至于无法工作了。到 12℃的时候,你离开了办公室,自信没有人会希望你在这种恶劣的条件下工作。然后,你穿上价值 300 美元的滑雪服,抓起价值 750 美元的滑雪橇和靴子,冲上山坡,去购买 75 美元的车票、25 美元的汽油以及 30 美元的垃圾午餐。你将在只有 10℃的气候条件下待一整天,卖力地滑雪,比你在公司拿报酬时的工作还卖力。还可以考虑公司和学校里的缺勤率,相对于拿报酬的工作来说,人们更愿意选择去付钱的工作。也许你会说,这是因为它是消遣、娱乐和有趣的,也许是对的。但是,为什么日常所做的工作不能具有消遣娱乐所具有的那种特征呢？换句话说，让人们想要参与休闲工作的原因同样也可以成为让他们想从事职业工作的原因。休闲工作(recreational work)一般至少具有五个特征(Coonradt，1985)：① 目标已经被清楚地界定；② 得分是客观的，是自行实施的，受到伙伴监督；③ 反馈是经常的；④ 会出现个人选择；⑤ 规则是一致的，存在一种竞争性的环境。

而在职业工作中，组织的愿景没有被清楚且精确地表达出来；组织内没有客观的、自行实施的评估系统；计分系统是由在等级上更高一层的管理人员控制的，而不是像在娱乐中那样由同伴监督且是连续的；评估标准是模糊不清的，而且在管理上不一致；组织反馈经常只在季度收益报表编制出来之后才有，而且经常集中在做错了的事情上；个人自由是经常被限制的，在大多数大型组织中通常设有的复杂的官僚等级结构可以证明这一点；成功的标准在中途被改变也是很常见的，尤其是由一位新的管理人员接管的时候。并且，大多数员工从来都没有看到过他们所做的努力对于最终目标的实现，或者赢得竞争有什么作用。

领导者让别人为愿景而奋斗的一种方法是识别与愿景相联系的明确而一致的目标；确定可以标示朝着愿景前进的标准，而这个标准是组织内的每一位成员都可以监督的；制订能够经常为组织成员提供反馈的机制，给每个人提供进行个人选择的自由，并尽可能地将这种自行判断力最大化保持游戏和期望规则的一致性和稳定性；制订富有竞争性的标准，并依据该标准进行绩效评估。如果具有类似的原则，对愿景的奉献，将会像对娱乐的沉迷一样强烈且持久。

6. 确保公开的承诺

另外还有一种有案可稽的方式可以增强对愿景的承诺，那就是让人们公开地大声说出他们的承诺。有了公开声明，人们的行为就会尽量与之保持一致(Salancik，1977)。这种内在的一致性需求可以确保在公开声明之后会有与之一致的行动。在做了公开宣言之后，个人会更加致力于他们所宣布的事情，在行为上会更加一致(Baker，2001；Cialdini，2000)。

例如，在一项研究中，一个大学班级中的学生被分成两组。所有的学生都要设定关于他们要读多少本书，以及在考试中要获得多少分数的目标。不过，只有一半的学生可以在班级中对其他所有学生公开声明这些目标。到了学期结束后，公开声明目标的学生平均进步了 86%，而没有公开声明目标的学生只有平均 14%的进步。

这里的要点是，积极变革的领导者要抓住机会让他人公开做出支持愿景的声明，或者让他们自己重申愿景。把代表愿景的个体派到外部的小组或其他员工那里，或者成立讨论小组，这样这些人就可以帮助提炼或者阐明愿景了，这些都是为了增强对愿景的承诺而抓住进行公开声明机会的例子。

7. 传达愿景

积极变革的有效领导者会传达愿景，并且会不断重复地传达。如果领导者停止了对愿景的传达，或者，如果他们在向组织成员演讲的时候改变主题，那么组织成员就会认为愿景已不再重要。除非领导者不断地对愿景行阐述和再阐述，否则它就会失去它的力量，对它的奉献也会消失。被指为重复远没有被指责为忽略严重。坚持不懈地不断传达愿景信息是必要的，但奇怪的是，这正是领导者们通常具有的缺点。他们进行一次演讲，或者分发一张写有愿景的纸，就认为完成了工作。实际上，这只是工作的开始。

愿景的传达也必须利用各种不同的形式出现。这意味着，可以在公开声明、新闻通讯、庆典、演讲、备忘录，以及每天的接触中提到愿景。领导者要以他们的个人行为示范愿景。通过观察和聆听领导者，人们应该毫无疑问地知道愿景是什么。例如，北欧航空公司（Scandinavian Airlines，SAS）的前总裁简・卡尔森，在公司年损失 2 000 万美元的时候接管了公司。在接管后的第一年，他就提高了 8 000 万美元的收入，并使公司被《财富》杂志评选为“世界最好的航空公司”。下面是他讲述的他是如何传达他的愿景的：

> 好的领导者在沟通和传达上所花的时间比在其他任何事情上花的时间都多。从我到 SAS 的第一天起，我就进行了沟通，尤其是与我们的员工沟通，这是最为紧要的。实际上，在第一年，我工作中的一半时间几乎都花在了与 SAS 人的谈话上。以至于后来有传言说，每次只要有三名员工聚集在一起，简・卡尔森就会出现，并开始与他们谈话。当我们开始重组 SAS 的时候，我们的评判者嘲笑我们所做的努力只是推广的小把戏。他们声称我们变得过于以市场为导向，但是实际上，我们根本没有为营销预算增加一分钱。相反，我们把更多的钱都有效地花在了容易理解的信息上。（Cartion，1987）

总之，通过运用娱乐工作中的原则，提供公开声明所做承诺的机会，制定成功战略，以及经常地、持续地、广泛地传达愿景，可以增强对愿景的承诺。实质上，领导者所获得的对愿景的承诺已达到他们所说、他们所做，以及他们所奖励的程度，但是，没有一致持续性，就不一定能达到他们想要的程度。

（四）把积极的变革制度化

积极变革的领导者还要将变革变成现行组织生活中的一部分。其目标是确保即使在领导者离开之后，积极的变革也会因为有持续的动力存在下去。由领导人倡导的积极变革会继续被坚持下去，因为它们已经被植入组织文化之中。它们已经被制度化了，并且已经获得了不可阻挡的动量。

当然，把变革制度化不是瞬间完成的事，积极变革的前四个步骤——创建积极的氛围、做好准备、阐述愿景以及做出承诺都是必须首先成功完成的。不过，如果组织想成功地完成积极变革，制度化是非常必要的最后一个步骤。

领导者如何把他们的积极变革制度化呢？

1. 把学生变成老师

大多数时候，我们都认为阐述富裕愿景是领导者的责任，其他人只需要听和接受就可以了。教师教授学生需要知道的知识，而学生则学会这些知识并参加考试。但是，最有效的领导者会为组织中的每一个人都提供阐述愿景的机会，或者提供教授别人关于想要的积极变革的机会。这个过程要求每一个人都要形成“一个可以传授的观点”（Tichy，1997）。形成自己的可以传授的观点意味着个人开始相信某些事情，并且可以清楚地解释它是什么及为什么。换言之，人们将能够达到用自己的语言阐述愿景的境界。他们被给予了向其他人传授他们是怎样理解积极变革的机会。他们要以能够向其他人解释清楚的方式形成自己对于积极变革的看法。他们从学生或聆听者转变成了老师或梦想者。

2. 增强人力资本

为了让积极的变革具有永久性的力量，为了让它持续的时间超过领导者的生命，整个组织的人都必须开发自行领导愿景，发起积极变革，以及主动坚持下去的能力。换句话说，发展良好的人力资本通常是财务资本增长的主要预言因子。人们的技能组合是组织获得成功的基础。如果没有发展良好的人力资本（指有能力、有技能的员工），没有一个公司可以长期赢利。当组织内的所有个体都具有了自己领导积极变革的能力时，积极变革的制度化就得以产生。

这里的重点是，确保积极变革得以继续的关键是要有合适的有能力的人为组织成员提供发展机会——也就是提高他们自己的技能组合的机会，是对组织未来的一种长期投资，也是对积极变革持续成功的一种投资。

3. 度量制、衡量标准、里程碑

制度化的第三个方面是度量制（metrics）、衡量标准（measures）以及里程碑

(milestones)。这三个要素有助于确保变革的可说明性,弄清楚是否取得了进步,并为变革的成功提供可以看得见的指示。谚语"你会获得你所度量的东西"就是这一原则的最好说明。当变革成为人们有责任去实现的东西时,它就制度化了。当很清楚衡量标准是什么的时候,人们就会针对这些衡量标准做出反馈。如果我被衡量的依据是在班级中的考试分数,而不是我所做的课外阅读,那么我就会花更多的精力和时间学习考试内容,而不是阅读课外资料。只有当我被衡量的标准发生变化的时候,我才会改变我的关注点。因此,把积极的变革制度化意味着制订明确的度量制和衡量标准,并设立一个里程碑,表明什么时候算是完成了变革。

为积极的变革设立有效的度量制、衡量标准和里程碑的关键是:识别两个或三个可以表明要取得的成果的度量制或指标;确定一种衡量体系;树立里程碑,在某一个特定的时间点上,要取得一定数量的可以衡量的进步。

总之,把富裕愿景和积极变革制度化主要依赖于把它变成所有组织成员的日常生活的一部分和习惯性的行为。没有一种积极的变革可以只依赖于领导者存活下去。因此,帮助人们形成有关积极变革的可以传授的观点,并为他们提供机会进行传授,通过开发其他人的领导技能来增强人力资本,以及设立度量制、衡量标准和里程碑来确保变革的可说明性,都是有助于成功地将积极变革制度化的行动。

四、中国新世纪的领导观

随着 21 世纪的到来,领导情境发生了重大变化。为了适应时代的变革与发展,领导者必须提高领导技能,改进领导方法,而最根本的则是要转变领导观念,树立顺应新世纪领导变革趋势的新领导观。

(一)由刚性到柔性

传统的领导是刚性的、强制性的,主要依靠约束控制、行政命令来实现领导的目的。21 世纪的现代领导越来越显示出柔性化的趋势,它主要依靠引导和疏导,依靠非权力的影响力来实现领导的目的,是一种主要靠制度、靠文化、靠环境、靠艺术为主的领导。一般说来,与"导"相比,"领"是比较刚的;而与"领"相比,"导"是比较柔的。在 20 世纪,领导的重点是"领",是领导者率领、带领被领导者去实现既定目标。在 21 世纪,领导的重点是"导",是领导者引导、辅导被领导者去追求组织的共同愿景和奋斗目标。

（二）由显性到隐性

对显性的领导，我们都非常熟悉：领导者处在领导情境的中心，而被领导者只能处在领导情境的边缘。领导者在那里发号施令，被领导者只有俯首听命。但对隐性的领导我们却比较陌生。21世纪的隐性领导与显性领导不同，领导者“退”到领导情境的边缘，而被领导者往往处在领导情境中心。领导者首先设计和改变领导情境，然后通过领导情境影响和改变被领导者。被领导者并没有感觉到领导者在领导自己，然而却实实在在地接受了领导者的影响。换言之，21世纪的领导者借助于领导情境来施加自己的领导作用，被领导者没有明显感觉到但事实上却存在着这种领导作用，这就是隐性领导。隐性领导是柔性领导的延续和深化，而柔性领导则是隐性领导的前提和表现。

（三）由有界到无界

在传统的领导活动中，英雄就是英雄，凡人就是凡人，领导者就是领导者，被领导者就是被领导者，两者界限分明，不可逾越。在21世纪的领导活动中，有界领导正在被无界领导所逐渐取代，领导者与被领导者之间的界限正在越来越模糊，甚至无界。过去很多由领导者干的事，现在被领导者都可以干。比如说被领导者可以参与决策，他同样可以考虑重大问题；过去一部分人制定决策，更多的人执行决策，现在更多的决策是由离现场最近的被领导者去制定，被领导者在没有领导者在场的情况下也能自我激励、自我协调、自我领导。换句话说，被领导者正在变得越来越像个领导者，越来越主动地干着领导者的事，行使着传统的领导职能。

如今不仅被领导者在干着过去由领导者干的事，而且领导者也开始热衷于过去被领导者干的事。比如，领导者把自己主要的工作定位于服务，为被领导者的工作提供良好的条件和环境，越来越像一个公仆、真正的公仆。被领导者则越来越像一个主人、真正的主人。新世纪的领导者像公仆，被领导者像主人，这是角色的模糊，甚至是互换，更是由有界领导到无界领导的真实体现。

（四）由复杂到简约

在21世纪，领导不是越来越复杂，而是越来越“简约”。领导者不是越来越重要，而是越来越不重要。对于21世纪的领导者而言，需要不断地减少领导工作的量，提高领导工作的质。节约型社会不仅节约各种能源资源，更重要的是要“节约”管理的机构，“节约”领导的智能，“节约”领导者的人数，“节约”领导者的过多的权力。

案　例

公司愿景陈述

这里有三个愿景陈述的例子，是由美国著名公司——苹果、通用汽车、强生的领导人做出的。在当时，这些领导人中的每一位都被认为是世界上最成功的变革领导人。根据本章在技能学习部分所讨论的原则，分析他们的陈述。每一个愿景陈述为什么有效？根据领导人所做出的愿景陈述，你能就公司的成功做出什么预测？

1. 苹果公司的身份识别及其目标

前主席、总裁和首席执行官约翰·斯卡利

关于共同价值观

我们都处在创建一个杰出公司的征途中。我们将来想要做的事情是拥有如此大型规模的其他公司之前所从未做过的。我们很多人都坚信苹果已经做好起飞的准备了，该文件的目的是尽我们所能给苹果的每一个人一幅关于苹果正在走向何方的清楚的愿景。我们预期前方的世界将充满变数，但是，我们需要稳定的公司身份和为我们指明方向的目标，它们为我们提供了一种框架，我们可以据此判断我们做得怎样。我们的身份和方向性目标也是我们树立共同价值观的基石，我们希望苹果人能为我们的共同价值观感到骄傲。

苹果公司的身份

苹果公司的身份可以利用三个重要的概念来描述：第一个是关于苹果公司是做什么的，第二个是为什么它选择做这个，第三个则是它将如何做到。

● 首先是关于做什么：我们生产伟大的个人计算机。苹果制造的是人们真正想用的并能提高他们的知识和能力的产品。这些产品可以被当做人们做事情的工具，通过简化而凸显优雅性。

● 为什么苹果想进入这个行业：我们有激情改变这个世界。苹果要让个人计算机在工作、教育和家庭中成为一种生活方式。

● 关于苹果身份的第三方面是“如何做到”：我们建立了一种令人兴奋的环境。在苹果，总有机会让你做你最擅长的事情，让你成为最佳的以及最重要的人。苹果人是变化的典范……我们为这个世界提供了一些对待像生产率和学习这样的关键问题的其他观点。对待生产率的传统观点主要集中在制度上，利用大规模的数据处理技术将工作流程系统化。通过给制度赋予更快地去做复杂的工作这个含义，来提高生产率。苹果的可替代性观点是把生产率集中在人身上。在为人们发现新的做事方式的过程中，我们要做一种催化剂。我们相信，当人民利用更好的个人电脑系统作为工具，发现更好的工作方式后，生产率也会提高。

● 苹果的方向性目标：我们设立了七个关键的方向性目标，它们对于增强苹果将来的身份识别非常重要。

● 独立：我们坚信，如果我们拥有作为一个独立公司的自由，我们就能最好地保持我们的身份。因此，我们不会仅仅因为财务上的优势而去收购或兼并。

● 高市值：在当今这个收购盛行的时代，拥有高市值是保护自己的独立性的几种方法之一。

● 较高的客户价值：我们希望为客户设定明显不同而且高于任何竞争对手的满意度期望值。

● 不同寻常的增长：我们希望苹果的增长速度一直比行业内的其他公司快。为了实现这一目标，我们必须在个人计算机系统的功能方面做出很大的改进。

● 21世纪的模范公司：我们相信，将来在决定公司胜利时，多样化和灵活性要比公司规模更重要。

● 动态的全球公司：我们有激情改变这个世界，而不仅仅是美国。

● 让优秀的人们成长：为当前的员工提供广泛的管理培训是我们的职责所在，这些人是将来公司的人。

● 我们公司的整体战略就是利用创新来创造增长，为人们创造做事情的新方式。创新是一切的基石，我们坚信这将长期不变。

2. 通用汽车公司的愿景

● 从今天起，通用将成为世界上最好的汽车公司。

● 每一位通用人都必须理解世界上有太多的汽车工厂。

● 从这一刻起，通用人将在市场中奋斗，而不是彼此争斗。

● 从今天起，不容忍财务职员与汽车制造者之间存在权力斗争。

● 从今天起，通用与UAW之间的关系将是一种团队关系，而不是相反。

● 从今天起，通用将听从于它的顾客。

● 从今天起，为通用人和顾客所做的任何承诺都将被遵守。

● 首要的事就是改正今天所销售的汽车上的每一个不合标准的部件。

● 从今天起，通用人将携手共进，利用我们的大脑、智慧、创造能力和主动性来代替金钱。

● 通用将消除所有的浪费。

● 所有人都必须持有通用大量的股票。

● 不能承担责任的领导人将被辞退。

● "管理"、"劳工"、"符合奖金条件的"、"领薪水的"以及"每小时一次的"这些词汇将不准使用。

● 以独裁方式进行管理的人将被开除。

● 所有奖金和财务奖励都将由唯一的一套规则来决定。

● 所有的财物奖励都将是通用的股票。

● 所有的牺牲从高层开始。

● "管理"这个词将被"领导"代替。

● 领导人将承担通用汽车的设计和工程方面的所有责任。

● 大多数委员会都将被废除。

● 不会有一个人因为没做错过任何事情而晋升为通用的高层。

● 扔掉斯隆(Sloan)的那本《我在通用汽车的岁月》。

3. 强生公司的信条

● 我们深信我们首先必须对医生、护士和病人负责。

● 对母亲、父亲和我们产品及服务的所有消费者负责。

● 为满足他们的需求，我们所做的一切必属一流。

● 我们必须不断努力降低成本，以维持合理的价格。

● 顾客的要求必须迅速、准确地满足。

● 我们的供应商和批发商须有机会获得合理利润。

● 我们对员工负责，对在世界各地与我们共事的人负责。

● 我们必须将每个人视为个体，尊重他的尊严，认可他的优点。

● 员工在工作中必须享有安全感，享有公平、合理的报酬和整洁、安全的环境。

● 我们必须着意帮助员工履行各自的家庭义务。

- 员工们必须享有提建议和意见的自由。
- 我们应向能者敞开一切受聘、发展和升迁的公正的大门。
- 我们必须拥有胜任的管理人员，他们办事公正、严守职业道德。
- 我们对生活和工作的社会负责，也对整个国际社会负责。
- 做好公民。支持有益的行为和慈善事业，缴纳应付的税款是我们的义务。
- 我们必须促进文明进步，改善卫生和教育。
- 我们必须保护环境和自然资源，使我们有幸享用的资产保持良好的状况。
- 我们最终必须对我们的股东负责，我们的业务应该产生丰厚的利润。
- 我们必须尝试新思想，继续从事研究、开发新项目，并弥补过错。
- 我们必须购买新设备，提供新设施，开发新产品。
- 为防不测，我们必须建立储备。
- 如果我们根据这些原则运作，我们的股东将得到合理回报。

游　戏

在完成本游戏的过程中，请遵守以下两条原则：

(1) 热情地参与，严格按照命令完成指定动作，仔细体会，对照自己的心理感受；

(2) 要说真话，不说空话和套话。

游戏过程：

每人准备好一张白纸，教师宣布游戏开始，并发布以下口令：

双手捏住纸的一条长边的两端，眼睛闭上，直到听到让眼睛睁开的口令。

首先，尽快地把纸对折，保证折叠整齐，叠完后以纸的右上角为顶点，撕下一个边长为 1 厘米的正方形。

然后，再将纸对折，以纸的左上角为顶点，撕下腰长为 1 厘米的等腰三角形，以纸的右下角的顶点为圆心，撕下半径为 1 厘米的 1/4 圆。

接下来，再将纸对折，以纸的右上角为顶点，撕下腰长为 1 厘米的等腰三角形，以纸的右下角的顶点为圆心，撕下半径为 1 厘米的 1/4 圆。

请睁开眼睛，对照各自的图形，回答老师的问题。

测试评分要点与参考数据

马基雅维里主义量表——MACH IV

这个量表衡量的是个人在与其他人相处时表现出来的一般倾向，特别是巧妙地处理人际关系的程度。该量表的高分所表示的品质与积极变革的有效领导人所需要的品质是相反的，得分越高，离领导积极变革的要求就越远。也就是说，真实、真诚、乐观、感激、谦逊和情感敏感性都是积极变革的有效领导人的特征，但是，这个量表衡量的是人们愤世嫉俗、不信任和操纵的程度。

可能的最低分数是－60，最高分数是＋60，中性点是0分。

该工具的三个子量表是：

奸诈：　　项目2,3,6,7,9,10,15；

消极主义：项目1,5,8,12,13,18,20；

不信任：　项目4,11,14,16；

公布的总体平均分：10.6。

参考数据(N＝1 500位学生)

平均值＝－17.18分

前25％＝－8分或以上

25％～50％＝－18～－9分

50％～75％＝－27～－19分

后25％＝－28分或以下

第十章
口头和书面沟通的具体技巧

本章目标

通过本章学习，掌握以下知识要点：

1. 有效报告的5S战略。
2. 演讲的3V原则。
3. 有效会议的5P战略。

技能学习

沟通在管理中就如人的血脉，在生活中也同样重要。如果沟通不畅，就如同血管栓塞，其后果是可想而知的。所以要学会沟通，要懂得其途径。本章将介绍口头和书面沟通的技巧。

一、有效报告的5S战略

沟通是管理的一个重要方面，正式的报告是重要的沟通工具。因此，管理人员必须能够创造有效的、有价值的和有说服力的信息。口头和书面表达能力是可以通过充分的准备和反复的练习来提高的。本章将介绍5S战略来帮助制作有效报告。**5S**是指**策略**（strategy）、**结构**（structure）、**支持**（support）、**风格**（style）、**补充**（supplement）。这五个S是顺序性的，每一个步骤建立在前一个步骤的基础上，充分准备是有效沟通的基础。如图 10－1 所示，前三个步骤主要涉及准备，第四、第五个步骤主要集中在口头和书面报告上。

图 10－1　5S 战略的步骤

（1）制定针对具体对象和场合的**策略**，明确目的。

（2）形成清晰的**结构**，将抽象的策略转化为具体内容。

（3）用事例、材料等来**支持**观点，使之更具有说服力。

（4）准备材料，形成自己的**风格**，增强自己的观点。怎样表达观点往往和表达什么观点同等重要。

（5）对他人的问题和挑战进行充分的应答，以对报告进行**补充**。

（一）制定具体的策略

1. 确定报告的一般目的和具体目的

了解目标、了解听众是有效沟通的首要原则，也就是说，在收集信息或进行书写前，应该明确演讲或书写的一般性目的。例如，你是想激励、告知、说服、证明还是教诲？如果是在提供信息、演示技术，那么一般性目的就是告知，所关注的应该是观点和事实的传达。

一旦明确了一般性目的，具体目的就应该很容易确定。例如，可以通过下列问题来确定具体目的，“我希望我的听众学习什么？”或者“我希望我的听众采用什么行为和态度？”通过自我回答可以得到，“我希望他们花更多的时间和客户在一起”或者“我希望他们学习新会计程序的六个步骤”。这些就是具体目的，它决定了将怎样根据听众和环境的需要调整和准备报告的剩余部分。

2. 根据特定的听众调整信息

听众的理解力和接受力对成功的沟通也有着至关重要的作用，因此，在准备适合听众的信息时，要了解他们对有关主题知识、信息的态度以及对报告的期望。

如果听众已经知道报告的内容，他们可能感到乏味并且可能产生敌对情绪，因此要了解听众对信息的态度。敌对的接受者不像渴望的接受者那样准备学习。对于敌对的听众，首先要设定现实的目标，目标太高，可能会使得听众更加敌对。通过分享相似的价值观或者类似的目标来强化沟通是应对这种情况较好的方法。另一种方法是发布双面的信息（如表 10－1 所示）。另外，报告者应选择中立的语言，建立可信度，让听众感到报告者是冷静、公平、理性和信息充分的。也可以用幽默的语言来调节紧张气氛(Sprague & Stuart，1996)。

表 10 - 1　单面和双面信息

在下列情况下应使用单面信息： ● 听众偏向报告者的立场 ● 听众的教育水平不高，或者在这个问题上缺乏知识 ● 报告者要求来自听众的公开支持
在下列情况下应使用双面信息： ● 听众一开始并不支持报告者的立场 ● 听众受过良好的教育，或者在这个问题上知识丰富 ● 有其他报告者就这个问题向听众进行相反的劝说
研究表明，提出双面信息的最好方法是首先给出支持自己立场的论据，以最弱的论据开始，以最强有力的论据结束。然后，提出反面的论据，以最强有力的论据开始，以最弱的论据结束。因为听众一般倾向于接受最近听到的内容。

资料来源：Adapted from Sproule，1991。

3. 满足情景的需要

接受者对报告的期望也很重要。情景时常决定期望。因此，正式的场合需要正式的语言和句子结构，非正式的场合允许使用俚语和不严格的句子结构。

例如，报告者被期望在大会上发言，那么报告者应该进行周密的准备。相反，如果被期望即席发言，那么事先准备好演讲稿就不那么实际或者不那么合适了，在这种情况下，应该发表更自然的评论。书面沟通也涉及某种期望，有关公司员工春游的邀请可以贴在公告牌上，但是有关领导者聚会的邀请应该个别传递。

（二）形成清晰的结构

1. 从预告开始

一般来说，有效的开场白要做三件事情：首先，吸引接受者的注意，并为信息定一个基调；其次，给接受者倾听和阅读的理由；最后，给接受者一个关于信息的路线图或大体结构。下面将给出一个关于高层会议上改变生产计划的例子：

“大家是否意识到我们基本的生产过程已经连续四年没有变化了？这段时间，有七个新的竞争者进入了市场，我们失去了 9%的市场份额。但如果进行三个变化，我们能够获得更多的产量，增加工资也成为可能。第一，重组第二工区；第二，在部件车间和装配线之间建设一条通道；第三，在部件车间和装配线之间建立电话联系。下面，请容许我花几分钟来说明每种变化的详细情况，解释为什么这些变化能给我们带来效益。”

这个预告抓住了听众的注意力，因为它描绘了问题的紧迫性，指出了要讲的内容和听众自身利益之间的重要关系。通过指出竞争增加这一大背景，加强了听众认真听的理由，压制了可能出现的对变化的抵制情绪。

2. 选择合适的组织方式

清晰的结构离不开合适的组织方式，它影响了接受者对信息的理解，影响了报告者的可信性。与发言没有组织的人相比，人们更倾向于用积极的眼光看待一个发言有组织的人。

不同情况，应该采用不同的组织方式，表 10－2 列出了几种常见方式：

表 10－2　组织材料的常见方式

策　　略	特　　征
时间顺序	按时间顺序（如过去、现在、将来）描述事件
空间顺序	按物理位置（如北边、中间）或者相互之间的方向关系（如内部的、外部的）描述事件
因果关系	从引起结果的原因或者原因导致的结果来描述事件
主题类型	列举主题的不同方面（如尺寸、颜色、形状或者结构）
激励类型	五个步骤： 1. 获得注意 2. 说明需要 3. 提出解决的方法 4. 设想实践后的结果 5. 号召大家付诸行动
熟习—接受顺序	从接受者熟知或认可的方面开始，逐渐引向新观点
问题顺序	以与获得信息或解决问题同样的方式有步骤地表达主题
提问—回答顺序	提出并回答听众的一系列问题
问题—解决顺序	首先提出存在的问题，然后提出解决方案
排除顺序	提出一系列解决方案，有系统地排除每一种可能，直到剩下一种解决方案

同时要注意，书面表达与口头沟通在信息量的传达上是有所不同的，因此组织方式的选择也因情况而异。书面报告可以被反复阅读，口头演讲就不能再重新听

一遍。因此,限制信息的数量在口头表达中更重要。一个人的短期记忆一次只能容纳七个信息组块。如果报告者期待接受者按照报告所讲的去实行,那么让听众记住信息就显得很有必要了。所以将演讲分成不多于五个主要的组块,能够使报告者的观点更易于记忆(Muller,1967)。如果报告比较长,就要考虑使用视觉辅助设备,如幻灯片或分发的资料,来强化信息。

3. 要标注报告的进展

报告开始,应该给接受者一个框架,有利于使接受者跟上报告者的进展。同时,当从一个观点讨论到另一个观点时,报告者要进行标注,要概括第一个观点,并引出下一个观点。这在口头沟通中尤其重要。在书面形式下,报告者可以通过缩进、编号等形式强调信息的转换,可以用斜体或黑体印刷来吸引读者对关键词的注意。

4. 以值得高度关注的事情做结尾

有两个重要的心理学概念在沟通中起作用——首因效应和近因效应。首因是第一印象,近因是最近获得的印象。人们倾向于记住他们最先和最后得到的信息。因此,在构造结构时,报告者应该在头脑中计划信息的开头和结尾,考虑到具体的目标陈述;再根据开头结尾来组织其余的材料,使这些材料自然导出结论。

在演讲或书面信息的末尾,再次概括观点作为结语。研究表明,这种强化能帮助听众记住信息。如果在引言中对信息进行预告,在内部的小结中进行强化,然后在结论处进行总结,那么接受者记住信息的可能性就大大增加。

引言和结尾有多种形式,根据报告的不同目标选择不同的表达形式。例如,可以通过引用一些权威的格言来强调报告观点的正确性,或者用情绪感染增加承诺的力度。

(三) 支持报告的观点

1. 选择不同的支持材料

支持性的材料使报告中的观点更具有说服力,表 10-3 列出了支持性材料的一般类型:

表 10-3 支持性材料的类型

实 例	用例子来证明观点。例如,“我们在北京和青岛的工厂使用了质量审查机制”。
统计数据	表达大小、比例、趋势关系的数字。例如,“目前,我们的员工中有 32%加入了质量审查小组”。
专家观点	其他人,特别是专家的观点或结论。例如,“张教授在参观我们工厂时指出,我们的员工并不是团体激励型的”。

2. 选择支持材料时要考虑受众

支持性材料的选择取决于接受者。如果证据对接受者来说是新的，那么将会对他们产生影响。生动的录像带、录音带，或者真实的照片也会起到帮助。高度教条化的人比不那么教条化的人更容易受到证据的影响。另外，与那些与自己的立场不同的证据相比，人们更倾向于相信与他们自己的立场相同的证据。因此，接受者最初的立场决定了他们认为证据可信的程度。并且，如果接受者发现证据的来源是可信的，那么他们更愿意接受新的信息。

3. 使用视觉化辅助材料作为支持物

视觉化辅助材料对报告的有效表达也起着很大的作用（见表 10－4），它们能有效提高接受者的理解和记忆，使接受者以更活跃的方式加入沟通，同时增强报告观点的说服力和可信度。除了在头脑中记住这些功能，同时要注意视觉化辅助材料必须是简单的、清楚的和专业的（见表 10－5）。

表 10－4　视觉化辅助材料的功能

- 让报告的可记忆程度增加
- 使复杂的信息清晰化
- 使报告者显得更专业
- 加速团体决策
- 减少开会时间
- 使信息的说服力提高

表 10－5　使用视觉化辅助材料的检查表

在准备视觉化辅助材料时，让自己回答下列问题：
- 视觉化辅助材料会发挥超越辅助的作用吗？
- 我能将复杂的数字转换成饼图、直方图或曲线图吗？
- 我使用视觉化材料时自然吗？我是否经过练习，从而使用自如？它会打断我演讲时的思路吗？
- 所有的印刷品都短小简洁吗？
- 视觉化材料是丰富多彩的吗？
- 我的视觉化辅助材料专业、简洁、有吸引力和准确吗？
- 我在使用视觉化辅助材料时能保证不妨碍受众的观看吗？
- 视觉化辅助设备出现故障时，我该怎么做？
- 需要激光笔或教鞭吗？
- 是否使用了多种视觉化辅助材料来增强观众的兴趣？
- 如果我准备散发材料，我能应对因此而造成的注意力分散吗？我能将那些只顾阅读材料而不听讲的受众的注意力重新集中起来吗？
- 我的讲话声音能盖住幻灯片或其他机器的噪声吗？

每一类型的视觉化辅助材料传达信息的途径是不同的。一般而言,幻灯片、照片和海报等视觉化辅助材料能够帮助接受者直接感受报告人的做事方式;描述性的或书面的材料能够帮助接受者了解报告人的思维方式;数字和图表强化了认知的过程,突出事物之间的关系和模式。

(四)确定报告风格

迄今为止,口头和书面报告的准备都还非常相似。无论你是要发表演讲还是书写一个报告,都需要通过确认目的、构造信息以及用证据支持来进行准备。由于口头和书面报告在表达风格上大相径庭,在第四步中,口头和书面报告将分开讲述。

表 10－6　口头和书面风格之间的区别

- 在谈话中,句子的平均长度较短
- 口头词汇比书面词汇更有限
- 口头词汇由比较短小的词组组成
- 演讲者使用较多的第一人称的词,从而拉近和受众的距离
- 在演讲中,会使用更多的限定词(如"大量的"、"很多的"和"总是")和程度副词(如"基本上"、"全部")

1. 口头沟通的风格

(1) 准备笔记。在仔细考虑了策略、结构和支持材料以后,报告者应该准备演讲笔记。为此,要按照所选择的组织方式简单地写下要点。但是在不同场合,要做的准备也有所不同。

在非正式场合中,多采用谈话式的风格,也就是即席演讲。即席演讲不需要长篇大论的演讲稿,风格自然灵活,但不意味着不需要准备,报告者可以把关键词抄在卡片上来提示自己,从而使发言严谨而有逻辑性。

如果场合是正式的,并且要求准确的措辞或优美的文采,那么报告者应该准备发言稿并逐词逐句地记下来。然后,对照原稿预演一遍,努力做到尽可能的自然。同时,报告者应该避免使用手写的草稿式便笺来做报告。

表 10－7　公开演讲和交谈之间的区别

- 公开演讲是高度结构化的。和交谈相比,它需要更多的计划和准备,在时间上也有所限制,并且演讲者和听众不能自由地交流沟通
- 公开演讲需要更正式的语言。俚语、方言和不严格的语法会降低演讲者的可信度
- 公开演讲要注意表达方式。演讲者声音的语调、音量都应该得到调整,身体语言也要恰如其分,避免拘泥于书面文字

（2）对演讲进行练习和彩排。在正式演讲之前要进行练习与彩排，例如在一间类似的房间中进行预演，并请旁人观摩并提出意见，能有效提高报告的质量。另外，研究表明，与集中练习相比，分散性的练习对减少焦虑和增强记忆更有效。

视觉化辅助设备的使用也应该进行练习和彩排。事先熟习视觉化辅助设备并能够熟练操作它们，要明确知道演示视觉化辅助材料将花费多少时间，同时要做好应付意外情况的准备。

另外，在练习时，演讲者也应该考虑如何疏导焦虑紧张的情绪。大多数演讲者在演讲前感到焦虑，这是正常的。充分的准备是最有效的方法，即使在演讲中感到焦虑，一些重要的内容也不会忘记。设想处在演讲时的情境是很有帮助的。演讲者应该更多地关注自己的观点，而不是情绪上的焦虑。另外，即便有事先准备，演讲中的焦虑并不会真的消失，大多数有经验的演讲者仍然有恐慌情绪，关键在于如何将焦虑情绪转变为能量和热情。

（3）配合主题传达恰当的热情。一个报告虽然具备了有效的形式、良好的组织结构、严谨的逻辑性，但如果表达方式不恰当，仍然会对报告效果产生负面的影响。

关于学生对课堂教学评价的研究表明，热情是一位优秀教师的必备条件。如果教师明显地热爱自己的科目，并且真正有意将这种欣赏传达出来，那么学生将会原谅他其他方面的不足。热情对于报告者来说也同样重要。通过报告者的姿势、语调和面部表情来感染受众是很有必要的。

虽然热情是重要的，但也要控制一下，不要将热情与吵闹相混淆。使用精力充沛的谈话式语调而不是大声吼叫或竭力鼓吹。演讲者应该确保自己的声音能被很容易地听到，语调足够有力并能有效地表达自己的观点。

（4）运用恰当的肢体语言来传递信息。保持受众注意力的另一种有效的方法是恰当的声调和姿态。目光沟通是使受众参与报告的有效方式，它使受众仿佛置身于和演讲者一对一的私人讨论之中。有效的目光接触是指，直接看着受众，一次一个，随机而轮流。

使用物理空间和身体运动来增强演讲者的信息。报告像电影，而不是快照。因此，报告者应该在走动和静立、演讲和倾听以及思考之间不断变换。使用板书、受众参与和视觉化辅助材料来点缀你的演讲，这样不会使一个单一的动作在报告中占很大一部分。另外，演讲者还可以在报告中加入一些调剂品，如讲述一些个人趣事，提到部分受众或讲述一些不寻常的事件。如果条件允许，还可以安排演讲台的区域为身体活动提供空间。身体活动可以用来强调重点、过渡信息、建立与提问者的亲善关系以及帮助受众保持精神集中。在更私人化的情境下，将参与者分组，让他们在空间上更为接近；移走演讲台上不需要的或易使人分心的东西；在使用视觉化辅助材料之前将其盖住，将黑板擦干净等，从而使受众的注意力集中到报告上来。

手势也可以加入到报告之中。报告中的手势应该是自然而不是僵硬的，应该是增强信息的，而不是使受众分心。手势应该是流畅的、相对慢的，不要太低（腰部以下）、不要太高（肩部以上），或者太宽（离你的身体超过 0.6 米）。如果使用讲台，演讲者应该站得靠后或靠边一些，从而使受众能够看到演讲者的动作。在一定程度上，当演讲者将注意力集中在报告本身而不是运动上时，恰当的手势就会自然出现。

避免任何使人分心的手势或动作，如口袋中的叮当声、玩弄笔记、两只脚之间的重心转换、缠绕头发，或者调整眼镜。实际上，任何重复次数太多的动作都会引起分心。因此，在练习过程中要尽量避免这些情况的发生。

2. 书面沟通的风格

与口头沟通一样，书面沟通也是一项技能，可以通过学习锻炼而提高。书面沟通与口头沟通一样，按照三个准备步骤进行。作者在实际书写之前决定策略、结构和支持材料。同样，好的写作也离不开对读者和情境的认真分析。

书面的文件能够被保留、学习、复印以及存档，这意味着书面沟通具有更详细的传达信息的能力，但同时书面沟通比口头表达要求更准确更严密。

(1) 培养文字表达的准确性。良好的书面报告形象首先表现在外观上，圈点、涂抹、参差不齐、卷面不整齐，都会影响读者对报告的第一印象。

语法上的准确性也是需要的——拼写错误、标点错误和不严格的语法都是不专业的表现。这些错误不仅会降低作者的可信度，也会使读者陷入混乱，在理解上产生分歧，从而导致信息的影响力下降。因此，养成校对检查的好习惯是很有必要的。

(2) 培养内容的准确性。使信息得到清晰的表达是内容准确性的第一个表现。例如，你发了通知说要开会，但写错了日期，读者就会因此而产生不必要的麻烦，所以作者有必要保证每个句子都清晰无误。含糊是书写的一个障碍。许多时候我们像说话一样地书写，写出的内容就像我们口语所说的短句的堆砌。与演讲不同，书写不能用非言辞的行为来表达特定含义。以下面这个便笺为例，注意其中含糊其辞的表述会产生何种影响。

本部门下次会议将于下个月召开。王伟告诉张江华将做有关工会选举的报告。他的报告之后是一个声明。我们将在即将召开的会议上选举新的官员。

这个便笺内容表达不清晰。首先,"下个月"是个很模糊的时间概念;第二,谁将做报告?王伟还是张江华?第三,哪一次"最近的会议"将选举官员呢?是指便笺说的会议,还是另一次"即将召开的会议"呢?这样不准确的便笺将引发混乱,造成其他人的不满。不难发现,管理者日常所写的便笺是有效管理的一个重要体现。

(3) 注意语气。书面表达的语气与你的措辞或词语选择的形式直接相关。例如,比较下面两种叙述:"我们公司将购买这个产品"和"我们将买下它"。第二种表述相对不是那么正式,因为它使用了代词和缩写。通常,较长的词语和句子倾向于表达更为正式的语气。

要在书写中选择恰当的正式程度,要分析书写的不同情境。例如,公司董事接待会的一份邀请函需要使用正式的语言;当写给新客户或向上层汇报时,应选择较为正式的语言;当与同级的人或下属沟通时,一般会用不太正式的语言。但是,批评下级的信在语气上应该是正式的。

在大多数时候,即使令人失望的消息也可以用积极的方式表达。假设一位雇主给予求职者这样的书面反馈:"在像我们这样受人尊敬的公司中,几乎没有时间考虑你们这样的申请者。"这个消息不但是令人失望的,而且这封信的口吻也毫无必要地侮辱了求职者。一个更积极的反馈可能是:"我们认真阅读了您的申请,但是目前没有适合您的专业的空缺职位。祝愿您在随后的求职中获得成功。"

大多数商业书信中,作者表达出的感情应该是热忱的,应该表达出与对方友善的关系。这种态度对用词的选择会产生积极的影响,从而更有可能传达一种适合的语气。

在现代商业书信中,人们更倾向于使用电子邮件。从特点上来讲,电子邮件鼓励快速的交流,但是,电子邮件并不像电话那样可以使用语气和其他线索来表明意思,在没有说明信息的前后关系,没有给出需要的背景信息,没有进行仔细的词语选择来表达热忱的语气时就很有可能产生负面影响,导致工作关系僵化。因此,恰当地使用电子邮件是很有必要的。

(4) 使用适合的格式。对于商业信件类的书面沟通有几种可选择的格式,但是应该保证对方一眼就能找到特定的信息。在**商业书信**中的这些特定信息包括:信件的预期接收者、发信人、发信人的回复地址、任何随信的附件以及信件副本的接收者。所有这些信息都应与信件的正文分开，应该能被清楚地看见。由于**备忘录**是在组织内部传递的，所以其格式与信件不同，但是基本信息也应能一眼看到。备忘录顶部应该包括：收件人、发件人、日期和主题。

无论最终的格式是什么，所有的书面商业沟通的目标都只有一个：保证信息简单、直接和清楚。

（五）通过回应问题与挑战来补充报告

1. 准备回答提问

回答提问和回应异议能够有效地拓展报告的深度和广度，使信息更加充分地表达出来。有效的回应离不开充分的准备，不仅要准备支持性的材料，反对性的材料也要进行广泛地阅读了解，从而使报告者在现场更加自如。

但是，报告者在现场还是可能遭到来自听众的敌意的反应。不要把道歉和欺骗作为摆脱困境的手段，直接和真诚是最好的应对方法。

2. 有条理地回答问题

以简洁的方式回应反对意见，可以通过如下四个步骤回应反对意见：

(1) 复述反对意见。一方面给自己思考的时间，并表现出自己对问题的兴趣，另一方面使在场的每个人都清楚这个问题。

(2) 陈述自己的立场。简洁、直接地陈述自己的观点，以使别人清楚你的立场。

(3) 为自己的立场提供支持。这是决定性的部分，提供证据来表明自己立场的正确性。

(4) 说明反驳的意义。表明采用你的立场的影响，给出这样做的理由。

下面是一个回应反对意见的例子：

(1) “王伟刚才提出目标管理系统在我们厂不会起作用，因为管理者不想再对此增加投入。”（复述反对意见）

(2) “我认为，目标管理系统会起作用，并且将增加工人的满意度。”（陈述自己的立场）

(3) “我是以去年在青岛工厂的一组研究为依据的。第一个月产出增加了0.5%，更重要的是，工人们获得了更高的工作满意度。他们病假的天数也减少了。”（为自己的立场提供支持）

(4) “我们的工厂与青岛工厂相似，我们的管理者会在我们厂得到同样的收益。除非王伟能给我们提供坚持目前系统的理由，否则我想我们应该尝试一下新系统——我们会得到更多的产出和更高的工作满意度。”（说明反驳的意义）

3. 保持对情境的控制力

报告者需要对反馈保持敏感，并且灵活地对合理的关注进行回应，同时避免拖延。报告者要尊重听众的提问，但是要避免个别人左右了报告的进度和方向。

和观众的互动应该保持在理智的水平上。当平静、理性的声音占优势而不是与听众的争吵占优势时，更可能实现有效的沟通。

部分人不仅仅是因为想获得信息而提问，一些人渴望得到关注，另一些人可能想破坏报告人的立场。报告者应事先对这些可能性进行准备，从而可以更加自如地选择应对方法。在回应敌对问题时，挫败质问者并恢复攻势是很有必要的，或者可以放宽讨论范围，不要被一个人的辩论套住，让其他人参与进来。

二、演讲的 3V 原则

演讲是一个人的修养、智慧和素质的外在表现。它既不同于书写，也不同于平时的谈话，演讲是一个人思想的凝练，要求用极度富有感染力的方式表达出来。良好演讲的标志是：言之有物、言之有序、言之有理、言之有文、言之有情、言之有趣。要做到这样并非一朝一夕的功夫，需要系统地学习。下面将介绍演讲的 3V 原则，帮助提高演讲能力。

演讲的 3V 原则是指：**词语组织能力**（Verbal）、**发音技巧**（Vocal）、**肢体语言**（Visual）三个部分。

（一）词语组织能力

词语组织能力，即演讲时组织用词的能力。首先要遵循简要、清晰的原则，选词要口语化，句式要简单。具体表现在以下四个方面：

首先，了解听众，有备而来。演讲者首先要了解听众，注意听众的组成，了解他们的性格、年龄、受教育程度、出生地，分析他们的观点、态度、希望和要求。掌握这些情况以后，就可以决定采取什么方式来吸引听众，说服听众，取得好的演讲效果。

其次，主题明确，用词恰当。一次优秀的演讲要有一个集中、鲜明的主题。无中心、无主次、杂乱无章的演讲是没有人愿听的。一篇演讲稿只能有一个中心，全篇内容都必须紧紧围绕着这个中心去铺陈，这样才能使听众得到深刻的印象。

第三，抒情说理，相辅相成。好的演讲稿，应该既有热情的鼓动，又有冷静的分析，要把抒情和说理有机地结合起来，做到动之以情，晓之以理。

第四，准确精练，清晰易懂。演讲稿的语言要求做到准确、精练、生动形象、通俗易懂，不能讲假话、大话、空话，也不能讲过于抽象的话，更不能和写作等同起来。要多使用简单的句式、易懂的词语，要多用比喻，多用口语化的语言，深入浅出，把抽象的道理具体化，把概念的东西形象化，让听众听得入耳、听得明白。

（二）发音技巧

发音技巧并不是指声乐上的发音，而是指如何通过控制语速、声调、音量等来使演讲更具有说服力和感染力。研究表明，声音低沉的男性和声音高亢的男性相比，其获得的信赖度较高，因为声音低沉者给人一种威严沉着的感觉。重要的是让自己的声音清楚地传达给听众，即使是音质不好的人，如果能够秉持自己的主张与信念的话，依旧可以吸引听众的热切关注。

说话的速度也是演讲的要素。为了营造沉着的气氛，说话稍微慢点很重要，标准大致为每 5 分钟 3 张左右的 A4 原稿。不过，此处需要注意的是，倘若从头至尾一直以相同的速度来演讲，听众会睡着的。

（三）肢体语言

演说时的肢体语言也会带给听众某种印象，虽然个人的性格与平日的习惯对此影响颇大，不过一般而言肢体语言也可以通过学习来提高。

1. 演讲时的视线

在大众面前说话，即必须忍受众目睽睽的注视。当然，并非每位受众都会对你报以善意的眼光。尽管如此，你还是不可以漠视受众的眼光，避开受众的视线来说话。一个出色的演讲者要懂得通过眼神交流和观众进行互动，直视观众，切忌左顾右盼，或盯着一个角落，更不要一直低头看着笔记或电脑屏幕。应该目光温和地投向每一位受众，并通过微笑、点头等方式和受众交流。

2. 演讲时的手部动作

手势的运用没有什么固定模式，完全是由演讲者的性格、演讲的内容以及演讲者当时的情绪支配的。因人而异，随讲而变，但是手势挥动的高度却有约定俗成的范围。按演讲者的身材，可分为上、中、下三个部位。上位，是指肩部以上，常在演讲者感情激越，或大声疾呼、发出号召、进行声讨，或强调内容、展示前景、指向未来的时候运用；中位，即从腹部至肩部，常在心绪平稳，叙述事实、说明情况、阐述理由的时候运用；下位，即在腹部以下，这个部位的手势除指示方位、列举数目而外，多用于表达厌恶、鄙视、不快和不屑一顾的情感，或介绍、评说反面的事物。应避免手插口袋等随意的手部动作。

当然，这些都不是绝对的。手势的运用各有各的习惯和技巧。关键是要与演讲词的意义相协调，突出演讲的内容和情感。

3. 演讲时的脸部表情

演讲时的脸部表情无论好坏都会带给受众极其深刻的印象。紧张、疲劳、喜悦、焦虑等情绪无不清楚地表露在脸上，这是很难由本人的意志来加以控制的。演讲的内容即使再精彩，如果表情缺乏自信，演讲就很容易变得欠缺说服力。

控制脸部表情的方法，首先不可垂头。人一旦"垂头"就会予人"丧气"之感，让受众觉得演讲者很不自信。此外，若视线不能与受众接触，就难以吸引受众的注意。另一个方法是减缓语速。说话速度一旦缓慢，情绪即可稳定，脸部表情也得以放松，全身上下也能够为之泰然自若起来。

三、有效会议的5P战略

有效的会议管理者需要了解、准备和召开会议的五个部分，即有效会议的5P战略是指：**目的**（purpose）、**参与者**（participants）、**计划**（planning）、**参与**（participation）、**远望**（perspective）。

（一）目的

目的是指召开会议的原因。会议具有三种功能——发布通知、进行决策和开展头脑风暴。在三个功能中，实际上只有后两个可以作为召开会议的原因。在以下情况下都不应该召开会议：信息可以通过备忘录或电话传达、人们还没有做好准备、关键人物无法出席、会议的成本高于它的回报。简而言之，当没有决策需要做出，也没有任何头脑风暴要进行时，就应该取消会议。

有效的会议来自良好的决策和头脑风暴。当需要达成以下目标时，则必须召开会议：

（1）分享信息：当关键信息并非一人持有时，当人们在一起可以互相激发灵感时，或者不清楚哪些信息是必须的、有用的时。

（2）达成一致：当需要每个人对一个行动达成一致，而且他们也被卷入了这个行动的计划和实施中时。

（3）信息散播和反馈：许多人需要以相同的方式得到相同的信息时，电子邮件是有效的。但是，当实际问题并不仅限于散播，还要对反应进行估计，并需要进行公开讨论时，会议会有很大帮助。

(4) 问题解决：当需要各种信息、方法来完成复杂的任务或做出高质量的决策时，群体要优于最优秀的个体。因此，在处理复杂问题时，需要召开会议，并通过头脑风暴找到解决的办法。

(二) 参与者

参与者是指被邀请参加会议的个体。要想召开一个有效的会议，弄清参与者的规模、成分和技能是非常重要的。过多或过少的参与者，或者错误的人员组合，都会导致会议的失败。如果一个会议过于庞大，决策可能是肤浅、混乱的，此时应该减少参加人数；如果会议规模太小，将得不到足够的信息，问题无法得到充分解决。奇数位参与者的会议效果更好，因为偶数位参与者的会议更容易导致两极化。

会议成员的性质可以按以下三个方面进行划分：

1. 同质—异质(Homogeneity-Heterogeneity)

一个同质性的群体是由具有相似背景、人格、知识或价值观的成员组成的。同质性的群体更少产生冲突和分歧，但他们产出的结果可能是平庸而缺乏想象力的。异质性群体中的个体之间存在更多的差异，这会导致危机和争论，但也蕴涵着对问题更加新颖、复杂的解决方法。

2. 竞争—合作(Competition-Cooperation)

在这个群体中，如果其成员为了共同的目标而工作，对同伴采取合作的姿态，那么他们可以达到更高的效率和更好的成员满意度；相反，那些追求竞争目标的群体多表现为为了满足自己而奋斗，效率和成员满意度相对较低。另外，合作性的群体还具有更有效的人际沟通、更有效的员工划分、更高水平的承诺以及更高的工作绩效。

3. 任务—过程(Task-Process)

如果参与者在任务和过程中能达到平衡，那么会议能取得更好的效果。任务导向型的参与者高度重视工作，对娱乐、分享感受和建立友谊都缺乏耐心，任务可以被高效地完成，但是满意度相对较低。过程导向型的参与者强调精神作用和参与，他们对参与者的感受和满意度非常敏感。他们可能会为了使成员感到舒服而牺牲任务(这不是一个很好的选择，最好的享受来自任务的完成)。对于会议参与者而言，不要局限于自己习惯性的风格，而是要敢于去做那些“不曾做到的”。如果过程取向过多，你就要强调任务；如果过于强调任务，则要加入一些过程取向。

(三) 计划

计划是指为会议日程做准备。虽然有必要的理由召开会议，同时有适当的参与者，但是这个会议能否成功召开还取决于很多其他因素。例如与会者是否做了充分的准备，是否了解关键信息，是否清楚自己的角色，是否了解会议要达成的目标；会议主持者是否能够安排合适的内容，是否能够处理适当数目的文件。因此制订计划就显得尤为重要。下面列出了几种有效的会议规则：

（1）二分法规则(the rule of halves)：指议程表(包含即将举行会议中的所有议程项目)的准备最晚不能迟于上次会议和即将举行会议的时间间隔的一半，并应及时制作分发给与会人员。例如，会议每周举行，那么编制议程的人应该在周三前将下次会议的所有议程项目收集好，这样与会人员有充分的时间去根据议程了解信息。

（2）1/6 规则(the rule of sixths)：是指议程表上 2/3 的时间应该集中于当前的议程项目上，剩下的 1/3 的时间划分成两个 1/6 的时间，一个用于讨论过去和未来的议程项目上，另一个花在面向未来的头脑风暴上。从而使议程上的项目不会因为时间间隔而被分裂。

（3）3/4 规则(the rule of three-fourths)：是指信息集(包括过去会议的会议记录和议程表)应该在会议间隔 3/4 的时间点上分发给与会人员。例如，如果会议每周安排一次，这些信息集应该大约在下次会议的前两天分发出去。

（4）议程规则(the agenda rule)：是指会议的议程应该使用行为动词或概括性的句子来书写，而不是使用单一的字词。例如，与其使用“产品报告”，不如使用“决定生产安排”。这样能使会议内容更清晰，如表 10－8 所示。

表 10－8　每周例会

1. 核实备忘录	14:00—14:05
2. 发布公告 更换办公桌 需要 5 000 元	14:05—14:10
3. 市场的更迭(行动) 青岛市场似乎更好	14:10—14:15
4a. 卖主的选择(行动) 一个新的衬垫卖主 有意于一些贸易	14:15—14:25
4b. 处理破损的衬垫(行动) 垃圾？海外销售？修理？	14:25—14:35

续 表

5. 装船许可(行动) 即使零件有划痕也装船? 提供折扣?	14:35—15:00
6. 青岛市场调研结果(上次会议主要内容回顾)	15:00—15:15
7. 改进质量(想法)	15:15—15:48
8. 休会	15:48—15:50

(5) 三部分规则(the rule of thirds):是指会议分成三部分:① 开始阶段,应该讨论难度较小的项目,使人们进入状态;② 辛勤工作阶段,对最困难的项目进行探讨;③ 减压阶段,会议开始收尾。指导性的项目应该在第一阶段处理,与决策有关的项目应该在第二阶段处理,而需要讨论的应该在第三阶段处理。

(6) 执行总结规则(executive summary rule):是指向与会者提供执行总结或者观点备忘录。执行总结强调报告的要点和结论,观点备忘录记录讨论的可行方法和决策。这样可以使与会者有效地查找信息,从而节约时间。

(7) 议程钟规则(the agenda bell rule):指讨论特定类型议程项目时的具体规则。这种议程项目应该按照一定顺序讨论,难度逐渐上升,然后将注意力转向讨论和减压的内容。图 10-1 展示了一个典型的会议议程钟。

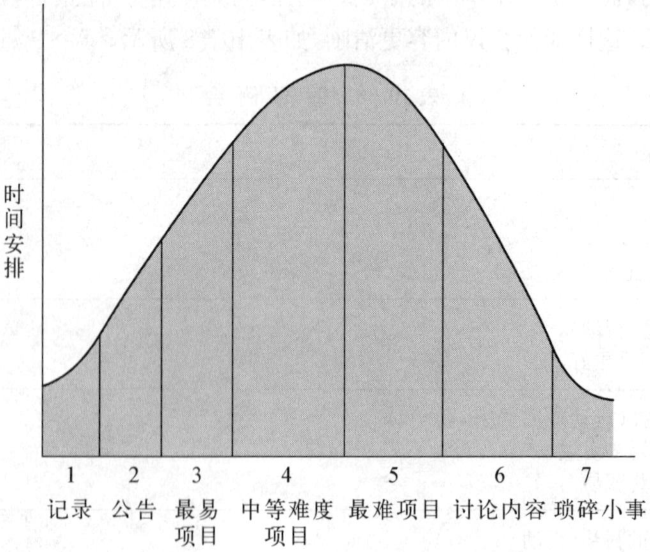

图 10-1 典型的会议议程钟

(8) 议程完整规则(the agenda integrity rule)：是指议程上的所有问题都应该得到讨论，不在议程上的项目则不要进行讨论，从而避免与会者讨论和会议不相干的问题，也避免与会者在没有做好准备的情况下讨论某个问题。

(9) 守时规则(the temporal integrity rule)：指准时开始，准时结束，遵守会议的时间表。从而确保会议有效进行，保证会议的规范性。

(10) 记录规则(the minutes rule)：指记录会议的相关内容，包括：① 议程相关内容(记录的信息要和议程问题有关)；② 目录相关内容(记录的形式必须与议程相符，从而更容易地找到相关资料)；③ 关注决策(记录必须反映决策、结论和达成一致的行动)。

(四) 参与

参与是指会议的实际过程以及用来保证每个人投入会议中的方法。

1. 提供介绍

与会者应该被介绍给彼此，从而方便大家更好地讨论问题。

2. 建立基本制度

在会议开始时搭建结构有助于会议按计划顺利进行。会议之初必须弄清楚哪种参与是被期待的，哪些议程的变化可以被接受。

3. 建立决策规则

决策规则是指通过决策时须遵守的规则。它们需要在会议开始时就被确立。最常见的规则有：广泛规则、集中规则、牵涉规则、专家规则和权利规则。

(1) 广泛规则：指少数服从多数的原则。每个与会人员对备选方案进行投票，得票最多的方案获胜。但是，这条规则还有一些变化需要说明：

① 总数最多。当有不止两个提案被考虑时，可能没有哪一个能得到多于一半的选票。这时，应该选择得票最多的提案。

② 加权评估。与会者可以将100点分配给不同的方案，从而对他们支持的强度进行计分。

③ 排行。对提案进行排序，平均排序最高的方案获胜。

(2) 集中原则：指那些获得最多关注的人获胜是通过讨论，而非选举。那些有深切体会的人可以与其他与会人员分享感受，使之能够理解。但是，如果大多数人关注的并非一个问题，或者分成小组，各执一词，那么就要寻求其他解决方法。

(3) 牵涉原则：指那些即将实施项目的相关人员的观点并不一定有利于全体利益，因为他们身体力行会给他们带来特定的视角。

(4) 专家原则：指专家具备决策权。但是，他们的决策并非绝对可靠。

这些规则中的每一条都可能奏效，但是质量最高的决策通常源于一致性。一致意味着做出的决策可以满足所有规则，达到每个人的满意度。

但是不可能在所有细节上都达成一致，必须满足一些一般性的原则。是这些原则，而非整个建议，需要被接受。例如，你和你的客户"原则上"周五晚上去吃意大利大餐，但是当天的一些"细节"可能没有得到解决(到底吃什么)，这些可以留着再讨论。

4. 利用各种媒体设备

是指使用多媒体形式来呈现信息，来保持与会者的兴趣，提高效率。例如，印刷品、幻灯片、录像等。

5. 鼓励和建立参与

一方面，那些对于话题掌握更多信息或拥有更大兴趣的人应该有更多的参与，但是要控制那些过分参与和霸占讨论的人；另一方面，要鼓励那些有可能贡献力量却没有积极参与的人。在与会者之间开展讨论的方式有下面几种：

(1) 提出开放性的问题，而不是可以用"是"或"否"就能回答的问题。

(2) 使用与会者能理解的语言提出问题，而不要使用深奥难懂的术语。

(3) 鼓励参与者分享与话题有关的个人经历。

(4) 使用亲身经历作为例子来阐明观点。

(5) 注视说话对象的眼睛，并在他们说完自己的观点后给予反馈。

(6) 询问组员对其他与会人员做出决策的看法。

(7) 在恰当时，通过回答问题的方式吸引其他人参与进来。

(8) 记住沟通总是来自两个方面的联系——报告部分(信息)和关系部分(联系和感受)，确保同时对两方面加以关注。

(9) 作为领导，确保自己在促进讨论而不是控制讨论。

6. 小结

通过总结对达成的决定、工作安排、完成计划、讨论的关键点以及从会议中学习的内容来结束会议，并对下次会议内容做简要说明。让与会者觉得时间花在会议上是有所收获的。

(五) 远望

远望是指我们从一定的距离来观察会议，意味着对每次会议进行评估，并时常对会议的决策和程序进行评估。例如，在每次会议结束后，用 KSS 方法对会议进行一个快速、简单的评估。给每个与会人员发一张纸，让他们对三个字母——K、S、S中的每一个进行回答。K意味着“保持”（keep）——会议的优点是什么，需要保持发扬。第一个S意味着“停止”（stop）——这次会议中的哪些是无效的，需要我们马上或逐渐停止。第二个S意味着“开始”（start）——这次会议中有哪些事没做，需要我们着手去做。这种评估也许会经常收到敷衍的反映，但是长期严肃地对待这些反馈，会议就会得到不断的改进。可以在下一次会议中以概括的方式告诉与会者结果，让他们知道反馈结果对改进会议的意义。

参考文献

1. David A. Whetten, Kim S. Cameron 著. 管理技能开发(第 7 版). 庄猛升,吴秀云,杨冰等译. 北京：清华大学出版社,2008.
2. 胡八一. 8+1 绩效量化案例精选. 北京：北京大学出版社,2006.
3. 刘峰. 管理创新与领导艺术. 北京：北京大学出版社,2008.
4. Vasudha K. Deming 著. 领导艺术游戏宝典. 孟永彪等译. 北京：中国水利水电出版社,2005.
5. 斯蒂芬·P. 罗宾斯,玛丽·库尔特著. 管理学(第 7 版). 孙健敏,黄卫伟,王凤彬,焦叔斌等译. 北京：中国人民大学出版社,2004.
6. 魏江,严进. "管理沟通"成功管理的基石. 北京：机械工业出版社,2010.
7. Stephen P. Robbins. 组织行为学. 清华大学出版社,2005.
8. 唐乐. 压力管理刍议. 天府新论. 2007(2).
9. 刘启刚,周立秋. 情绪调节的理论模型. 辽宁师范大学学报(社会科学版),2011(2).
10. James Carlopio, Graham Andrewartha, Humphrey Armstrong. *Developing Management Skills, A Comprehensive Guide for Leaders*. 3th Edition, Pearson Prentice Hall.
11. Hart, S. 1997. *Beyond greening: strategies for a sustainable world*. Harvard Business Review, Vol, 75.
12. Stephen P. Robbins, Neil Barnwell. 2002. *Organization Theory Concepts and Cases*. Fourth Edition. Prentice Hall.
13. Block, P. 1993. *Stewardship: Choosing service over self-interest*, USA: Berrett-Koehler Publishers.
14. Boyatzis, R. E. 1982. *The competent manager*. New York: Wiley.

15. Cascio, W. 1993. *Downsizing: What do we know? What have we learned?* New York: Academy of management Executive.
16. Davis, T. W. and luthans, F. 1980. *A social learning approach to organizational behavior*. Academy of management Review.
17. Mobley, W. H. and Dorfman, P. W. eds. 2003. *Advances in global leadership*. Oxford: Elsevier science Ltd, Vol. 3.
18. Allen, H. and waclawski, J. 1999. *Influence behaviors and managerial effectiveness in lateral relations*. Human resource development quarterly, Vol. 10.
19. Boyle, G. 1995. *Myers-briggs type indicator (MBTI): Some psychometric limitations*. The Australian psychologist.
20. Cameron K. S. and Quinn, R. E. 1999. *Diagnosing and changing organizational culture*. Reading MA Addison-Wesley Longman.
21. Dunphy, D. 1993. *Organizational change by choice*. Sydney: McGraw-Hill.
22. Mackay, H. 1993. *Re-inventing Australia: the mind and mood of Australia in the 90s*. Sydney: Angus Robertson.
23. Auerbach, S. M. 1998. *Stress management: Psychological foundations*. Upper Saddle river. NJ: prentice hall.
24. Ivancevich, J. M. and Matteson, M. T. 1980. *Stress and work: A managerical perspective*. Glenview, IL: Scott Foresman.
25. Kelleher, P. 1999. *Let me stress*. Management today august.
26. Mackay, H. 1999. *Turning point*. Sydney: macmillan.
27. Peters, T. 1988. *Triving on chaos*. New York: Knopf.
28. Bennis, W. and Nanus, B. 1985. *Leaders*. New York: Harper and Row.
29. Dunphy, D. and Stace, D. 1990. *Under new management*. Sydney: McGraw-hill.
30. Katz, S. M. 1998. *A newcomer gains power: An analysis of the role of rhetorical expertise*. Journal of Business Communication, Vol. 35, No. 4.
31. May, R. 1972. *Power and innocence*. New York: Norton.
32. Stace, D. and Dunphy, D. 1996. *Beyond the boundaries*. Sydney: McGraw-Hill.
33. Adler, N. J. 1991. *International dimensions of organizational behavior*,

2nd ed. Boston: PWS_KENT Publishing Company.

34. Argyris, C. 1992. *On organizational learning*. Cambridge: Blackwell.
35. Fisher, R. and Brown, S. 1988. *Getting together: Building a relationship that gets to yes*. Boston: Houghton Mifflin.
36. Hines, J, S. 1980. *Conflict and conflict management*. Athens, Ga: University og Georgia Press.
37. Vroom, V. 1964. *Work and motivation*. New York: Wiley.
38. Anonymous 2002. *Teams score goals*. Law Institute Journal. No. 1 August.
39. Cameron, K. S. 1992. *Ways in which TQM is implemented*. Presentation at the Academy of management Meetings. Atlanta, Ga.
40. Carlzon, J. 1987. *Moments of truth*, Cambridge, Mass. : Ballinger.
41. Katzenbach, J. R and Smith, D. K. 1993. *The wisdom of teams*. Boston: Harvard Business School Press.
42. Prahaland, C. K. and Hammel. G. 1990. *The core competence of the corporation*. Harvard Business Review, Vol. 90.